近代日本文明的發展與生態史觀

文明の生態史観ほか

06

梅棹忠夫

Umesao Tadao

目錄

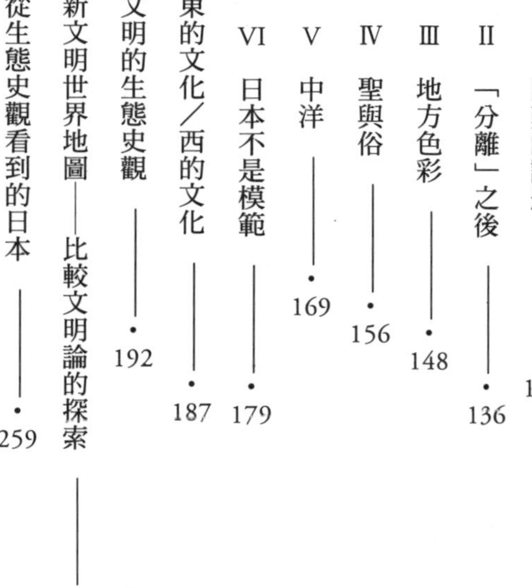

第二部 〈文明的生態史觀〉

來自黑洞的使者：梅棹忠夫的世界「探檢」

陳永峰（東海大學日本區域研究中心主任，京都大學法學博士）

一、來自黑洞的使者

一九四〇年代的第二次世界大戰，日本一方面和部分西方國家結為同盟，並肩作戰；另一方面，也和部分西方國家互為仇敵，浴血對決。但是，直到一九八〇年代，雖然那場戰爭已經結束了三、四〇年，西方各國對於日本的認識仍然極為有限，甚至還把日本當成「黑洞」。

例如，本書作者梅棹忠夫就說，他到了歐洲經常被當成是「來自黑洞的使者」。「一九八三年訪法時，我常被介紹為『來自黑洞的使者』。正如各位所熟知的，黑洞是極為奇妙的天體。黑洞具有極強的重力場，它會吸納所有行經其旁的物體。然而因為那裡不發出任何訊號、光、電波和X光，因此不管那裡發生什麼事，外界都一無所知。事實上，日本正如黑洞一般，自身不發出任何訊號，同時卻以極強的能量吸收來自全世界的各種資訊，而外界幾乎不可能理解日本的行動。正因如此，我被取了『來自黑洞的使者』這樣的綽號，也就是終於出現了能夠透漏日本這個天體若干情報的使者。」（遠足文化，《近代日本文明的發展與生態史觀》，頁一七）

梅棹一語道破，西方各國不管曾經是日本的盟邦或是日本的敵國；不管與日本人之間曾經是合作關係還是競爭關係，一概對日本或日本人發出的訊號無從解讀。

不只本書作者這麼說，英語世界的日本人論第一名著《菊與刀》的作者，文化人類學者露絲·潘乃德在第二次世界大戰爭結束前也說過一樣的話。「美國全力對付的敵人中，日本是最陌生而難懂的一個。日本人的行為和思考習慣與美國人大相逕庭，這在以前的戰爭中前所未有。……我們在與日本這麼一個全副武裝、訓練有素，卻和西方文化傳統無關的國家作戰。西方國家習以為常的戰爭慣例對日本來說形同虛設。所以太平洋戰爭的困難不僅僅在於登陸一系列的島嶼灘頭，也不僅僅是後勤補給。太平洋戰爭的最大難題是真正了解敵人。」（遠足文化，《菊與刀：風雅與殺伐之間，日本文化的雙重性》，二〇一四，頁七八）

也就是說，對於西方而言，日本人無從理解。和日本人打過仗的不了解日本人；和日本人並肩作戰過的也沒辦法了解日本人。

因此，本書中文版的第一部分〈近代日本文明的形成與發展〉，就是梅棹忠夫對西方所提出的解答。這是作者一九八四年，應邀在法蘭西公學院（Collège de France）進行五次演講的文字稿。同時也是作者在一九五七年出版傳世巨著《文明的生態史觀》之後，歷經近三十年，根據其於日本各地持續進行探檢以及歷史思考的成果，從比較文明的角度，來探索在現代世界文明中，日本文明所在的位置。此一學術工作，延續了戰前「京都學派」未完的任務，亟思建構出獨自的非西歐觀點的「日本在世界史中的立場」。

二、「探檢」的魔力

以收錄於本書中文版《近代日本文明的發展與生態史觀》第二部分的《文明の生態史觀》（中央公論社，一九六七）一書奠定獨到學術地位的梅棹忠夫，雖然晚年雙眼失明，但是依然維持異於常人的知識生產力。在他生前整理完成，並且收錄於「梅棹忠夫作品集」的著作就編出了二十三卷。也就是說，如果將梅棹忠夫死後陸續出版的其他著作以及短評、演講稿等文字也加上去的話，總字數恐怕輕鬆地超越一千萬字。

不過，在梅棹龐大甚至可以用雜亂二字說明的著作群當中，存在著明顯的共通處。其中最重要的就是梅棹慣用的術語：「探檢」（tanken）。「探檢」經常被類比成「田野調查」（fieldwork）。只是，梅棹忠夫所說的「探檢」，並不是一般文化人類學或社會學上所慣用的田野調查或現地研究，也不是某個已開發國家的人類學者，來到某個開發中或未開發地區的村落，既沒有先行文獻可供閱讀，也不容易考慮與世界其他事物的相關性，單單一頭栽進「我的村子」的那種調查或研究。

初期的梅棹忠夫，有一部著作叫作《福山誠之館》。這是一九五九年，發表在「日本探檢」系列的作品，同時也是梅棹忠夫眾多著作當中，對筆者的研究方法影響最大的一部。

梅棹在此書的一開頭便說：「什麼都不知道確實是一件好事。因為只有靠自己的腳走，用自己的眼看，才能讓自己的想法自由地發展。知識可以透過旅行得來。旅行的同時，必須讀書；讀書的同時，必須思考；思考的同時，更需要旅行。我一直覺得這就是最好的學習方法。」（講談社學術文庫，新裝版《日本探檢》，二〇一四年，頁二一。）

雖然，美國人類學者紀爾茲（Clifford Geertz, 1926-2006）曾經在他的著作中說過，人類學者不是「研究村子」的人，而是「在村子裡研究」的人。但是，就何謂田野調查的說明而言，上述梅棹忠夫的定義顯然高明許多。就如梅棹所言，田野調查就是一個「場所」，一個用自己的腳走動，用自己的眼睛觀察、閱讀，用自己的大腦思考，然後再用自己的眼睛進行觀察的「場所」。對梅棹忠夫而言，這樣的過程就叫作「探檢」。

所以「探檢」到底是怎麼一回事呢？而梅棹的「探檢」又是怎樣進行的呢？在本書

中，將完美地展現在讀者眼前，非常值得讀者用自己的眼睛和大腦去探索。

三、梅棹忠夫的「文明比較」

梅棹忠夫學術體系的另一個特徵就在於世界規模的「文明比較」。而且，他認為，處理各個「探檢」對象的事項時，若非有透過比較，真相就不會出現。

同時，梅棹對於想要比較的事項，自己認識得非常清楚。因為透過一次又一次的「探檢」對於研究對象的各種社會事象，得以具體地抓住實相進行思考。而且，不只是國際比較，連日本國內的「探檢」對象也一樣運用自如。

例如，在《民族學家的京都導覽》一書當中，他就說：

「假使有一天日本這個國家不見了，京都人還是會覺得京都會繼續存在。這是京都人對於這千年古都所抱持的自信。」但是，「萬一有一天日本被其他國家占領了或是這個國家垮台了，說不定唯有京都能置身事外，平安無事。而屆時做為一個獨立國家的京都，將使用哪一種語言來當做國語呢？毫無疑問，京都人絕不可能使用現代日本語。」（遠足文化，《民族學家的京都導覽》，二〇一四年，頁一七六；日文版，角川ソフィア文庫，《梅棹忠夫の京都案內》，二〇〇四。）

也就是說，就如同日本不透過和世界其他國家或地區比較，不會知道日本的特異性一樣，梅棹忠夫認為如果不透過比較，京都人也不會知道自己跟其他日本人間存在那麼大的異質性。

毫無疑問，梅棹忠夫是戰後日本最強力的「知的巨人」，影響了非常多戰後世代的日本人，尤其是一九六〇年代前後出生的人。其中包括兩位與筆者交往極深的日本友人，中川雅永先生（關西文化學術都市研究推進機構常務理事）和中村伸之先生：（京都景觀論壇理事、台日里山交流會議議長）。這兩位剛過還曆之年（六十歲）的日本人，都是因為受到梅棹的影響而進入京都大學農學部，不啻執著於思考「人與生態」以及「人與文明系統」的關係，並且學習著梅棹的「探檢」精神度過了他們的半生。直到今天，他們仍然用自己的腳、自己的眼睛與自己的思考對台灣進行「探檢」，同時推動他們人生的大事業「台日里山交流」。從近距離觀察這些人的行動模式，隨時隨地都可以發現梅棹忠夫型的「知性生產的技術」的實踐（岩波書店，梅棹忠夫《知的生産の技術》，一九六九）。

同時，在這兩位梅棹忠夫型的友人身上，所看到更是第一流的日本人集團在面對日本社會由「現代」過渡到「後現代」的時代性「大轉換」（The Great Transformation）之時，所展現的調整能力與適應能力。也就是說，完全反證了梅棹忠夫日本文明論的精髓：「日本社會宛如陀螺，只能靠不停轉動，才能維持安定」。這句話寫在本書的哪裡，不告訴大家，就當成課後作業，留待有心的讀者好好地「探檢」一番吧！（完）

一　近代日本文明的形成與發展

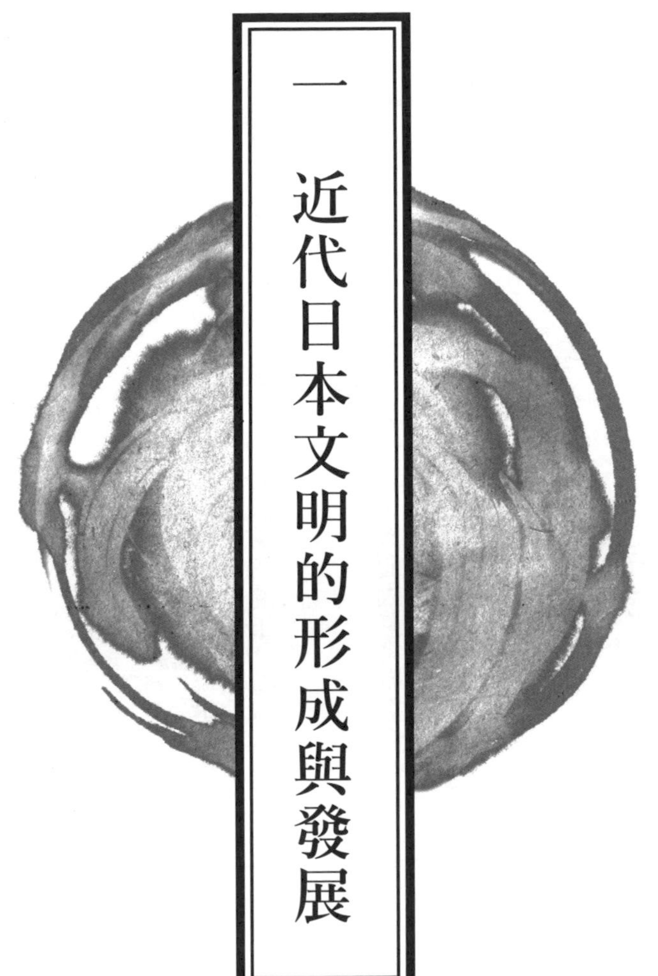

一　現代日本——邁向無階級社會

能在充滿光榮的法蘭西公學院中對各位進行五次的演講，實在是我莫大的榮耀。我在此感謝法蘭西公學院的教授協會，特別是現在也在會場的呂菲耶教授，邀請我在這個代表知識與傳統的場所為各位進行演講。

非常遺憾的是我的法文並非十分流利，然而因為常有機會來訪法國，因此我對法國文明懷有極深的敬意。就在最近，也就是今年的四月初，我得到瑪麗＝法蘭西．加羅夫人熱情的邀請，出席了由她負責籌辦的以「太平洋的挑戰」為主題的學術研討會。這個學術研討會也是國際地緣政治學研究所的例行活動之一。

另外，一九八三年六月，我也曾經得到法國政府的邀請，前往國際外交學會發表關於日本的演講。

以上兩個例子，都可以明白顯示出法國知識分子對日本愈來愈感興趣。

五次演講的內容與題目均全權由我自行決定。在此我決定以〈現代日本文明的形成與發展〉為題與各位分享，並且以倒敘歷史的方式來討論這個問題。也就是說，先說明現代日本的各種特徵，再來追溯其起源，從明治時代往前回溯至江戶時代，然後再到中世時期。而我最後一次的演講則是一般被當作結論的內容，在那一次的演講我將為各位說明〈到達諸文明歷史的生態學途徑〉。

一九八三年訪法時，我常被介紹為「來自黑洞的使者」。正如各位所熟知的，黑洞是極為奇妙的天體。黑洞具有極強的重力場，它會吸納所有行經其旁的物體。然而因為那裡不發出任何訊號、光、電波和X光，因此不管那裡發生什麼事，外界都一無所知。事實上，日本正如黑洞一般，自身不發出任何訊號，同時卻以極強的能量吸收來自全世界的各種資訊，而外界幾乎不可能理解日本的行動。正因如此，我被取了「來自黑洞的使者」這樣的綽號，代表著終於出現了能夠透漏日本這個天體若干情報的使者。

歐洲人對日本社會，更一般來說的話，就是對日本文明的種種誤解，時至今日似乎仍然根深蒂固。尤其是認為日本是晚近才開始發展起來的國家，此一印象即是流傳非常廣泛的誤解之一。依照這樣的見解，日本在明治維新之前都是開發中國家，在歷經明治維新此一歷史轉捩點之後，才開始模仿西方的科學技術與文化，將之巧妙地裝扮上身，實現了產業的近代化。這個解釋不管是在先進國家或是開發中國家都一致接受，其中有幾個開發中國家甚至將日本視為從零開始建構近代國家的絕佳模範。外國人對這個問題的理解有所錯誤在所難免，但說實話，大部分的日本人也公然地宣稱日本的近代化是從明治維新開始。此一說法，又反過來助長這個被全世界普遍接受的錯誤理解。

但是若詳細研究日本歷史的話，就可以輕易地了解我們的國家並非從原始國家突然變身為近代國家。事實上，在日本開始與西洋緊密接觸之前，早已獨自開闢了邁向近代化的道路。

舉一個例子來說，早在十八世紀初期，京都、大坂、江戶就已是世界上數一數二的大都市。產業、商業活動在這些都市中蓬勃發展，同樣的，經濟與社會制度也逐漸步上近代化歷程。

特別是日本的教育制度非常發達，由識字人口超過人口的半數即可得知。在那個時代，世界上恐怕沒有其他國家達到如此高的教育水平吧。

因此我想要主張的是：日本與西歐各國是全然相互獨立地，並且各自以自己的力量變身為近代國家。或者，借用生物學上的語詞來說，就是一種平行進化的過程。

但是，對西歐各國來說，日本畢竟位於地球的另一端。究竟要如何說明，才能解釋為何雙方相隔如此遙遠，但是兩邊卻可以朝著同一方向發展的此一平行進化的過程呢？這對我們日本人來說是個饒富趣味的問題。將這個問題放在世界史的脈絡下，考察我們的歷史變遷，並與具有同時性現象的歐洲以及北美各國進行比較。這樣的比較研究，或許可以更精確地把握日本的實際狀況。

因此，今後將在法蘭西公學院進行的演講中，我的方法論應已極為清楚。我既沒有想要詳述日本經濟性成功的過程，也沒有打算論及日本文化。日本文化似乎是饒富異國情調的話題，但各位應該早就聽膩了吧。比起那些，我打算藉由和西歐文明的比較，將日本歷史介紹給各位。

在此，作為一個學者，我想簡單說明一下到目前為止自己的研究生涯所走過的道路。也就是說，即便講述日本文明的歷史，嚴格來說並不是從歷史學家的角度切入。我的研究生涯是從生物學——更準確地來說，正如我最後一講的副題所顯示的一樣，是從生態學領域開始的。

爾後我轉向民族學，透過在歐亞大陸各地進行實地調查，研究亞非等地的幾個民族，特別是遊牧民族。最後，基於這些經驗，我的興趣逐漸擴延至舊世界諸文明的比較研究。也就是說，我的立場是不拘泥於歷史的細節，將日本的歷史歸入諸文明比較研究的一環來進行概觀，而不將其視為一個孤立的個體。

首先，想事先強調的是，在與亞洲其他國家的歷史相互對比之下，所發現的日本歷史的獨特性。近年來，日本學者一方面注意到日本歷史發展的特異性，另一方面也察覺到歐洲文明的歷史與日本歷史間存在的類似性。因而作為比較文明學的一環，為了對日本文明進行更加深入的研究，在最近甚至還成立了名為「比較文明學會」的學術團體。

此外，我現在也擔任「國立民族學博物館」的館長，這個博物館可以說是日本民族學研究的中心。在這裡，個別的研究者們除了各自的研究外，也組織了數個進行世界諸文明整體比較研究的共同研究群。因此，從數年前開始，我們的博物館就每年召開探討相關議題的國際學術研討會。今年（一九八四年）研討會的主題是關於都市現象與都市化問題，[1]有幸邀請到希斐魯教授出席會議。

我想藉這次演講傳達給各位的，就是我們依循這樣的方向推動進行多年的研究成果。

今天的講題定為〈現代日本——邁向無階級社會〉。在今天的日本社會，無論在社會、經濟面，或是文化面上都顯示出根本變動的徵兆。且讓我們從幾個核心問題開始探討現在正在進行中的變化。

六〇年代的高度經濟成長

一九六〇年代的日本經歷了史無前例的奇特現象。雖然我不知道未來是否還會有其

1　此一國際學術研討會的論文集，已經以下列書籍出版。梅棹忠夫、守屋毅（編）《都市化的文明學》，一九八五年三月，中央公論社。

他國家的國民會經歷相同的經驗，總之，這不合常理的文化變動，是無法回頭的經驗，稱其為「文化革命」是非常貼切的。

在那十年間日本的經濟成長速度令人瞠目結舌，每年國民生產毛額的成長率超過百分之十以上。六〇年代初期，池田（勇人）內閣所提出的計畫，以十年內將日本人均所得提高兩倍為目標。實際上，這個計畫只用了七年就達成，比預定時間提早了三年。若將一九六〇年當時的人均所得定為一百，一九七〇年增至二百四十五，一九七三年則成長至三百零一。

高度經濟成長的跡象始見於一九五六年，那一年政府公開宣布「日本的戰後已然結束」。亦即，池田首相所擬定的計畫並不是完全沒有根據。早在一九五三年至六〇年，人均實質所得以每年增加百分之八點一的速度成長，接下來的四年，也就是一九五六年到六〇年的成長率更上升到百分之八點六。所得倍增計畫是依循這個持續發展趨勢所做出的政治性挑戰。

一九六四年十月舉辦的東京奧運是展現高度經濟成長期前半成果的國家型活動，相對於此，一九七〇年三月至九月，為期六個月，在大阪舉辦的日本萬國博覽會，則成為高度經濟成長期後半的象徵性頂點。然而，不久之後，一九七三年的第一次石油危機嚴重打擊了全世界的經濟，而這一年，日本也在經歷國民生產毛額的負成長之後，過渡到了新的低成長時期。

總而言之，以實現這兩大盛事為目標，實施了東京與大阪的都市改造計畫，而都市的交通網與高速公路也被顯著地改善、補強。

實際上，連接東京與大阪的東海道新幹線也在舉辦東京奧運那年開通。同樣的，在萬國博覽會的前一年，名古屋與神戶間的名神高速公路和東京與名古屋間的高速公路亦完全開通。如此這般，這兩大國家型的活動（東京奧運與大阪萬國博覽會）不僅直接影響到兩個大都市，也影響了全國。

機電整合——新產業革命

高度經濟成長同樣加速了日本人生活型態的轉變節奏。例如，原本普遍存在於日本人家中，而被稱為「三種神器」的洗衣機、冰箱、黑白電視，也不得不將此寶座讓給在很短的時間內普及的三種新神器：汽車、冷氣、彩色電視。

鋼琴、床與其他的耐久消費財也逐漸進入日本人的日常生活中。一般日本人的財產所有形式的諸般變化，表現出物質方面的富足度突然擴充。流通網絡的革命性改革，產生了超級市場，甚至大型購物中心，這又使冷凍食品得以迅速普及。同時，大眾娛樂產業也出現了爆發性的成長，其中滑雪、旅行等都是最受人歡迎的娛樂活動。

近來，因為中大型電腦的發展，數位文字處理機以及日益精巧的文書複印機等的出現，也迎來了辦公室自動化的繁盛期。

同樣地，工廠的樣態也全都改變了。在生產線的各個階段，機器人和人並肩作業。噴漆、焊接等諸多技能，都從人的手中轉移到機器人，機器人也加入了檢查、封測的工作。一九八一年日本有六萬七千台工作機器人，占了全世界使用中機器人的百分之七十。日本一年生產兩萬台機器人，機器人製造技術走在世界的尖端。

機電整合（mechatronics）為日本創造的擬制英文，是「機械（mechanics）」與「電子（electronics）」的合成語，用來統稱製造微型電腦內藏的機械、器具領域的科學技術，目前連美國也漸漸開始使用此詞。

這個結合資訊處理與機器人的科技體系被稱為「新產業革命」，與其他諸多系統相同，是不同領域技術革新的集合體。

也有人擔憂自動化、機器人化可能會加劇失業問題。確實，在歐洲這樣的技術革新會因為工會的反對而被阻撓。但在日本，技術革新的衝擊在各大企業的組織內部已被緩和，因此也易於實現「新產業革命」。

家庭生活的變化

接下來，我們將從經濟轉向說明社會、家庭的要素。過去四十年，也就是第二次大戰以後，日本的家庭生活經歷了顯著的變化，特別是家庭成員間的關係。現在日本的平均家庭成員數從戰前的五人減少為三人。戰後的新憲法廢除了明文記載於明治憲法中的家父長制與長男繼承制。依據新憲法所制定的民法，承認男女平等，想要推動提高婦女的社會地位。

另一方面，圍繞著家庭生活的物質環境也可以看到顯著的變化。不只代表提供新生活環境的新市鎮建設四處可見。由於都市化的波及效果，對農村、山村、漁村民眾的生活樣態也帶來重大的變化。

日本現代住居中意義深長的特徵是沒有傳統上接待客人用的居住空間（座敷），那代表著日常性的接待客人，或者是婚葬喜慶等儀式已經普遍在住家以外的地方進行。外食的日本人也逐漸增加。

在家中代代傳承下來的家庭傳統或儀式典禮失去了發揮的空間與機會。家庭中各個成員的時間利用法則也各不相同，親密的家庭共同活動已逐漸減少。

女性在今天已成為家庭的中心，母子之間的關係紐帶趨於緊密，而父親的存在則被排除。

到了戰後，女性為了參與社會活動，開始走出家庭。接受高等教育的女性比率也逐漸增加，隨著女性逐漸外出勞動，雖在當今勞動人口中佔了三分之一，但育兒期間大部分都會回歸為「家庭主婦」。即便也遇到過不少位居要津的女性，但日本社會對於女性勞動條件的改善與社會地位的提升，依然有待努力。

邁向無階級社會

現代日本社會最明顯的特徵，一言以蔽之，就是持續不斷朝向無階級社會邁進。這個根本的變化清楚體現在文化、社會、經濟與其他領域當中。

戰後一連串的改革消滅了階級的差異。從前日本的貴族稱號也存在著與歐洲完全相同的五種階級（公爵、侯爵、伯爵、子爵、男爵），但在一九四七年廢除貴族階級制度之後，就已一掃而空。時至今日，歐洲貴族的稱號被認為是習慣而持續使用，然而在日本人的內心深處與貴族階級有關的記憶卻早已消失殆盡。確實，宮中的位階（此制度可以上溯到七世紀）與授勳仍然存續，然而授勳通常只是對死者的褒揚或者僅限七十歲以上的人為對象。

現代日本社會中最顯著的原則之一就是平等主義，不允許任何社會性階級的區別與依此而來的特權。戰後，民主主義一詞在日本廣為流傳。在我們的國家，民主主義並不只是政治的原則，還意味著某種社會特權的廢止。

戰後採取的另一措施就是解散財閥，有效地消解了財富的集中化問題。同時，由於土地改革，廢止了大規模的土地持有，佃農們全都成為土地所有者，因而誕生了無數的小地主。無論城市還是鄉下，動產或不動產，跟財產的種類無關，對財產嚴格的課稅也極為重要，這對於到那時為止蓄積而來的財富的平均分配極具貢獻。

最後，在繼承法上，和對所得課以極高的累進課稅一樣，藉以有效地防止人與人之間再度出現經濟上的不平等。

加以現在的日本，薪水的差距低到令人感到驚訝。例如，剛從學校畢業的新進社員跟公司的社長之間薪水的差距大概不到十倍。也就是說，在日本，個人所得的差異，極端地被壓抑。

此一經濟情勢的結果，在現代日本社會，和日本人意識到的情形一樣，事實上，社會階級的差異幾乎不存在。因此，對於「你認為自己屬於那個社會階層」這樣的提問，大約百分之九十的日本人回答「我屬於中產階級」。類似這種調查，每次都出現相同的結果。

日本歷史也顯示，日本的階級鬥爭相對較少。當然，在此必須事先說明，工會組織於日本亦相當發達，在過去，勞工與雇用者之間的激烈衝突屢屢留下紀錄。但是，經過了高度經濟成長期，隨著財富重分配的漸進式過程，社會階級間的對立逐漸消除。

在此，我們或許應該關注日本勞動市場的一大特徵，即移民勞工幾乎不存在。當然，日本在第二次世界大戰之前與大戰中，從殖民地朝鮮半島移居而來的未熟練勞動者，現在依然留在日本。但是，戰後以來，移民勞工原則上不被承認。只是，我們必須先了解的是，事實上，由於日本與近鄰諸國間生活水準存在極大差距，這造成了移居與非法雇用的潮流從未斷絕。

服飾裝扮的均質性，也極為重要。在戰前，要知道一個人的階級、社會地位以及職業，只要看他的穿著打扮大概就足夠了。這是因為存在著服裝和社會階層相對應的體系。現在的話，狀況完全不同，由於服裝的同質化持續進行，穿著打扮已經沒辦法作為參考。而且，人們的思考方式也愈來愈同質化。在企業裡，先端科學技術的導入，雖然成為日本經濟堅實發展的基礎，但是白領和藍領的階級差距就此消失。在家庭方面，家事自動化的潮流也讓家庭內幫傭的存在，完全落伍。

同樣的，在文化方面，日本也逐步確實地往無階級社會邁進。例如，在日本，每天販賣份數超過七百萬份的報紙就有兩家，其他發行量超過數百萬份的報紙還有好幾家。這些都是一般大眾閱讀的報紙，但是內容品質極高。此外，關於這些報紙之間，所屬的讀者群並沒有辦法以教育水準或職業來區分。

關於娛樂方面，同樣可以看出非常高度的劃一化。至少在觀眾數量最多、最受歡迎的棒球比賽上面，讓教育水準很高的學者們和工廠的勞動者們同樣產生狂熱。可以活動筋骨的體育項目，較受人們歡迎的有軟式棒球、高爾夫和滑雪等等，在這方面因社會階級而存在的喜好差異，也不被認同。

使得此一文化的同質性往前邁進的重要原因之一，可能是全國普及的電視收視習慣。現在的時間點上，百分九十九的日本家庭擁有一台或數台彩色電視機，這種普及的電視收視習慣，一樣蘊藏著消滅社會階層間以及地區間語言隔閡的可能性。

其他造成社會同質性誘因的要素，還有鐵路網的徹底延展，這當然包括逐漸延伸至全國的新幹線，再加上一般道路與高速公路網的發達。一九六〇年代汽車的註冊數量是七十六萬輛，一九七〇年達到五百三十萬輛。生產量增加了七倍，一九八〇年時超越了美國的汽車生產量，到達一千一百萬輛。

在這裡，思考對日本愈來愈嚴厲的國際經濟情勢，我想清楚地釐清以下事實。不只是在汽車領域，日本的其他生產領域也一樣，比起一般所想像的更不依賴國際市場。例如，日本工業生產品項占全體輸出總額的比率是百分之十三，西德則是百分之二十七。也就是說，日本經濟的活力，確實是由國內市場的消費所支撐。

如果我們再回到說明交通網發達的影響，雖然今天為了促銷、獎勵旅遊，而考慮保存各地的地方特色，並提高對在地色彩的評價，但是大都會與地方之間的生活樣式，實際上，已經幾乎沒有兩樣。可以說，帶有同質性的日本文化已被形成，不管是日本的哪個角落，都具有此一特徵。

就像前面說過的一樣，平等主義是現代日本社會最重要的原則之一，託此之福，只要肯努力，就一定可以得到回報。

平等主義典型的例子，即是教育制度。日本是一個非常重視學校教育過程的社會，每個人的命運受達成的教育水準所左右。當然，每個人在受教育的機會上都享有平等的條件。先舉出一些數字供各位參考。在接受過義務教育之後，百分之九十四的青少年升學進入高中，然後百分之三十八的人會繼續接受大學教育。另外，還應該先指出日本擁有四百五十五所四年制大學與五百二十六所兩年制短期大學。

雖然競爭非常激烈，但是對於學校的不公平或舞弊一定嚴格處罰。教育的優先目標在提升中等教育的水準。菁英養成的重要性僅具次要的意義。菁英是在不斷競爭中自然產生的，也就是說，這些人並沒有被當成天才，只單單被看作菁英，一種被篩選出來的人而已。人們會這樣認為，事實上是因為現代日本是一個不需要天才的社會。

如同上述，不管從社會、經濟或文化等各種角度來看，現代日本社會都史無前例地朝向無階級社會規則性地前進。雖然在細節部分，存在著無數必須解決的問題，但是上述的傾向勢必將愈來愈強。

最後，想和各位分享一件我親眼目擊的意義深長的事件。

最近，在某場國際會議中，剛好討論到無階級化這個現代日本社會的特徵，某位來自蘇聯的教授發言說，連蘇聯這樣的社會主義國家，都還為了實現無階級化而苦惱，所以像日本這種資本主義國家不可能完全消除階級問題。其他的外國學者們，而且都是些研究日本的專家，只能帶著微笑誠摯地聽取此一意見。也就是說，似乎是日本率先實現了社會主義國家無階級社會的理想呢？

二　明治日本——帝國的形成與挫折

在第一回的演講裡，我們依據社會、經濟、文化領域裡幾個具有特徵的現象對第二次世界大戰後日本文明的狀況進行了檢討。也說明了現代日本社會非常明顯穩定地一步一步持續朝向無階級社會前進的事實。

今天的演講以「明治日本——帝國的形成與挫折」為題，採用我曾經向各位提過的依據史實倒敘的方法，我將集中探討若干具有特徵的歷史狀況，並對前一個時代進行討論與分析。

所謂的前一個時代是指從十九世紀中葉到二十世紀中葉為止，大約一個世紀的時間。更正確的說法，是從一八六八年的明治維新開始，到一九四五年的第二次世界大戰日本戰敗為止的這一時期。若使用日本的年號，就是明治時代（一八六八年～一九一二年）、大正時代（一九一二年～一九二六年）以及昭和的前半期。

這一時期在日本歷史中代表什麼呢？又具有何種意義呢？一般來說，將這一時期視為非常迅速實現近代化的時期；或者，從經濟史的觀點來看，則看做是日本資本主義的確立期；或者從國際的、政治社會的脈絡來分析，可看作是帝國主義的階段。在這個時期，大日本帝國誕生，明顯達到飛躍的進步。並以極快的速度成為當時世界列強的一員，而其崩壞的速度甚至比發展更為快速。

對於現在的日本如此卓越的成功，其他國家都過度傾向將注意力聚焦於現代，也就是第二次世界大戰以後的日本。可是，現代日本並非從戰後的廢墟裡突然出現，而是經過複雜的歷史過程所形成。如果不考慮此一脈絡的話，無法把握現代日本的實際情況。

例如，有些人認為日本在經濟上、科學技術上的成功，對非歐洲國家各國而言是學習的榜樣，而且相信同樣可以獲得成功。也有些人認為仿效日本便可以輕易地引進他們的科學技術。這些人的想法正確嗎？將明治維新以來圍繞日本的國際情勢及歷史條件考慮進去的話，我認為是過於樂觀的看法。

在日本近代史上，明治的革命造成了德川絕對王制的瓦解，繼而帶來新政府的建立，這無疑是具有決定性的重要事件。日本學界中甚至曾引發對於明治維新歷史評價的論爭。也有些人堅決不承認這是一場資產階級革命。但是，若參考西歐的歷史，似乎便不得不將其視為資產階級革命，並且是成功的範例。

黑船

讓我們從頭說起吧！一八五三年的夏天，四艘「黑船」來到現在的東京灣。這些船的船體漆黑巨大，其中兩艘還不斷地冒著滾滾黑煙，這就是歷史上值得紀念、由培理提督所指揮的美國東印度艦隊的「黑船來航」。多艘蒸汽船及其明顯展現軍事脅迫的態度，與日本在此之前所認識的其他黑船不同。到今天依然深植日本人腦海裡的「黑船」印象，可以追溯到該時期，這些巨大的黑色蒸汽船，對日本人來說是第一次見到的強力近代化兵器，那個時代的日本人在精神上，將其當作是浮在海上的「要塞」。

培理提督的艦隊，未發一枚炮彈，僅止於誇示黑船的強大軍事力，就已成功獲取幕府的重大讓步。使得持續兩個半世紀的漫長鎖國時代畫上了終止符。在日本國內，儘管長久以來幕府擁有得以自由行使的絕對權威，但面對來自黑船的軍事壓力，卻顯露出無力抵抗的怯弱，導致其權威掃地。

幕府想要冷卻因黑船到來而被喚醒的國家主義感情，甚至強行實施了種種的壓制政策。接下來的數年間，隨著幕府與西洋列強之間締結友好協定以及通商、航海條約，這一被壓制的國家主義，以反對幕府的形式，在當時明確地凝結為一股力量。

黑船的到來，圍繞著日本應不應該開放市場的核心問題，激起了廣泛的政治論爭，甚至因此揭開內戰的序幕。

在這場論爭所挑起的情感混亂及訴諸武力的高潮中，統治長達約三個世紀的德川幕府瓦解，並為日本絕對君主制的結束定調。自此以後，日本人普遍相信近代日本的誕生與黑船到來所引發的直接衝擊有關。

這一事件對於日本近代化的提早實現具有決定性的歷史作用，的確無可否認。其根據在於自德川幕府末期至第二次世界大戰敗戰為止，日本的政治目標為富國強兵，即不斷以建立富裕的國家與強大的軍隊這一口號作為號召。

如同黑船所證明的，西洋的先進國家擁有軍事力，也擁有足以維持這些軍事力的充分經濟實力。在經濟上、軍事上強大的基礎是由於他們先進的知識及科學的技術。因此，為了能與歐洲和北美的先進國家並駕齊驅，保衛日本的獨立，就必須像西洋的先進國家一樣，利用科學技術的進步，來獲得強大的軍事力及經濟力。

有了「富國強兵」這般口號作為基礎的論理，明確地表現出日本追上西洋的決心。由於黑船的威脅，倏忽覺醒的日本，就這樣以最後一位跑者的身份，突然闖入，參加了十九世紀工業化競爭的比賽。

然而，在傳統上，或者因為地理上的特性，日本不像西洋各國那樣注重軍事力。曾經有這樣的傳言：有位在日本生活過很長一段時間的歐洲人，曾訪問被流放到厄爾巴島的拿破崙一世，他向拿破崙報告，在這個遠東的國家裡不但沒有鐵砲火槍，甚至連劍、槍也沒有。落難的皇帝，當時嘶吼著「難以想像，多麼無知的國家啊！」。在經過沒有武裝需要的三個世紀的和平之後，日本將誕生了如拿破崙般人物的歐洲文明作為模範，開始打造軍事力。

回過頭來看，黑船來到日本，可以說是以軍事擴張主義為根基的文明，與並非如此的另一種文明之間宿命的相逢。從黑船帶來衝擊到太平洋戰爭失敗的近一個世紀，是日本悠久歷史中最歐洲化的時代。把軍事力這種從歐洲文明移植過來的思想當作國家的根本原則，其所具有的意義，對日本而言，確實是一個全然例外的時代。

軍隊

戰爭的執行與軍隊的常設，可以列入日本從十九世紀歐洲文明學習到的重要慣習。

培理提督的艦隊在日本靠岸時，日本還沒有國家海軍。武士集團可謂與陸軍相當，他們就像歐洲中世的騎士般，劍和槍是他們的武裝配備。事實上，十六世紀傳入日本的鐵砲（火繩槍），雖然是當時可供使用的武器中最強大者，但直到十九世紀，對日本武士來說，仍認為劍和槍是比鐵砲與大砲更適合他們的武器。

沒有比對軍事力發達程度的比較更為容易、而且意義重大的事。一八五〇年代，日本在軍事力方面的落後，在所有日本人的眼裡是件清楚明白的事。經過一八四〇年的鴉片戰爭，日本第一次理解到歐洲文明軍事力與力的哲學。軍隊弱小的中國所面臨的屈辱，恐怕是日本未來的命運。為了維持日本的獨立，所有的人都理解建立強大軍隊的緊急必要性。

因此，自一八六八年的明治革命以來，日本傾全力養成強大的陸海軍。其結果致使甚至在平時，也編列高額的軍事費用，其金額經常達到年度國家預算的百分之五十。

一八七〇年，日本海軍模仿英國海軍、陸軍模仿法國（之後是德國）陸軍，為了以歐洲式的訓練方法養成陸海軍士軍官，決定創設陸軍士官學校和海軍兵學校。

在社會上，軍人的地位非常受尊敬。士軍官的教育費用是由國家支付，士軍官的招募，與高級官僚一樣，由於是以公開考試的方式進行，所以可以招募到最具上進心及能力的學生。歐洲的情況則剛好相反，在當地頻繁可見軍官團與貴族或經濟富裕的階層緊密連結——而日本陸海軍的最大特徵之一，就是幾乎沒有這樣的情況。

一八七三年日本引進徵兵制。到了第二次大戰末期，帝國陸軍發展至總計五五五萬人之多。陸軍運營的基本原則是威權主義，但是，日本陸軍的組成與德國軍不同，與其說日本陸軍沒有反映出與貴族制度的連結，倒不如說更應該注意其強烈的平民性格。軍隊簡直就是巨大的官僚機構。一八八九年公布的明治憲法，將天皇當作大元帥並且置其於軍事權力的頂點。因此，陸海軍的最高指揮權（統帥權）係賦予天皇，而非政府。然而，因為天皇在傳統上不會自發性地作出任何決定，這實質意味著軍隊得以自由推動所有的軍事行動。

這在此後的日本歷史也得到了證明。在這種情況下，軍事權力的擴張漸漸使其失去自我抑制的裝置。

軍隊成為獨佔物理性暴力的巨大組織，在日本國內，沒有能夠與其抗衡的力量。也就是說，日本不管在政治上或哲學上，都無法馴服軍隊此一從歐洲文明中誕生的惡魔。而這便是近代日本犯下最荒謬絕倫的錯誤。

陸軍將蘇維埃聯邦視為日本的「假想」敵國；另一方面，海軍則是以美利堅合眾國為對象盤整軍備。終於，將官們的這一構想成為現實。結果完全沒有意識到自己執行戰爭計畫的實際能力，軍隊本身也漸因追求武力勝利而脫離正軌。

嚴密分析與保持冷靜態度是獲得勝利不可或缺的條件。但是，對於當時的日本人而言，軍事力實在是太過危險的毒藥。由於他們欠缺能夠抑制自身力量的歷史經驗，使得日本在嘗試同化於此一歐洲文明的本質要素時失敗了。

官僚

戰前日本最強大的統治集團是官僚。武士階級失去力量後，官僚掌握了國家的行政權力。首先，必須知道的是高級官僚的地位與社會階層及家世、財產，毫無關係。官僚制就如同以公開考試競爭的招募制度一樣，僅根據各人的業績與貢獻來決定往後的晉升，其根本以能力主義為原則。

在明治時代的初期，確實幾乎所有的官僚，皆為僅佔人口百分之六的舊武士階級出身者所佔據。這並非因為他們本身具備需要的知識水平，而且當時只有他們抱持著無私參加國家事業運營的慣習。因此，一八八〇年代中，帝國大學法學部的畢業生（這幾乎是培育高級官僚唯一的道路）有將近百分之七十五是舊武士出身者。但是，不久之後，日本全國就確立了統一、共同的義務教育制度，漸漸減少社會階級的差距，大學畢業後高級官僚考試（高等文官考試）合格的平民出身者漸漸變多。

雖然在一八九〇年代，舊武士階級出身的合格者依然在這項考試中佔了將近百分之五十，但是此一比例到了一九一〇年代末期下降至百分之二十左右。

戰前的中央機關是由大藏（財政）、司法、文部（教育）、農商務、遞信（郵政）、鐵路、陸軍、海軍各部，還有警察以及透過地方行政行使監督國民任務的內務（內政）部所組成。一旦高等文官考試合格，被分配到這些中央機關的高級官僚們，會獲得優遇以很快的速度晉升。也就是說，他們與普通官吏的經歷有極大的差異。他們有使命感、優越感，還有實際參與策劃國家運營的那種自豪感，行使著相當大的權力。

不僅僅如此，高級官僚的經歷也是成為政黨領袖的跳板，即使在今天的日本仍然經常發生。從內閣制度成立到第二次大戰終結為止，三十位首相中有二十七位出身官僚。

第二次世界大戰後，這一政治傳統依然保留，沒有改變。政黨不得不考慮官僚們寬廣且有用的人脈，以及他們作為政策制定專家的能力。因此，戰後也有許多的官僚出身者成為包括首相在內的閣員。這種現象大概與參與政黨活動的人，一般而言素質較低也有些關聯。總而言之，日本人對這些高級官僚高高在上的專家態度產生的反感與對他們優秀能力的信賴之間，情感上是游移不定的。

官僚在日本之所以握有無上的權力，不僅僅是由於近代日本在國家內部實行中央集權制度，從某種意義上來說，他們都是經過平等的競爭考試的最終勝利者，亦可被視作體現了「能力主義」這種新的理想。事實上，與英國、德國不同，日本的官僚幾乎沒有貴族這件事確實值得注目。

即使在歐洲，官僚及軍人的甄補大致上還是以「能力主義」為原則，然而就實際情況而言，當地的教育制度根據社會階級或階層的不同，在優勢上有極大的差異。由於這樣的原因，歐洲的行政與軍事專家大部份仍為貴族階級出身者。

家族

近代日本有兩種形式截然不同的家族法。家族法也就是我們所知用以規範家族成員義務與權利的法律。最初的家族法制定於一八九八年；第二部家族法，現在依然有效，是戰後依照占領軍指示所發布的。後者的制定否定了構成前者法規主要內容的家父長家族制度。家族制恐怕是所有社會制度中對於人為的強制改變最令人抗拒的，儘管如此，日本在最近的這一世紀間，適用了兩個極端相反的家族法。這要怎麼解釋比較好呢？一八九八年所頒布的最初的家族法，實際上是為了廢除另一個在八年前被編纂、公布，並且決定從一八九三年開始施行的法律而制定的。這部未見天日就被葬送的法律，是由法國人法學者博瓦索納德（Gustave Émile Boissonade de Fontarabie）起草，但是，遭遇了強烈的抵抗。此一日本思想史上知名的「民法典論爭」抵抗運動，對於理解當時日本家族所被賦予的社會性格，非常具有參考價值。這一部被廢除且被取代的法律是以法國的民法典為模型所制定的，法國的民法典是以血統主義原則為基礎，它的特徵是將家族的性格以個人主義來解釋，但這與當時日本人固有的家庭觀嚴重衝突。

在法國，家族關係基本上以獨立存在的個人為基礎。換言之，家族全體不過是個人的總和。相對而言，在日本的傳統觀念裡，所謂的家族，首要的就是作為制度的「家」，由親屬關係為基礎所組織的共同體的「家」，是最重要且最優先的意義。個人是次要的，透過出生或婚姻獲得成為家族一員的資格，而被迎接進入共同體。在日本，最重要的是「家」的存續，而不是血統的延續。在歐洲，若貴族家系中的最後一名成員沒有留下子嗣就死去的話，君主會將他的領地沒收。相反的，日本在這樣的情況下，只要領養養子，創造擬制性的親子關係，那麼繼續領地領有就不成問題。也就是說，日本並非以血統主義、而是以「家」的存續作為優先條件。所以，與其說日本的「家」是由血緣關係建立起來的一種共同社會的共同體，還不如說是為了保護共同利益而結成的一種共同社會的集團。我之所以希望大家注意這件事，是因為我認為這是一個意義深遠的問題。

家長最大的關心與最重要的責任就是讓「家」能夠存續下去。他扮演的角色是延續世世代代傳承的這項任務，無論如何必須讓繼任者能夠順利地繼承下去。在一時性的時間軸上，家長的權威是絕對的，但在通時性的時間軸上，不過是被委任的角色罷了。就從屬於家長的其他成員而言，「家」是保護他們經濟手段的最後堡壘，最終對於家族的所有成員而言，「家」的存續是真正達成共識的合意事項。因此，戰後的新民法雖然廢止長子繼承制，制定了均分繼承制，但是日本的家族生活，事實上，經過很長的時間依然沒有什麼改變。

戰爭

日本在一六三八年鎮壓島原之亂後，經歷了兩百年的和平時期，因此，到了江戶時代末期，無論戰爭的哲學或者近代的軍事技術，皆不具備。於是，這些就非得向歐洲文明學習不可。曾經有某位歷史學家，整理發表了一四八〇年到一九四一年這四百六十年間戰爭發生的次數。其中英國七十八次，法國七十一次，西班牙六十四次，俄羅斯六十一次，德國二十三次，日本則是九次。這些數字清楚地顯示，歐洲文明的發展與戰爭的實行如何緊密地連繫在一起。

當西洋文明徹底擊敗亞洲各國時，嚴重地撼動亞洲各國的和平。

日本在培理提督的艦隊到來與開國之後，開始有了新的戰爭思維。新學來的戰爭技術及哲學，一點一點地改變了國家的性格。一八七五年（江華島事件），日本對朝鮮半島採取的行動，事實上就和培理提督對日本所做所為一模一樣。同樣是利用軍事力的威脅，強迫朝鮮結束鎖國時代。

日本軍事力量的強化，原本的目的是為了在面對西洋列強時，能夠維護國家的獨立。但是，對朝鮮的派兵，已經不符合被動防衛的立場，反而是暴露野心、欲對其他國家要求分享利益、主權的侵略行為。

日本的朝鮮半島侵略，傷害了中國的自尊心也侵犯了中國的利益。因為中國長期以來是朝鮮的宗主國。這種利害對立的結果，終於發生了從一八九四年到一八九五年的甲午（日清）戰爭。

日本在這場戰爭得到勝利，意味著遠東地區傳統國際秩序的終結。於此同時，日本對中國此一當時遠東文明中心的態度，也從原本的自卑感轉換成了優越感。從此之後，日本在中國領土內駐軍被視為理所當然。原本為了防衛而準備的軍事力，也因為如此，逐漸增強攻擊性格。但是歐洲列強卻一貫主張他們在中國擁有的以及被委讓的權利，擺出一副必然與日本對立的態勢。

日俄戰爭是日本經歷過的所有戰爭中，最光輝的一頁。在這場戰爭中，日本與世界最強陸軍之一的俄國勢均力敵；在日本海海戰中，讓從遙遠的歐洲派遣而來的波羅的海艦隊，留下歷史性的慘敗。當時，雖然日本把俄國在遠東的領土擴張看成國家的重大威脅，但是又幾乎沒有戰勝俄國的自信。加以本身並不具備讓日俄戰爭的計畫邁向成功的財力。於是，政府為了籌措這場戰爭的費用，不得不向外國借款。對當時的人來說，這場戰爭，並不是攻擊性的戰爭，而是擁有正當理由的一場防衛戰爭。無論如何，這場戰爭的勝利使日本轉變成為名符其實的帝國主義國家。

綜上所述，日本近代的歷史是處於領土不斷擴張的時期。首先，是一八九五年的甲午戰爭，日本獲得勝利，中國將台灣割讓給日本；隨後，日俄戰爭的勝利，取得了包含樺太（庫頁島，Sakhalin）南半部與中國關東州的各項權益。日本同時取得了對朝鮮的支配權，最後在一九一〇年併吞了朝鮮。此外，由於日本是第一次世界大戰的戰勝國，許多德國在南洋群島的領地也成為日本的委任統治領地。正因如此，明治革命以降的五十年間，日本的領土面積變為原本的約兩倍。

日本與西歐各國採取的軍事行動基本上是一樣的。這些軍事行動是不正當的行為，應該受到譴責；相同地，當時以此攻擊日本的國家也同樣應該受到譴責。不過，日本這個新興帝國主義國家，確實不像指引其前進道路的西歐諸國般聰明狡猾，倒也是事實。

工業革命

日本的工業革命發生在一八九〇年代，依序經過了工業革命過程的所有階段。一九〇五年，也就是日俄戰爭結束前後，來到最終階段。在此一時期產業的重組是驚人的，集中的投資對象從鐵道建設事業轉移到紡織事業，接著擴展到礦山部門。紡織在日本輕工業中扮演著主要的角色，例如，一八九〇年到一九〇〇年期間，運轉中的紡錘的數量變為三倍，其生產量則增至四倍，在此之前為棉織品輸入國的日本，一變成為輸出國。

人口方面，一八九〇年的日本人口少於四千萬人，但是不斷地增加，一九一二年達到了五千萬人以上。在這當中，農業人口則降到百分之五十左右（一九八四年的現在，農業人口約為百分之六）。

儘管有這些具革命性的產業結構上的轉變，但是仍然沒有人以工業革命的觀點來檢討這個時期。理由在於，日本在這場工業革命發生的三十年前，已經歷過名為「明治維新」的政治革命，也因為此一歷史事件，使其對於這個問題有了其他可能的解釋，認為工業革命是由明治新政府主導，與軍事方面相同，在經濟上同樣是為了建設強大的國家，所達成的政策結果。

在這一點上，日本的例子與最先經歷工業革命的國家——英國，從根本上就完全異質。英國的工業革命是自然而且自發性完成，然後，也因為這樣促成了包括政治體制改革在內的各種附隨而來的社會變革，完成了非常重要的歷史意義。

相反地，在日本，因果關係不是從經濟部門發動，然後及於社會、政治部門，其與英國在方向上正好相反。政治掌握主導權的直接結果，導致許多政治措施被實施。例如國家的政治統合，或者前近代身份制度的廢止、近代陸軍的創設等都是，而產業的近代化也是其中之一。當然，必須先說明清楚的是，這些政治措施得以全部迅速地實施，是因為從江戶時代（一六〇〇至一八六七）開始，日本人之間，就已經逐漸形成且已經存在必要之社會的、技術的或教育的基礎。

從一八七〇年代開始，明治政府為了促進近代產業的發展，在中央政府以及各地方政府的指導下，開始建設紡織及其他的工廠。不過，說實在的，這些工廠與其說是具有收益性的產業，還不如說是為了讓技術者們學習先進西洋國家科學技術而引進的訓練設施。

結果，這些工廠的收益一直是赤字。而日本的紡織產業得到驚人的發展，要等到甲午戰爭之後，朝鮮與中國被迫開放，才增加了日本棉織品的新市場。

關於日本重工業的發展，政府的工廠（國營工廠）所發揮的指導功能比什麼都重要。例如，海軍直營（國營）的造船廠開始建造軍艦，在橫需賀及吳市等最重要的軍港，也興建了製造和修理大炮和其他兵器的工廠。陸軍亦建設了直營的兵器工廠（砲兵工廠）。這些政府的直營企業中，最具代表性的大煉鐵工場是「八幡製鐵」，在一九一〇年開始投入生產，其生產量至一九一五年已達日本國內鋼鐵消費量的百分之七十。

綜上所述，工業革命是明治政府對新產業的獎勵並提高生產力，不管在軍事面或經濟面，都是增強國力政策的直接結果。大抵也因為如此，日本的工業革命理應是個重要的歷史現象，但是並沒有特別引起注意。

之後，日本式的產業近代化，被許多發展中國家當作範本，但是，日本對這些國家來說，可以成為有用的典範嗎？非常可惜，我認為答案是否定的。

日本的成功極大的原因是其歷史的幸運。在十九世紀的後半，已擁有產業生產樣式之革命經驗的西洋各國，與當時包含日本在內的發展中國家的產業水準差距，相去不遠。與當時的情況相較，今日的二十世紀後半，高度產業化的國家與其它開發中國家之間的差距則是非常大的。

以前，進步總是緩慢的。日本的工業革命比英國晚了一世紀才開始，但根據近年來的研究，蒸汽機在當時英國的工廠尚未普及。然而時至一八八三年，日本最早的紡織機器開始以蒸汽機運轉，工廠裡已經配備電燈了。當時，歐洲與美國以完成產業化過程為目標，漸漸進入發展的最後階段。新的科學技術不斷地被開發，而將這些新的科技導入並得到最大利益的，是像日本這種對舊的科技毫無所知的國家。由於日本在十九世紀末期經歷了最後的工業革命，因此才得以與西洋先進工業國家一樣發展成為工業國家。

三　江戶時代——絕對君主制與德川和平體制

在前一回的演講裡，我講述了「大日本帝國」的形成與崩壞，也就是從一八六八年的明治維新到太平洋戰爭失敗為止的時期。今天，我將進一步追溯日本史的變遷，我決定對這之前的時代——也就是十七世紀初期到十九世紀中期的日本史做一個檢討。此一時期一般稱為江戶時代。所謂江戶，是當時德川政權（德川氏擔任將軍）下，其幕府所在都市的名稱。

所謂的幕府，一言以蔽之，就是中央政府的意思。幕府的政治權力是以天皇委讓的形式取得。除此之外，尚存在著分散在日本全國的地方政權，我們稱這些為「藩」。因此，我們將這個時代的體制稱為「幕藩體制」。為日本帶來兩百五十年以上和平的正是德川的「幕藩體制」，我覺得應該也可以稱之為「德川和平體制」。

因此，按照目前為止的兩次演講所運用的方式，透過個別主題論述的方法，將這一時期的社會、政治、經濟、文化狀況的核心問題加以分析。

首先，在理解現代日本文明的形成與發展方面，我要先強調，江戶時代具有重要性的意義。實際上，在德川和平體制期間，日本一直不引人注意地展開近代化的準備工作，並且在此一基礎上，促成了明治以後日本的快速成長。一般的看法認為，明治以後之所以有驚人的發展，全部因為明治的近代化，而且傾向於將近代化當作西化的同義詞來理解。然而，要更深入地研究江戶時代，我們知道這絕不是射中正鵠的解釋。

的確，明治初期的日本，受諸西洋的衝擊具有決定性的作用。就像黑船來襲引發的衝擊所顯示的那樣。

但是，不能忘記的是，在裝上西洋這一「起爆裝置」以前，日本早已以獨自的做法，自己經驗了近代化所有必要的準備階段。若以比喻的方式來說，日本彷彿充滿可燃性瓦斯的房間。只要一點點火花就可以點燃。相反地，如果這間房間沒有瓦斯的話，不管怎樣點火也不會有任何反應。

一直到最近，討論日本文明發展的出發點時，總過於重視明治時代的歷史位置，對江戶時代的意義則有評價過低的傾向。日本的文明史家最近才開始對江戶時代，進行根本性的重新評價。依我的看法，可以這麼說，正因為日本在江戶時代各領域的發展以及蓄積，才致使日本在對外開放之後，得以快速發展為世界史上領土擴張主義時代最後的帝國。那麼，此一江戶（或者德川）時代，在日本文明史中，應該被置於怎樣的位置呢？

內戰接連不斷的中世末期，出現了織田信長與豐臣秀吉這兩位傑出的人物，他們在十六世紀末成功地統一了國家。其後於十七世紀初，德川家康開創了江戶幕府。然而，這個從十六世紀末開始的時代，在日本史傳統的解釋上，總括起來稱為「近世」。由於「近世」這一用語是日本史特有的，若要勉強翻譯成法語的話，最後只能譯成「Prémoderne」（前近代），英文則是「Early Modern」（近代初期）。這些譯語不太合適之處，在於兩者都含有「modern」這個詞所顯示的、都是以「前近代」與「近代」兩個時代的連續性為前提來定義。可是，日語中「近世」此一用語，與此含有對照的意義存在。那便是，它強調江戶時代的封建性，再與明治時代的革新性相對照，是把重點置於前近代與近代之間的非連續性上。很可惜，這個錯誤的歷史理解，不僅在國外，日本國內也廣泛地滲透。

我今天演講的目的，正是想從各種不同的角度，來釐清德川「幕藩體制」與中世的封建性在根本上不同的這一事實。江戶時代可以看成從封建主義到資本主義的一段漫長的過渡期，與歐洲的歷史相比較的話，相當於波旁王朝的絕對君主制。讓我因此有了這樣獨自的解釋，幕藩體制可以說是德川王朝的絕對君主制。

的確，江戶時代依然保留中世的領主權，社會階層的構成也與中世一樣。但另一方面，在中世時期，如同一個關節般緊密連結的領主與土地的關係，到了江戶時代全然七零八落。過去是現役戰士的武士變成了管理領地的家臣，這也是事實。

而且，在這個時代，確認了資產階級的勃興。這是社會財富累積的證據，也是資本主義誕生不可或缺的要素。所以，從某種意義來說，江戶時代是日本資本主義發展史上的重商主義時代，理應可以看成日本進入近代國家的初步階段。

長久以來，圍繞著德川時代的歷史評價，日本國內外展開了激烈的論爭。對立雙方的一方認為，德川時代的封建制是最具完成度、最洗練的體制，另一方則認為，德川時代可以說是封建制崩壞，進而轉向日本近代準備過程的起源。

總之，如果站在比較文明史的立場來看，可以確認德川的幕藩體制與歐洲絕對君主制，存在著令人驚訝的平行進化現象。

江戶

現在的日本首都是東京，毫無疑問，這是「東邊的京都」的意思。這個都市之所以這麼命名，是由於一八六八年，明治革命推翻了幕府政權，天皇離開了京都，移動到這裡所致。透過這個改稱，明治新政府想要強調的是，未來這裡將成為恆久的政治權力所在地。

當然，東京並非由無到有突然出現。以前的名稱江戶，是德川幕府的所在地，擁有大約一百萬的人口，當時已經是日本第一——不，應該說是世界第一的都市。

江戶時代，以天皇為首的貴族們所構成的朝廷，存在於京都；另一方面，由將軍以及與其所率領的武士集團所構成的幕府政權，則在江戶。整個江戶時期，天皇或朝廷在現實政治上無法行使權力，日本實質上的統治者是指揮中央行政機關的將軍。

雖然，完全只是形式上而已，但天皇的地位原則上比將軍高。這意味著在明治維新之前，長期以來，日本並存著江戶與京都兩個首都。另外，在江戶時代也常常用「三都」來表示江戶、京都、大坂。由此可見，大坂曾經是日本經濟活動真正的中心地。

江戶幕府是極為中央集權的政權，強制諸藩的領主（大名）每隔一年都要至江戶居住，回到將軍的身邊參勤，這就是稱之為「參勤交代制」的居住地輪替制度，被看做是大名對將軍忠誠的象徵。各大名，一年在自己的領地度過，一年以後，則帶著大批家臣前往江戶，第三年又必須回到領地的城內。這種制度，與法國的貴族們定居在凡爾賽宮不同，也與德意志領主居住在自己的領地相異。

離開家鄉前往江戶時，大名們當然不可能帶著所有領地內的管理人員，因此大批的家臣必須留下。另一方面，因為大名於兩年中應當有一年停留在江戶，所以他們在當地得設有自己的宅邸，讓家屬及家臣們得以常駐。對大名們來說，維持在江戶與領地之間的雙重生活確實是非常大的財政負擔。然而，大量的武士有規律地頻繁移動，不只將來自日本全國各地的文化介紹到江戶，同時也有助於將江戶文化傳播到各個藩國。因為這樣，江戶吸收、攪拌了各地多樣性的文化，扮演文化大熔爐的角色。

大名的領國由各個獨立的小國所構成，擁有獨自的個性。但同時，諸國對於日本的中心江戶，透過參勤交代的網絡緊密地聯繫在一起。一點都不誇張，我們可以說，此一體制是日本成為近代國民國家的基礎之一。

江戶是各地武士非常重要的集合地，再加上江戶還居住著幕府直屬的官員。在十八世紀的最盛期，江戶的人口超過一百三十萬，其中，町人六十萬，僧侶和神官有五萬人左右，剩下的就是武士及他們的家屬。

武士沒有形成獨自的封閉社會，而是與江戶的市民建立連結的關係。就市民而言，沒有武士這種重要消費人口的存在，生計無法維持。因此，兩者並不缺乏交流的場域。

隨著時代的推移，看到在歌舞劇院等「町人文化」的中心據點裡消費的武士也不算稀奇；同時也開始出現用金錢換取武士地位與特權的町人（泛指都市工商業者）。幕末，一位海軍大臣的父親，就是透過金錢買賣獲得武士地位與特權的町人之一。也就是說，首先必須確認的是，江戶時代的社會秩序是建立在武士與町人的身份差別與各自文化的差異上。然而，事實上，無法清楚地區別誰屬於哪一個階級的情況也日漸變多了。

總之，江戶不只是混合地方文化的中心地，同時也是融合武士和町人文化，創造出新都市文化的場所。正如各位所見，現代日本正走向無階級社會，但是，我認為此一傾向的萌芽可以溯源至江戶時期。

將軍

將軍，是幕府這個武士政權內，最高長官的稱號。在一千年前的平安時代，將軍原本只是個臨時性的官職名。是指對於不服從中央天皇政府的邊境勢力，擔負討伐使命及軍隊指揮官職務之人。被任命為將軍者，就占有征夷大將軍（東北地方討伐隊隊長）的地位。所以，雖然將軍是戰士們最期望得到的榮譽官職，但歸根究柢不過是一個對貴族朝廷效力的臨時職務罷了。

到了十二世紀末，將軍的地位不只停留在宮廷，甚至發展為武士政權的長官。平定十二世紀內亂獲得勝利的源賴朝，被天皇任命為將軍，並承認他在現在東京附近的鎌倉所成立第一個幕府軍事政權。這意味著武士階級擺脫了隸屬於宮廷的束縛，得以獨自行使合法的政治權力。這個新的機構，如實地反映出在接連發生內亂的時代裡，武士集團在全國所發揮的武力作用及伴隨而來的社會地位提升。

從那個時代開始，以武力支配全國的人，自稱自己為將軍，他們創設了擁有世襲繼承權的幕府，並且將此一慣例確立下來。這樣一來，平定十四世紀內亂的新將軍足立尊氏，建立了室町幕府。接著，終止十六世紀武力紛爭的德川家康，確立了屬於自己的江戶幕府。換句話說，現實上擁有權力的武士王朝傳統，與京都的天皇家分別存在。將軍是共同對抗內亂，並且取得勝利的有力武士聯盟的盟主。具有實力的諸大名們，承認最強大的大名為將軍，但作為利益交換的一環，這些大名們在將軍所建立的幕府政權內擔任閣僚。

當初，以將軍為最高長官的幕府，統率武士階級，同時也是代表武士階級利益的組織。可是，隨著時間的推移，京都宮廷的貴族政府逐漸失去行政能力，繼而由幕府取而代之統治全國。

特別是德川將軍在江戶幕府的權力完全凌駕於天皇之上。江戶幕府創立之初，只是處於臨戰態勢的軍事政權，建立在德川家的軍事力與領地財產的基礎之上。但是，不久之後，將軍的權力，在官僚武士優秀的行政能力與全國大名的忠誠支持下建立起來，並且透過幕府這一嚴密的統治機構使之更為強化。

與外國交涉時，將軍自稱為大君，即國家元首，有時候甚至稱自己為日本國王。後來，江戶幕府與德川將軍完全脫離朝廷而獨立存在，天皇的權限僅剩授予朝廷官位這種形式上的歷史性權限而已。

可是，在這裡必須注意的是，即使將軍的權力再大也絕對沒有廢止天皇制以及貴族政府的打算。鎌倉、室町、江戶時代的所有期間，一直是「一國兩府」併存。另一方面，在平安時代或者甚至更久遠的年代裡，由貴族們一脈相承的朝廷，代表著天皇的名譽、儀禮與精神的權威。另一方面，官僚化的武士集團所構成的幕府，實際行使著世俗的政治權力。日本的朝廷與幕府之間的關係，大概能與歐洲羅馬天主教會與世俗政治權力的關係做比較。

無論如何，明治維新重回了鎌倉時代以前君主制度，也由於將軍的退位，這種雙重政府的體制終於畫上了休止符。

藩

江戶幕府的將軍，給予在地方擁有勢力的武士且支持幕府的大名們領地，並且賦予他們經營權。江戶時代的日本，由二百個以上的聯邦諸國分別管轄。

各個領國的規模以「石數」來衡量，這是用稻米的量所換算出來的農業生產總額。由於大名實際入手的稅收乃是按照「石數」的多寡而定，因此「石數」越多，大名的收入就越高。

然而在此同時，幕府對於各個大名，諸如鎮壓內亂要求派兵，或者協助幕府所進行的土木工程等，皆按照「石數」的不同來分配各種義務。因此，獲得較高「石數」的領地大名，當然也必須負擔更多這類的義務。

江戶時代的大名，不僅僅根據領地的「石數」，還根據與將軍家的聯姻親戚關係等複雜的分類法，將所有大名的位階序列化。與將軍親近的大名，即使「石數」不高，也可以獲得如同東海（太平洋沿岸）和近畿（京都、大坂地方）等要衝之地作為領地。相對於此，與將軍家關係疏遠的大名們，雖然分封到「石數」較高的領國，但大多是分配到邊陲的地帶。明治維新是以距離江戶極為遙遠的大名們的家臣為主體所完成的，此一史實深值注意。

如同幕府在江戶築城並建設都市，以作為中央行政的據點。許多大名也在自己的領國築城，並在城的周邊建設都市，大名的家臣住在城下的市街（城下町）中，組成以大名為首的地方政府。有別於中央政府的幕府，擁有固有的行政組織的地方領國稱為藩，江戶時代的國家包括了幕府與藩，這便是稱為幕藩體制的緣由。

幕藩體制，建立在將權力集中於幕府與將軍、而行政方面則分散至藩與大名的這一微妙平衡上。

當然，藩是在幕府的統制之下。幕府往往在將軍的一念之間，便可以變更、甚至沒收大名的領國。禁止大名獨自動員軍隊，各藩之間相互的交流也受到種種的制約。

但是，藩之於幕府，在政治上依然保持著一定程度的自治。幕府的法令只在直轄的領國有效，除了非常時期以外，幕府的官員不能介入藩政。總而言之，各藩尊重幕府的法令，在藩國內亦適用之，各藩同時也有各自的藩法，地方行政官由各藩自行任命。

近現代日本的地方自治，可以說就是建立在藩國地方行政的傳統之上。我們也可以明顯看出，日本現在的縣廳所在地，大部份是江戶時代各個藩國的城下町所發展起來的都市。

在亞洲各國之中，日本是唯一確實擁有地方分權傳統的國家，其構成的原型便是江戶時代的藩國。

藩國的財政，大部份依賴領國農民以稻米所繳納的稅賦，另外還有商人們用貨幣（錢）繳納的稅金。幕府的財政也一樣，由來自直轄領地的稻米稅收與商人的錢幣納稅來維持。幕府完全沒有給予藩國財政援助；而藩國也沒有定期支付幕府稅賦的義務。每個藩擁有自己獨立的經濟圈，並且各自負擔自國財政運營的責任。在經濟上，每個藩也都猶如自治聯邦國家中的一國。

原則上，農民必須以上繳稻米的方式納稅，這些稻米在大坂等市場兌換成貨幣，然後分配給家臣。因此，中央市場稻米交易價格的變動，對於偏遠藩國的財政主管而言，是極為關心的事情。

然而，僅靠年貢就足以籌措財政的藩極為少數。一部分的藩，為了解決藩國「慢性」（逐漸積累）的財政危機，開始著手進行稻米以外的農作物栽培。於是，有的藩製蠟，有的藩製漆，有的藩造紙，有的藩製鹽。這種情形，促使各藩開發適合領國氣候風土的產物。從特產的生產到市場的銷售，所有流通皆在藩的管理之下。結果，藩逐漸具備了現代企業體的特質。

並非牽強附會，實際上，今天日本的大企業被認為是以藩為模型所建立。舉一個比較明顯的例子，「取締役」或者是「重役」這類名稱直接的由來便是官職名。

鎖國——國家的孤立

從十七世紀初期到十九世紀中期，長達兩個世紀以上，日本在國際上是被孤立的國家。那是因為幕府施行了禁止國民與海外自由來往的政策。這是「國家的閉鎖」，也就是通稱的鎖國。

一想到日本國民在幕府決定讓國家孤立於國際之外（鎖國）以前，曾經經歷了史上少有的國際化時代，就覺得此一鎖國現象實在異常奇妙。十六世紀中葉，一艘葡萄牙船漂流到位於九州南端的種子島，帶來了歐洲的鐵砲（火繩槍）。不久，西班牙的傳教士方濟·沙勿略來到日本，開始基督教的傳教工作。對日本人來說，歐洲大航海的浪潮來到了遠東的海岸，是日本與西歐文明在物質上以及精神上最初的接觸。

日本的武裝貿易船隊，從很早以前就已經在東中國海（東海）一帶展開活動，但受到葡萄牙以及西班牙商人的激勵，逐漸往東南亞各國前進，並在東南亞各地建設了日本人居留地（日本人町）。十七世紀初，推算有超過五千人以上的日本人居住在海外的日本人町。因此，這是我個人假設性的說法，如果當時幕府沒有採取鎖國政策的話，十七世紀中期，恐怕在孟加拉灣附近，從遠東進入東南亞的日本，可能就與歐洲各國——特別是在東印度積極活動的英國之間進行了大決戰。但是，如同大家所知道的，鎖國政策迴避了這類的衝突，但那些居住在海外日本人町的日本人，卻再也沒有機會回到祖國，全被遺棄在異國。

基督教的傳教工作也超乎想像的困難。傳教開始後的二十年，在西日本建造了兩百個以上的教堂，不到半個世紀，信徒的人數就高達數十萬人以上。

但是，隨著十六世紀內亂的平息，新的社會秩序建立，外國人傳教士與基督教徒結社的存在，被當時的政權看作是一種障礙。於是，一五八七年以後，傳教士被驅逐出境，並且不斷反覆地對日本人信徒進行迫害。所以，基督教問題可以說是施行鎖國政策的理由之一。一六三〇年代頒佈了嚴禁基督教、禁止日本人出國、限制海外貿易活動等一連串的法令，鎖國政策於是在江戶時代的初期實現。一六三七年在九州發生了基督教徒的大規模叛亂。從導致鎖國的過程來看，或許可以這麼認為：此一國家孤立的強化（鎖國），是由於幕府畏懼基督教的滲透，進而歸結到反基督教政策的施行。

但另一方面，又必須考慮到荷蘭為了獨占與日本的貿易關係，想要排除其他國家的意圖。荷蘭的遠東貿易活動在時間上是落後的，又因為荷蘭是與西班牙、葡萄牙等天主教國家不一樣的新教國家，所以，並沒有想要以商業活動交換基督教的傳教活動。雖然幕府對基督教厭惡，但也不打算放棄貿易利益，於是荷蘭成為日本人眼裡最理想的交易國。最後，幕府決定將維持通商關係的國家限定在荷蘭，以及與基督教傳教無關的中國。

另外，幕府很早以前就醞釀著想要獨占海外貿易的構想。由於他們知道，西日本的大名們積極地與外國進行貿易活動，獲得非常豐厚的利益。而這一利益要置於幕府的統制管理之下，事前有必要先禁止自由貿易。而且，也有抑止西日本的各大名發展出超過幕府期望以上富裕程度的效果。因為這樣，鎖國的期間中，幕府將九州的長崎設為通商港，僅有特權商人集團得以維持與荷蘭及中國的貿易活動。

也就是說，鎖國政策一面排除了基督教的傳教，一面又讓幕府獨占貿易利益。可以說是一種是為了達成上述雙重目的而採取的政策。因此，雖然依照字面上意義，「鎖國」這一用語意味著國家的閉鎖。但是那是從結果上來看的意義。我們應該要注意的是，幕府一開始是否有將國家完全閉鎖的意圖，我覺得那是另外的問題。雖然這麼說，但由於鎖國政策，日本人喪失了對海外的關心，確實是無法否認的。

然而，日本鎖國的二百年間，種種的損失換來了國內資源得以充分開發，也毋庸置疑。經濟以國內市場為中心發展，蓄積了民間的財富，看到種種的發明以及技術改良得以開花結果。傳統文化、日本式的生活樣式和價值觀也都在這個時代形成。如此一來，沒有經歷過外國殖民統治的日本，才能為自發性近代化的到來做好準備。

這之後的發展，是怎麼一回事我們已經檢討過了。一八五三年，培理提督率領的黑船艦隊來到今天的東京灣，強迫日美開始進行通商，這成了結束鎖國政策的決定性機會。此後，再經過十數年，江戶幕府就崩潰瓦解了。

國土開發

十七世紀的幕府與藩，拼命為稻米的增產而努力。那是因為對於制度上採用以稻米形式徵收的累進稅制而言，稻米的增產意味著剩餘米的增加，而靠著賣掉剩餘米便可帶來現金收入。這一努力有了成果，比較稻米的生產量，十七世紀末是十七世紀初的一點五倍；而到了十八世紀初，稻米產量則已達到十七世紀初的大約兩倍。

產量的增加主要是因為新耕地的開發，使得耕作面積擴大所致。因此，十八世紀中期左右，由於耕地開發到達了極限，所以，稻米的生產量便開始停滯。儘管如此，江戶時代是大規模土地開發的時代，這是我們不得不關注的事。甚至到今天，日本主要的稻米耕作地帶大半是江戶時期所開發的，而非中世以來傳統上就存在的。

可是，如果認為江戶時代的土地開發只限定在新耕地開發的話，那麼真相會有所扭曲。事實上，在當時各地努力地嘗試著多元的土地開發活動。

例如，在內海的沿岸，為了從海水取鹽，所進行的鹽田開發。由於瀨戶內海的鹽田開發，得以供給全國鹽的需求量達百分之九十，便是顯著的例子。

另外，西日本的山區進行大規模的植林作業，使得山林資源的利用進步不少。這些現象的背景在於城市穩定的發展，繼而創造出大量的木材消費需求。今天日本的森林覆蓋率非常的高，但其中自然林僅佔少數。森林的大部份，事實上，幾乎都是江戶時期著手開發的成果，砍伐雜木林之後，種植可做為木材用的杉木等。

如果把焦點轉向都市，在江戶時代就已經可以看到大規模都市化的現象。十七世紀初的江戶初期，各個藩都努力地築城及建設城下町，接著從十七世紀後半期一直到十八世紀前半期，各大都市擴大了市區的範圍，這也是計劃性開發事業的一個顯著事例。以京都為例，十六世紀末，市區內的寺院遷移到郊外，然後進行市區再開發的同時，在遷徙後的寺院周邊，新的市街地也就跟著擴張。而此一個新開發的土地，對於吸收從農村往都市集中的移民人口有很大的幫助。

於是，在整個江戶時期，可以看到土地開發在農村、山村、海岸、都市平行進行。開發經常改變國土的景觀，對國內經濟的發展與成熟有很大的貢獻。

工業

跳過工業的快速發展不說的話，對於近世日本的經濟無法獲得全面的理解。開國以來，日本成長為近代工業國的一員，其基礎在江戶時代，特別是十八世紀時就已經逐漸穩固。當然，近世的工業是在工業革命發生前的階段，以地方的農業與林業為基礎，大部份依靠人力以及尚未使用機械以前的工具。家庭手工業的先驅形態誕生於中世紀的近畿地方，在即將迎接十八世紀到來之時，此一生產型態擴展到全國，十九世紀初期，開始出現了工廠式手工業的形態。

振興這些各式各樣的手工業，雖然需要依賴都市商人的投資，但還不如說是依賴藩這個地方政府的獎勵及援助之處更多較大。許多的藩受到財政壓力的逼迫，在領地內興辦新的產業試圖增加收入。在日本，行政積極參與產業活動的傳統，並不是今天才開始。我們甚至可以回溯到遙遠的江戶時代，也不能說是一件毫無益處之事。

可是，工業的發展使農村的生計產生了根本變化。農村不僅提供必要的勞動力，也開始生產基本食糧以外的農作物，如此一來，便有必要進行生產手段的改革。

我們可以看到這類農作物的生產與加工，在本來就不適合種植稻米的山區反而會有更顯著的發展。只有在不執著種植稻米的地區，急遽的工業化才容易實現。而且，全國性的交通網已經整備完善，位在偏遠地區農村的生產者與都市的消費者得以連結在一起。

可是，有一點必須放在心裡，作為江戶時代發展的工業的特徵之一，是製品的大半都是大眾的消費物資。請大家回想，當時由於鎖國政策，日本與海外之間的貿易受到很大的限制。工業的發展，不在於海外市場的擴張，而是在於內需的擴大。

國內市場，必須依靠以都市為中心的大眾消費來支撐。如果無法供應都市龐大消費人口所需的大量物資的話，江戶時代都市的急速發展不可能達成。同時，隨著都市的繁榮，人民得以累積財富，進而提高多樣且大量的物資需求，這便成為地方工業發展的重要原動力。

江戶時代誕生的新工業，在繼承中世紀手工藝品生產的同時，也是與其告別的時間點。自古以來，在奈良和京都有許多的職人，為貴族及寺院提供高品質的手工藝品。這些人之中，有人興建了設備完善的工作坊，並且實行分工，也已具備符合可稱為家庭制工業的經營規模。然而，這些職人們，幾乎都是為特定的客戶生產單件的客製化商品，而且演變成為需要高度熟練技術才能製造的高級品生產者。

相對地，江戶時代的家庭制工業，反而往與此相反的方向發展，採取了對應大眾消費動向的生產形式。

這一特徵，隨著日本的開國，擴大海外市場，經歷了工業革命，以及重工業發展這一連串的變化之後，也沒有改變。時至今日亦然，日本在生活關連產業放進了特別的比重，這也是對國內大眾消費重視的最佳例證，而此一原型，事實上，在江戶時期就已經存在了。

町人的勃興

日本的都市，被分割成許多被稱為「町」的單位。與其說一個町是一條街，還不如說是相當於一個區劃更為適合。

傳統上來說，町的平均規模是由四十戶左右的町家所組成。每個町都形成各自的地域共同體。住民之間不是只有相互緊密連繫的人際關係，並且遵循自主管理的原則生活在一起。同樣的，町也是行政上的基本單位。

這種町的形式，早在十五世紀末期就已經存在於京都，不久，也出現在大坂、堺市等近畿的中世都市。爾後，這個制度到了江戶時代初期的十七世紀就已經在日本全國擴展開來。

江戶時代居住在都市的職人和商人（工商業者）被稱為町人。在這裡，注意到一件頗有意思的共同點。法語中「住在町的人」意味著新興市民階級的這個用語，的確與日語意味著「町的住民」的町人完全相對應。各別的語言同時對應社會都市化的這個重大現象。也就是說，日本的町人構成了新的社會階級。

雖然這麼說，十七世紀的町人社會與十八、九世紀的町人社會還是有很大的差異。十七世紀初期是大坂和京都豪商們的時代。他們生性積極進取，參與從事海外貿易以及礦山經營、土木工程這類投機事業，並且積累了巨額的財富。另外，他們依靠財力所帶來的勢力，即使有時會有脫離常軌的舉止，但是在文化面上也帶領著町人社會前進。然而，從十七世紀中葉開始，由於幕府實行鎖國政策，結束了海外貿易活動，多數的豪商走向沒落。雪上加霜的是，為了彌補此一損失而對大名進行的融資也成為壞帳無法回收。

這些豪商巨賈在沒落之後，小市民層成為町人社會的中心。這些小市民，在京都、大坂、江戶等大都市同時出現。不像過去的豪商那樣擁有巨大的財產，他們的特徵是質樸、儉約以及堅定的工作意欲。當時，大坂的作家井原西鶴，在他的一些作品裡，生動地描寫這些新崛起的小市民的樣貌。

都市的安定繁榮與人民財富的累積不管是處於多麼初始的階段，卻是告知消費社會到來的徵兆，這也是對町人安定生活的保證。此外，由於都市化的生活與勞動形態，亦替他們帶來了餘暇時間。

然而，人民財富的累積與消費的擴大，再加上餘暇時間的出現是支撐大眾社會的條件。所以，我認為從十八世紀開始日本的大都市已經蘊藏了大眾社會的萌芽。在今日，被看作是町人文化產物的劇場隆盛和出版產業的繁榮等各式各樣餘暇活動的發展，可以說當時就已預告了現代日本大眾文化的發展。亦即，町人社會是現代日本都市社會與市民文化的原點。

可惜的是，今天給予我的時間極為有限，並且時間好像也已經超過很多。所以，在今天演講的最後，我想要以很快的速度就兩個不管在社會上、文化上都令人深感興趣的題目——出版與教育，進行探討。

出版

我們從江戶時代的出版界來看，可以知道當初的出版物幾乎都是日本和中國的古典書籍及佛教書籍。這個時候的社會發展階段，出版業的對象只有學者、僧侶和醫生等知識分子。

但是，至十七世紀末，促使讀者數急速增加的一大契機到來，我們可以看到出版物的趨勢也明顯產生變化。

這時，出現了以當代社會事態為素材的娛樂性文學、都市的旅遊指南、庶民教育的教科書、娛樂書乃至於色情畫刊，這之中有許多是暢銷書。這個現象顯現出書籍購買層已經不只限定在特權階級的知識分子，而是由一般都市市民所構成的事實。同時，當然也代表著，有能力買書、讀書、理解書的廣泛讀書人口，已經成熟。

此一傾向，明顯地反映在急速成長的印刷業上。京都是出版的中心地，十七世紀末期，共計有七十到八十間的出版書店，出版的新書估計年平均有一百七十本之多。十七世紀前半期，新書的發行量，一年只有三十本左右，兩者相較，在半世紀間，出版業的成長達到將近百分之六百。由此可見，日本的出版業在十七世紀中完成了飛躍性的成長。而且，很明顯地此一發展成為大眾消費現象的先驅，刺激了讀書人口的急速擴大。

教育

整個江戶時代的庶民教育，一般上，委由稱為寺子屋的私塾擔任。藩及幕府，自己開設如同大學般的教育機構，對於家臣的教育非常熱心。但是，對農民及商人階級的教育則是漠不關心，甚至連獎勵措施也沒有。於是，町人率先充實自己的教育機構，進而普及全國。

江戶時代在日本全國開設的寺子屋，估計數量不少於一萬所。特別是從十九世紀初期開始急速增加，一八三〇年代每年一百四十所，四〇年代每年二百四十所，五〇年代每年三百所的寺子屋被開設。而且如果考慮農村與都市人口的密度差異的話，可以說幾乎看不到教育機會不平等的現象。

再加上，全國寺子屋所使用的教科書已經都是印刷的書籍，這清楚地說明，江戶時代的學校教育，對於建立全國一致性的教育水準有很大的貢獻。因此，我認為大家應該可以理解，我第一回演講時提到的教育平等主義這個現代日本社會的特徵之一，在追溯江戶時代的傳統時，就已經能夠發現它的根源。

四　中世——遠東諸文明與日本封建制的成立

在上一次的演講裡提到了江戶時代。江戶時代可以看作是德川將軍家在日本所建立的君主制時代。幕藩體制，亦即中央政府與具聯邦國家性質的地方政府之間政治與行政的雙重構造。我認為透過對幕藩體制的分析，不僅可以理解江戶時代的統治體制所擁有的複雜組織，另外，從日本文明史的觀點來看，也可以清楚知道這個時代的重要性。如果用我的話來說，明治以後日本近代化的準備工作，在鎖國時代，亦即「德川和平體制」（Pax Tokugawana）時代即已完成。

每次思考關於江戶時代的經濟、產業以及社會、文化的各類問題時，我們都會在那之中找到近、現代日本文明的原型。如果要從根本上重新對於江戶時代既成概念重新認識的話，我覺得可以參考以下所述。近代日本並非如一般看法那樣是伴隨著明治維新才出發的，而是早在十六世紀末就開始了。也就是說，西洋諸國的近代化與日本在鎖國體制下以自然發生的方式所實現的近代化，兩者之間在過程上是一種平行進化的關係。

總之，為了對江戶時代的背景能夠更加理解，今天，照著我的方法論，在最後會將日本的歷史追溯至江戶時代以前。也就是，中世封建社會與孕育其誕生的平安時代。

日本列島出現統一國家，被認定是在四世紀前半。此後，隨著日本、中國大陸、朝鮮半島相互交流的進展，許多渡來移民將他們的文化帶進處於黎明期的日本。在這裡，我並不想把時間挪去談論古代史。因為與我今天演講的主題「近代日本文明的形成與發展」不太相關。以下以個別主題當作媒介，探討從律令制導入後，出現在日本史中的各種現象，及其對近、現代日本文明所產生的直接影響。

律令制

所謂律令是國家制度的一種。是在中國的隋、唐時代完成的制度，由刑法（律）與行政法（令）所構成。

律令制在遠東文明所扮演的角色，與羅馬法在歐洲所扮演的角色多少有些雷同之處。兩者都帶給周邊的國家非常大的影響。日本為了確立中央集權組織，在七世紀中葉，就已經導入中國的唐所施行的律令制度。從當時日本社會的狀況來看，這已是一個極為高度發達的制度，因過於理想主義，也就是說根本是脫離現實的制度。而且，就連中國本身也從來沒有完全實行這一制度。

日本的做法是想要在短時間內一舉完整地移轉此一理想的行政制度，這在其他遠東各國是個罕見的例外。這不得不令人想起草創期美國與澳大利亞這些新世界的國家。還有一個共通點，當時促使律令制度的精神能夠普及與實施的推進力，是從中國以及朝鮮沒落王朝亡命而來的外國知識分子。

這個新制度的主要目的在於樹立中央集權的官僚制度。首先，讓我們試著從中央的行政組織進行討論。最高長官的職位有兩個。神祇官從事宗教戒律的管理；太政官則是所有行政事務的管理者。太政官管轄下又設有八個省。還有為了維持治安與防衛國家而設的機構。據此創設的中央政府，擁有一萬人的官吏。

說到地方行政方面的話，全國分為六十幾個單位，也就是說，分成六十幾國，其下又區分為擁有各自首長的郡和里。各國的行政官員，雖然由中央政府派遣，但是郡和里的統治，則由地方的豪族所承擔。傳統以地理上的地方區分為基礎所設置的國，與一千三百年後，現在的地方行政基本單位的縣，幾乎可以相互對應。

創設律令制這項新制度的首要目的是要強化國家財政。從這個立場出發，土地被國有化。實施人口普查，發明了記載個人姓名、住址、年齡、性別等的戶籍資料。接著將水田劃分成如棋盤狀般的規律整齊，再按照年齡、性別、以及其他要件將公有地分配給各個農民。除了要求農民繳納相當於收穫百分之三的租稅外，還有紡織品、生絲、鹽，以及一年六十天勞役或者兵役之類的人頭稅。從留存到今天的資料來看，律令制下的官僚，至少在最初的時期，利用所徵收的賦稅來經營國家並得到成功。

被稱為「公地公民」的土地國有化與人口普查，並不是對所有的人公平進行。而是將人民區分為貴族與平民的兩種階級，貴族階級在社會、經濟各方面享受種種的特權。在奈良周邊的畿內地方擁有地盤的傳統豪族，也就是貴族們，在新制度內得到與其在律令制導入以前的勢力相應的地位與階級。並且，貴族的子弟根據新的高等教育制度，接受哲學、文學、法律、數學等方面的教育。由於此一特權，貴族們的公職因而得以世襲。在經濟方面，貴族的租稅以及人頭稅也獲得免除。同時，貴族的農地和領地私有也被允許。承認貴族私人土地所有的這項制度，結果上，是造成律令制崩壞的直接原因。有力的貴族以及寺院為了增加財源，運用開墾以及贈與擴大自己的農地，最後產生了當時世界獨一無二的土地所有制度。這就是莊園制。莊園對國家的財政基礎造成威脅，也因為這樣，使得律令制失去效用。但是，律令制的法律與官僚機構後來依然殘存，作為習慣法以及後世武士社會的行政組織框架有所助益，這一點有必要注意。而且，在現代的法律用語以及文件當中，很多都源自於律令制的用語。

後來，進入中世封建制時代，與律令制不同的武家法典發達起來。儘管那樣，但是律令並沒有因為完全失去實際效力而被廢除，依然在京都的宮廷貴族之間殘存。甚至連德川絕對君主制下的大名及武士，也依然遵循律令，繼續接受朝廷授予的位階。像這樣的律令制，雖然已經逐漸喪失實際的意義，但還是與封建制平行，在日本持續存在了長達一千兩百年，直到律令制度最頂端的天皇，在明治維新後，被近代立憲君主國家元首的天皇所取代為止。

京都

京都於公元七九四年成為日本的京城，之後一千年以上的期間，即直到一八六八年被東京取代為止，其作為日本首都的地位一直維持不墜。當時的京都是東西四點六公里，南北五點三公里的長方形都市。寬八十五公尺的中央大道縱貫南北，將城市一分為二，御所在這條道路的北端。住宅區被劃成一個一個小小的方形。此一宮殿與住宅區的棋盤狀都市計劃是以隋唐時代中國首都長安為模型設計出來的。

京都的建設計劃是前所未有的嘗試，是根據完全不同的構想而制定。在那之前，首都建造的所有工作都由國家來承擔，而這次則動員了民間的財源及技術。在這裡，我想指出的是，現在所描述的構想，與今日現代都市的開發和產業部門的發展計劃所採用的所謂「第三部門方式」相似。

新首都建設之際，有力家族的領導者被任命為計劃的負責人，這是為了希望從地方豪族及其家族成員取得財政的援助。

新都以驚人的速度建設起來。從地點的選定、建設新都，到放棄原來的首都奈良為止花不到一年的時間。這一巨大事業的紀錄，特別是動員勞動力的數量及建築所用的建材、工程進行等相關資料並不存在。這是由於工程是由民間承包業者透過多層的轉承攬所執行。然而，歸功於民間的主導，新首都在機能上來看極為柔軟，而且具有自發性發展的素質。

新的首都帶來繁榮，被讚頌為「平安京」。這是代表和平且平穩的京城之意。據稱人口達到十萬人。整個九世紀，亦即平安初期，日本與中國的唐之間的交流非常興盛。這也是一個定期派遣外交官到中國，將唐文化帶回日本的開花時期。但是，十世紀初期，由於唐的衰退，以及附隨而來的日中關係中斷，日本化的時代於是開始。日本人的目光轉向自己的國家。外國的要素輕鬆地被丟棄，或者是透過日本文化的過濾，藉以符合社會的型態。十世紀與十一世紀是以民族文化為特徵的時代，從這時候開始詩和小說都不再使用中文，而是使用日文書寫。同樣的繪畫、雕刻、建築也都創造出了日本樣式。推行文化日本化的人，就是京都的宮廷貴族們。

貴族文化的社會、經濟基礎是稱為「莊園制」的大土地所有。然而，隨著時間的經過，封建制取代了莊園制，政治的權力落到武士的手裡，武士階級成為新社會體制的主導者。於是，京都就不再是唯一的政治中心了。

然而，實際的權力暫且不談，在天皇的周圍所形成的貴族式宮廷，依然持續是精神上權威的象徵，京都作為日本政治、經濟、文化的據點絲毫沒有改變。

武士

日本最初的武家政權樹立於十二世紀末期的一一九二年。從這個時候開始到十六世紀，日本社會由封建制度所支配，時間相當於鎌倉、室町兩個時代。

「侍」（samurai）即是職業軍人，性質上多少與歐洲的騎士有些類似。接下來，我得說明一下武士的起源。九世紀左右，律令制從制定開始業已經過兩世紀，制度走進了死胡同，瀕臨危機。在此同時，由於地方新勢力抬頭，地方行政逐漸變弱、解體，遭遇困難。於是，強勢的豪族開始武裝，以軍事力為後盾，拒絕向由中央政府派來的官僚繳納強加的賦稅。這些中央派來地方的官僚們為了保護自己，也不得不透過武力來對抗反對勢力。他們之中有的成為新的地方豪族，任期結束後選擇繼續留在地方的也大有人在。就這樣，擁有武裝力量的地方勢力漸漸成為以戰鬥為專業的「武士」。

大約從十一世紀左右開始，在地方累積了實力的武士在中央逐漸佔有重要的地位。他們一開始因為武藝而被重用，主要是擔任大貴族身邊的警衛工作。從「侍」（samurai）這一名詞的語源來看，本來的意義是「為主人效力的隨從」，從這裡我們可以知道，在登上歷史舞台的當時，這些人的社會地位是非常低的。但他們同時也成為鎮壓反抗京都中央政權之叛亂勢力的武士集團。而這一類的叛亂是由留在地方的其他武士們不斷策劃的行動。武士集團之間在展現其實力時，逐漸暴露了首都貴族們相對上並無實際力量的窘境。最後，武家社會終於站穩了邁向勝利之路。就這樣到了十二世紀末，當時最傑出的武士源賴朝在距離現在東京不太遠的鎌倉成立了最早的武家政府。

武士階級的出現與發展，與為了自衛而集團化的事實有關。同時也強制讓不同勢力的武士集團相互間的合作關係變得緊密。因此，產生了封建制度特有的領主與家臣的關係。

例如，鎌倉幕府的將軍源賴朝，授予與他一起戰鬥的武士們領地，並且任命他們擔任地方行政官。對於主君給予如此的恩惠，家臣背負著種種對他效力的義務。有紛爭時必須不顧自己的生命，遵從主君的命令，平時則必須輪流擔任主君的護衛工作。

這種以恩顧與侍從關係為基礎的主從關係，與中世歐洲領主與臣下之間，以保護與忠誠的相互契約為基礎的關係極為相近。與中世歐洲的「騎士道」備受尊敬一樣，在中世的日本對於「武士」的倫理法典也很發達。

令人驚訝的是，在世界史上稱為中世的這段時期，位於世界兩端的日本與歐洲，不約而同平行地展開走向以領地制為基礎的封建社會道路。

但是，讓我們把目光轉向東亞，令人驚訝的反而是這裡發展成為封建社會的國家一個也沒有。七世紀時，日本模仿中國的律令制創造了政府，樹立了古代中央集權國家。中國之後理應走向從古代國家到中世封建國家的道路，但是沒有出現。

在舊體制下，沒辦法找到能夠突破堆積如山問題的出口，進而帶來新發展的社會，就會像古代埃及那樣因為停止發展而化石化。包括中國在內的亞洲各國，全都想要擺脫古代國家的形式卻始終無法實現。相較於這些國家，只有日本成功地轉變為中世國家。

我認為這一事實在世界史上具有重要的意義。為什麼呢？日本脫離中國路線走上獨自道路的方法，與阿爾卑斯山以北的國家脫離地中海世界形成歐洲中世世界的做法之間，也可以看到歷史發展的平行現象。透過武士階級準備、發展而成的新的封建時代，如同上述，在日本史上是具有決定性的轉換點。

中世的城與都市

中世的城因為戰略上的理由，大概都蓋在半山腰。城址選定的條件是要能提高防衛能力的地方。

但是，到了中世末期左右，即十六世紀後半，城開始具有另外一種的政治機能，成為了地方統治以及行政的根據地。領主們在這之後已經不再選擇懸崖峭壁作為建設城的場所，取而代之的是對定居平地顯現興趣。當作新的政治意涵的象徵，堂皇富麗的天守閣很快地被建造出來。

日本最古老的天守閣是完成在一五七九年，由織田信長所建造的安土城。織田信長是結束十六世紀持續不斷的內亂，完成天下統一，而被公認為日本統治者的人物。因安土城而開始出現的天守閣在十七世紀初，即在德川和平時代的初期，急速地蔓延到各地。日本最後的城——姬路城天守閣壯麗的構造，如實地顯示出，城存在的理由在中世末期已經不再只是為了軍事目的，而是政治性的目的。此一變化與歐洲中世從要塞功能的城堡變化成豪華的城堡完全相對應。

中世時期在城的附近形成了很多的城下町，而且非常發達。可是，這些日本的城下町與中世歐洲的都市之間，有極為明顯的差異。相對於歐洲的都市是建在城牆的內側，日本的城下町位於城牆的外側。日本的這種情況，足見中世都市的住民對於武裝而來的侵略者完全不防備。

但是，在這裡有必要提一下與大坂距離很近的自由都市——堺市，這個重要的例外。十六世紀中葉，一位來到日本的歐洲傳教士，曾經提及這個海港城市，並拿堺市與中世歐洲最具活力的都市之一威尼斯做了比較。當時，威尼斯被認為是南歐最發達的都市。由於以繁盛的海外貿易與充滿生氣的經濟活動為基盤，威尼斯得到了自治權。一三一〇年以來，有名的十人委員會統治了成為共和國的威尼斯。同一時期，科隆以及其他的歐洲都市，市民為了用自己的力量得到自治的自由，驅逐了司教以及封建領主。

經過整個十六世紀，堺市完全具備了此一歐洲自由都市的性格。堺市具有奈良、京都的外港功能，藉由與中國明朝以及「南蠻人」（即當時來到東南亞各國的歐洲人）的交易，累積了龐大的財富。由於經濟力的提升，市民的代表得以維護行政以及司法自治的權益，並且得以強化自主的防衛體制。在日本全國為了爭奪天下，內戰接連不斷，不知何時結束的十六世紀，只有堺市例外，擁有民政與自衛的強固體制。

一五六六年，堺市甚至舉辦了慶賀聖誕節的活動。那是因為正好當時，敵對的兩個陣營駐屯在堺市，兩軍的武士都有為數眾多的基督教教徒。根據史料，兩軍共有七十名以上的武士出席了這場聖誕節的彌撒，這是展現友愛與敬意的行動。這是與當時堺市的都市風格相當符合一段軼事。

這個自由都市的繁榮在僅僅一世紀後就消失了。但是，在十六世紀後半，堺市的地方自立精神，已經擴大到日本其他的各個都市。

馬可波羅與哥倫布

在這裡，摘錄馬可波羅的書裡提到關於日本的部分。[1]

「日本位於距離南蠻（Manzi，指華南）東方一千五百英里的大洋之中，是個極大的島嶼國家。他們是偶像崇拜主義者，過去從未從屬於任何國家。可以說他們擁有無限的黃金，但是對於這些島內生產的黃金，國王不允許輸出。不只如此，因為距離大陸非常遙遠，所以這個國家幾乎沒有商人到訪，因此，他們黃金的保有量多到無法估計。」

馬可波羅使用的日本（Zipangu）一詞是由中文「日本國」的發音而來。這一詞的意義是「日出之國」，英文的 Japan、法語的 Japon、德語的 Japan 等歐洲語言表達日本的名稱皆源自此一詞語。

馬可波羅在一二七一年從威尼斯出發前往遠東。他的旅途經過耶路撒冷、巴格達直到中亞，並通過絲綢之路抵達中國。他在一二七五年第一次得到忽必烈的接見，在中國待了十七年之後，由海路回到歐洲，於一二九五年抵達威尼斯。當時歐洲正好是十字軍東征的時代，對於東洋的關注高漲。加上當時在亞洲的蒙古遊牧民族創立了元朝，建設了覆蓋半個歐亞大陸的巨大帝國。而且，自古代希臘羅馬帝國以來，傳說中東方大海有無數滿溢金銀的島嶼，這樣的傳說不斷地被傳頌。因此，馬可波羅所傳達的異國軼事之中，特別是關於日本的記述，更加挑起人們的好奇心。馬可波羅歸國後的兩百五十年間，黃金的日本島，對歐洲人來說真的是令人魅惑的夢幻之島。

終於，歐洲進入了大航海與大發現的時代。一四八八年，發現非洲最南端之地，取名叫好望角。一四九八年，瓦斯科・達伽馬（Vasco da Gama）的船隊獲得葡萄牙王室的經濟援助繞過好望角到達印度，開闢了前往東洋的海路。接下來的二十年間葡萄牙人更往東前進，經過馬來半島到達中國東岸的港口城市寧波。寧波從以前就是對日本出口的重要港口。因此，從這時起，日本成為葡萄牙的船隊可以到達的地方。

另一方面，西班牙為了東方貿易，找尋了與先驅者葡萄牙不同的路線。克里斯多福・哥倫布相信地理學家托斯卡內利（Toscanelli）「地球是圓的」的學說，認為從歐洲

---

1 馬可波羅（著）愛宕松男（譯註），《東方見聞錄1》（東洋文庫一五八），一九七〇年三月，平凡社。
馬可波羅（著）愛宕松男（譯註），《東方見聞錄2》（東洋文庫一八三），一九七一年三月，平凡社。

到印度應該可以找到距離更近的路，因此決意乘船出海。他的這次航海探險，西班牙的伊莉莎白女王給予援助，一四九二年，由三艘船所組成的哥倫布船隊抵達了大西洋對岸。哥倫布當時堅信那裡就是印度的一部分。不用說，這就是新大陸的發現。也許哥倫布將他找到的其中一個島嶼，誤以為就是馬可波羅所說的日本。

航海中，哥倫布帶著一冊馬可波羅的拉丁語譯書。這本書現在依然保存在西班牙的哥倫布圖書館，哥倫布親筆加上的註釋有四十五處之多。另外，廣為人知的是哥倫布一有機會，就會拿留在自己記憶中的馬可波羅書中的地名來詢問原住民。也就是說，十三世紀歐洲人夢想中的黃金島日本，經常刺激著哥倫布的想像力，成為其大冒險的支柱，進而實現了發現新大陸這一意想不到的成果。

之後，一五一九年，斐迪南・麥哲倫再度提起哥倫布的想法。一樣獲得西班牙王室援助的麥哲倫，通過今天冠上了他的名字的海峽，開啟了由西洋往東洋的大門，經過一年以上的航海，終於到達了菲律賓。

如前文所述，幾乎同一時期，葡萄牙人與西班牙人，一方從東邊，另一方則從西邊，陸續航向南方海洋，然後到達了日本近海。歐洲人最先登上日本領土的是一五四二年漂流至日本的葡萄牙人，將鐵砲火器帶進日本的便是他們。那麼長的一段時間，對這些探險家而言，首次面對挑起他們諸多欲望的所謂黃金之島到底是怎樣的印象呢？其實，馬可波羅滯留在中國的十三世紀末期，日本的金銀只開採了一點點。不過，極為偶然地，最初來到日本的歐洲人大約在十六世紀後半，從那時開始，日本就以全國性的規模致力於金山、銀山的開發。當初是由地方的各個「大名」們主導，織田信長與豐臣秀吉統一天下之後，則是由他們掌握了開採的主導權。當時金銀的生產量快速地增加，在日本人之間掀起了史無前例的淘金熱潮。緊接著葡萄牙人之後，西班牙人、荷蘭人、英國人也大量湧至日本。因為，對於他們所期待的黃金之島，十六世紀的日本，在現實上並沒有背叛他們的想像。

對外貿易——朱印船

四面環海的日本，長期以來無法發展與周邊國家間的交流。此一地理障礙將日本關在自己的島國裡，同時，對於外國人的侵略也具有自然的防禦功能。

如前所述，十世紀初唐朝沒落之前，遣唐使即被廢止。同時，日本也把自己關起來。經過了幾個世紀才與中國王朝的宋及明重新進行貿易。中世末期，日本的國際貿易關係擴展到整個東中國海地區，非常地繁盛。具有武裝力量的日本船非常多，進行走私進口，有時候也加入海盜的行列。於是，便形成了被稱為倭寇的日本海盜集團，在整個十六世紀間，他們支配著中國以及朝鮮半島沿岸，散布恐怖氣氛令人聞風喪膽。

明朝基本上禁止本國人出海，但在一五六七年規制稍微緩和，允許海外旅行以及在除了日本以外的亞洲南部進行商業活動。因為日本被認為是海盜的根據地而被排除。這樣一來，中國人的出海只能前往東南亞，漸漸地便在那裡定居，成為今日華僑共同體出現的契機。

從這一時期開始，日本船為了要與在東南亞各地定居的中國人締結貿易關係，逐漸不經過中國直接往南前進。十六世紀末，正好就是日本試圖統一在一個國家政府之下的時期。為了將對外貿易放在自己的管理權限之下，同時也為了抑止海盜行為的猖獗，新統治者豐臣秀吉和德川家康，對經過篩選的商人以交付許可證的方式允許其進行貿易活動。從十六世紀末到十七世紀初的三十年間，取得許可證的日本商船成為東南亞各地海上無庸置疑的老大。由於此一許可證上蓋有朱紅色的印章，於是，這種貿易船就被稱為「朱印船」。

對日本而言的朱印船時代與對歐洲來說的大航海時代恰好在時期上完全一致。首先，從西邊來談，就像剛才所提到的，葡萄牙人先來到了東南亞，建立殖民地，擴展活動領域，並增加了貿易量。之後，西班牙人、荷蘭人、英國人、法國人相繼加入這個行列。從那時起，他們的航路向北延伸，有時會到達中國及日本。

同時，日本捨棄了在這之前的猶豫不決，積極地開展對外貿易，逐漸將朱印船派往更遠的南方。於是，對日本人而言，東南亞成為不只是與中國商人，還是與從歐洲遠道而來勇於冒險的商人們進行交易的場所。

朱印船國際貿易活動的機動性與活力，促使日本國內誕生了許多對外貿易的船主，形成了資產階級。京都、堺市、長崎及其他都市的大商人們，與政府合作並且提供必要的財政援助。

朱印船的商人中甚至包括像英國的威廉·亞當斯（William Adams）及荷蘭的耶楊子（Jan Joosten van Lodenstijin）等外國人。他們兩人都是乘坐荷蘭船和平號（De Liefde）從歐洲出發，一六〇〇年時，航行過大西洋與太平洋之後遭遇海難，經過一番波折好不容易才到了日本。英國人亞當斯後來成為江戶幕府初代將軍德川家康的外交顧問。德川家康還將三浦地方封為其領地。並賜予日本名「三浦按針」。「按針」便是「領航員」的意思。亞當斯對於促進日英貿易關係的發展有極大的貢獻。

我們把話題再拉回到朱印船，這類船隻的數量至少達到三百五十艘。朱印船出航到菲律賓、越南、柬埔寨，還有泰國等地，範圍包括整個東南亞地區。一艘船的船員大約三百人左右，因此，在這一時期，總共有十萬人以上的日本人渡航到海外。許多他們經過的港埠，發展出不少日本人的居留地。就像上回演講時所說的一樣，日本人在這些地方展開了強力的經濟活動。

毫無疑問，十七世紀是日本民族的巨大能量在國際舞台上開花的時期。也就是說，在這時期的世界史上留下無法磨滅的足跡。可是，朱印船時代只持續了三十年，突然就結束了。這是由於德川幕府施行了鎖國政策。之後，就如同我上回的演講所說的，日本從內向性的鎖國脫出，讓我們重新看到其外向的能量，已經是兩個世紀以後的事了。

五　總說——文明的生態史觀

到上回為止的四講當中，我以倒敘的手法，由後往前，用歷史回溯的方式說明了日本文明形成的過程。在此我們先對內容作一簡單回顧。首先，第一講，在強調現代日本社會的幾個支配性特徵與傾向之後，確認了日本社會正在往無階層社會前進。第二講，說明大日本帝國的形成與沒落。從明治維新到太平洋戰爭的敗戰，對日本而言是極為重要的時期，那也是一個決定現代日本社會方向基礎的時代。接著的第三講，我們處理了「鎖國」時代的問題，並且分析德川絕對王制之下的傳統與日本社會的形成。第四講則是講述日本封建社會的生成與發展。

透過我在演講中所舉出的許多共同點，我想大家都可以感覺得到日本文明的歷史與西歐文明的歷史之間的類似性。我詳細地說明了日本史上的許多事實，這些大概都會讓各位想起西洋諸國的歷史也都有過同樣的現象。

在日本文明和西歐文明兩者的形成過程間，可以看出歷史的平行現象。不管是在日本或是外國，一般認為，近代日本文明是歐洲文明的複製，或是日本移植了歐洲走過的近代化道路。然而，各位在認真地聽了我的講課之後，應當都可以清楚地知道那樣的解釋並不妥當。日本文明與歐洲文明是平行發展的，不是任何一方受到另一方影響才發展起來的。

但是，日本或西歐的歷史進程中，從封建制到絕對君主制再到資本主義的發展過程，在世界史中並沒有辦法看成是一種普遍的法則。而且，日本與西歐兩者剛好位於歐亞大陸的兩端，在此意義下毋寧是世界史的例外。例如中國，終究沒有從古代中央集權國家過渡到封建制。再者這個帝國，也沒有經驗過當成資本制過渡階段的絕對主義。一九一二年，民主革命為瀕死的古代中國帝國畫下終止符之後，資本主義並未發達。中國也因此在非常漫長的時間中，成為包括日本在內的列強的殖民地，非得承受苦痛不可。

我透過對日本歷史的說明，強調日本與西歐諸國之間，可以共同發現的平行發展現象。這並不是為日本文明辯護，也不是為了說明日本歷史本身的「西歐化」。在此同時亦不僅僅是兩者之間的比較而已，而是透過這兩個文明與古代世界其他部分的比較所確認到的事實，才是問題的所在。也就是說，我想將我的觀點擴大到世界的規模，來探討日本文明與歐洲文明之間，在發展上為何出現平行現象的理由。

舊世界的構造——第一、第二區域

在此，要將舊世界清楚地畫出境界線，分成兩個區域。分別稱之為「第一區域」和「第二區域」。

如果將舊世界用橫寬的橢圓形來表示的話，第一區域包括了東西兩端。東邊的部分，看起來非常的狹窄吧！第二區域則佔有剩下的全部。如果用圖式來表示的話，就如下頁圖。被用橫寬的橢圓形表示出來的舊世界，在靠近左右兩端的附近再用兩條垂直線區分開來。垂直線的兩邊叫作第一區域，被第一區域夾在中間的就叫作第二區域。

第一區域的兩個部分，亦即西歐和日本，雖然兩者相隔遙遠，但是這兩個地區所經驗過的歷史模式，類似的程度令人震驚。在兩者的歷史當中，可以發現多數的平行現象。

同樣地，第二區域也可以發現幾個要素呈現類似的現象。在第二區域，可以區別出稱作「世界」或者是「文明」的四個大集合體。那就是，中國世界(I)、印度世界(II)、俄羅斯世界(III)和地中海・伊斯蘭世界(IV)。這些世界全部具有一樣的結構。亦即，都是被衛星國家（藩屬國）所包圍的大帝國。在今天，這些大帝國全部都已經崩毀，但是作為文明的統一性則依然殘存。如果分析歷史進化型態的話，第一區域與第二區域的異質性就非常明顯。那是在宗

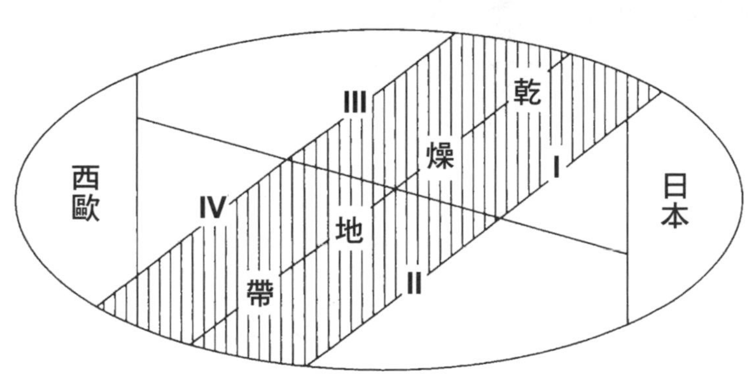

教、文化、社會體制等等現象中都可以看到的多元性的相異。

對於屬於第一區域的日本，特別值得注目的是，其在地理上與第二區域中的中國世界和印度世界，同屬於亞洲。但是，日本終究在本質上與這兩個世界不同。日本在亞洲內部所展現的特徵，正是第一區域的特徵。也因此，不如將日本放進和西歐同樣的分類。

資本主義與革命

我對第一區域和第二區域的定義如同前述。只是在此必須聲明，我感到興趣不是一個一個的歷史事件，也不是區域內部的一致性，而是各各區域人類共同體的生活方式，因為這是發生種種歷史事件的基礎。換句話說，我意圖將各文明的功能性圖式或者是社會的一般結構清楚地解明。

簡單而言，第一區域和第二區域之間，基本上，在社會結構的核心部分明顯不同。兩邊的社會結構在各自的主流條件之下發展了出來。屬於第一區域的社會，擁有自己的共通點，對於一樣的條件，顯現出一樣的反應。相同的故事也發生在第二區域。兩區域的社會，顯著的差異一直都存在。

近代第一區域的經濟體制，毫無疑問，就是高度資本主義。這些國家都是由資產階級掌握實權。此一體制，不管那裡，都是經過革命才建立起來的，這一點非注意不可。資產階級掌握實權一節，意味著在第一區域的各國間，資產階級早已具有相當的力量，從革命之前就是如此。

但是，革命前的體制到底怎麼一回事呢？不管是那一個國家都是絕對君主制，然後此一制度的基礎來自根深蒂固的封建制。歸根究柢，亦即封建制蘊育養成了資產階級。這正是第一區域各國歷史非常顯著的共通點。總而言之，第一區域就是曾經經驗過封建制度的國家集合體。

第二區域的情況則完全相反。在這些地方，資本主義一直都沒辦法成熟。至少至今為止，連一個高度資本主義國家也沒有。在這些地方，革命帶來的通常是獨裁政權。同時，第二區域的國家，在歷史上都沒有經過封建制度的洗禮。革命前的體制不是獨裁制，不然就是殖民地體制。獨裁制和殖民地體制下，資產階級的養成相當困難。

第一和第二區域的相異之處，與革命前的政治體制是否經歷過封建制具有密切的關聯，這樣的事實意義深長。為何如此呢？第一區域諸國，不僅在近代文明成立後的數世紀裡，從更早之前的封建時代開始，在相互沒有交流的情形之下，即走向了平行發展的道路。

因此，在此一觀點上，明治以來日本文明的發展，可以說是因循第一區域特有歷史法則的必然進化，不是走向其他文明的轉向，也不是西歐化。

封建制的比較史

進行封建制歷史的比較研究，並不是什麼新的構想。至今已經存在著很多極為詳細的研究。在歷史學家之間，早已普遍認識到日本和西歐的封建制歷史，存在著令人驚訝的類似所顯現出的平行進化現象。

第二區域的中國、印度、伊朗或者是蒙古草原，在歷史的各個時間點上，也曾經出現過傳統的封建制現象。但是，對我而言，那只是表現上的類似而已。也就是說，如果這些地方的封建制也能叫作封建制的話，那也只是對「封建制」的定義問題而已。但是，至少在實質的內容上面，兩這之間的封建制，完全不同。特別是在先出現絕對君主制與資本主義，然後蘊育出資產階級這一點上面來說的話。

如果觀察封建制的類似性，在第一區域的各個地方，從封建時代以及其前後出現的種種社會現象，可以抽出極具密切關係的各種問題。這些現象當然也構成第一區域全體的平行現象。例如，宗教改革、中世民眾宗教的成立、都市住民的出現、行會的形成、自由都市聯合的發達、海上貿易，以及農民戰爭等等歷史事件，不管是在日本或西歐都可以看見。

但是，封建制度的終結型態，在第一區域的東與西，卻出現了明顯的不同。為何如此，這是因為日本在絕對君主制的初期採取了一種奇妙的絕對政策，那就是有名的「鎖國」政策。此一政策的結果，造成了日本在東南亞各地建立的殖民地喪失發展的機會，最終盡皆走向消滅。因此，本應發揮相對於歐洲而言的果亞（Goa、葡萄牙殖民地）、旁迪切里（Pondicherry，法國殖民地）、加爾各答（Kolkata，英國殖民地）等地功能的日本殖民地，並未出現。這使得日本的亞洲侵略和殖民地化足足晚了兩個世紀以上，連封建制最終的崩壞也延後了不少時間。這是因為必須藉由國際貿易與殖民地開發才能達成的財富蓄積延後，阻礙了資產階級的成長所致。

也就是說，原本第一區域西邊的法國和英國所擔負的殖民地開發功能，在理論上，日本也應當在東邊達成才對。從殖民地所汲取的利益來思考的話，如果沒有鎖國，日本十分有可能在明治時代之前，就已經完成了獨自的工業革命。依此假定來推論的話，恐怕日本在很早的階段就已經在印度沿岸的何處，和英法發生了戰爭。

東西第一區域的衝突，現實上，到第二次世界大戰為止，在世界各地進行。從結果上而言，兩邊都遭受極大打擊，這使得雙方都不得不改變既有的路線。

歷史的生態學研究途徑

我之所以研究世界的文明史，是想要知道人類歷史的法則。我的方法論乃是透過比較來探究歷史中的平行進化。此一研究方法根基於生態學理論的模型。

在這裡，可能換一下用語會妥當一點。因為我認為進化這個詞包含了血統和系統的觀念。我的目的是研究人類共同體生活樣式的變化過程。這在生態學上稱作消長或演替

（succession）。進化的語意是從物種突變而來的一個譬喻。消長的話就不是如此。消長理論在某種程度上，就像使得動植物自然共同體的歷史體系性得以掌握一樣，利用消長／演替此一生態學的模型，不是也可以掌握人類共同體歷史的某種體系嗎？

以下對被我稱作「歷史的生態學研究途徑」的概念稍作說明。舊世界的各區域各自擁有自己的消長／演替型態，彼此間分成對立的第一區域和第二區域。在老舊的歷史進化概念中，進化被看成是在同一直線上前進，認為不管是誰或早或晚都會到達同一目的地。所以，現狀的不同，不過只是代表著在邁向同一最終目標的發展階段不同而已。真正的生物進化，完全不是如此。但是，適用於人類歷史的進化史觀卻變成了極為單純的看法。

相對於此，如果站在生態學的觀點，依據情況的不同，可以有許多不同的選項。因此，第一區域和第二區域各自的社會具有獨自發展的生活樣態，也就不值得大驚小怪了。

因為時間的關係，我沒辦法在此詳細介紹生態學的基本想法。簡短來說的話，被稱為消長／演替的現象，是一種主體和環境之間相互作用的蓄積，既存的生活樣態無法持續之時，新的生活樣態即會取而代之的現象。如果稍微講難一點的話，也可以說成是主體與環境系統之間的自我制禦。如果條件不同的話，運動的法則理所當然就會不同。

如果以生態學作為理論模型的話，就不能不討論消長／演替方向的環境，競爭與合作等問題。不過，關於這些問題的討論，我們留待其他的機會再說。在此，讓我們再說明一些歷史性問題。

古代帝國

關於第一區域和第二區域的差異，剛才我們就第一區域在封建時代以後的情況做了說明。然而，人類共同體的歷史，似乎依照所屬的區域，在封建時代之前就已經不一樣了。在此，我們將所謂第一、第二區域的區分，回溯到更古老的歷史狀況來進行分析。

在古代史的初期，第一區域並未成為問題。當時的第一區域不過是第二區域繁榮興盛的古代文明光輝沒辦法到達的邊陲地帶。關於日本民族、日耳曼民族以及凱爾特民族（Celts）尚未發展的狀態，人盡皆知。相對於此，第二區域在非常早的階段，就出現了巨大的古代帝國。但是，隨著時間的經過，第一區域也出現了規模較小，但是相當成功的帝國仿造物。東邊是模仿隋、唐而出現的律令國家日本；西邊則是以羅馬帝國為模範的法蘭克王國。希臘羅馬文明經常被稱為西歐的原始模型，但是我認為兩者並不相干。希臘羅馬文明乃是第二區域東邊的中國在西邊的對照物。

後來的發展道路，則明顯不同。第一區域經過許多動亂之後形成了封建制。相對的，第二區域並未發展出任何能夠定義的社會體制，只是在各處出現了一個又一個巨大帝國的興亡。

乾燥地帶

第一區域遠隔東西的兩大部分，為何可以歷經相同的階段，並且一樣地循序發展呢？在回答此一問題之前，讓我們先思考一下為何佔有大陸大部分地區的第二區域，為何無法看到類似的進化。這也是另一種形式的生態學問題。

在此讓我們來思考一下舊世界（也就是由歐亞大陸與北非所構成的廣大土地）的生態學構造。

首先，最讓我們留下印象的是從大陸東北橫亙到西南的廣大乾燥地帶。這裡是散布著些許綠洲的沙漠，或者是草原地帶。在其邊緣則是森林草原和熱帶草原。

就像我們提過的一樣，古代文明主要出現在尼羅河、美索不達米亞、印度河、黃河各河谷以及地中海周邊的乾燥地帶，還有與其接壤的熱帶草原地帶。這恐怕是因為開墾與灌溉的問題。接下來，就是好幾個大帝國出現於第二區域。但是，沒有任何一個從上述的自然條件中脫離。無論是拜占庭或是俄羅斯或是印度都一樣。森林地帶在歷史舞台登場，是極其晚近之事。就算在中國，南方以及中部地方的發達，都是近世以後的事。

乾燥地帶是惡魔的巢穴。從沙漠地帶出現的人類集團，為什麼可以展現那麼強烈的破壞力呢？我雖然是以遊牧民的生態為題開始我的研究者歷程，但是至今對於此一現象的原因還沒有確切的答案。總而言之，從很久以前開始，反覆過好幾次，非常殘暴狂亂的一群人，從此一地帶出現，像暴風雨般地席捲文明世界，文明每每遭受難以復原的重大打擊。

遊牧民族是這一破壞力的主流。以他們當作例子雖然方便，但是行使破壞力的集團不只是遊牧民族而已。後來，在遊牧民族通過之後，接下來從緊鄰乾燥地帶的文明社會內部也出現暴力，並且發達起來。

在北方地帶有突厥、蒙古、通古斯；南方則有伊斯蘭社會等，成為暴力的源泉。

整體而言，第二區域的歷史，就是連續的破壞跟征服。一個王國只有在能有效地防止侵略時，才能獲得繁榮。在這種情況之下，隨時都得對不知何時可能來襲的新一次暴力作出自衛的準備不可。這確實是生產力的大量浪費。

這樣的說明也許把事情太過單純化，但是歸根究柢，第二區域的主要特徵就在於建設與破壞的不斷循環。即使建設出輝煌的社會，但在內部矛盾累積之後，往往無法維持到得以出現新革命性發展成熟之時。這就是此一地帶與生俱來的惡癖。

進入近代以後，遊牧民的暴力才被鎮壓，第二區域的四大帝國，中國、俄國、印度、土耳其於是建立了起來。諷刺的是，剛好從這個時候開始，第二區域又面臨從沿岸的森林地帶出現的新暴力，亦即面臨到第一區域殖民地主義的侵略。結果上，第二區域的革命運動，被延後到了二十世紀。本世紀（二十世紀）初以來的舊世界，很大的特徵在於俄羅斯、印度、中國和伊斯蘭社會等第二區域國家的崛起。雖然發生了非常多的革命，但是那是來自第一區域的壓力，和在第一區域達成的資產階級革命，在意義上完全不同。

自發性的消長（autogenic succession）

說明至此，第一區域的特徵已經清楚起來了。用一句話來講的話，這裡是得天獨厚的地區。地處中緯度溫帶；有適度的雨量；生產力高的土地；原則上森林佔了大部份的面積，技術水準較低時，很難像乾燥地帶周邊那樣成為文明的發源地；技術達到一定程度的階段時，又不像熱帶雨林般成為障礙。更重要的是這裡位處邊陲，來自中央亞細亞的暴力大致上無法及於此地。而當差不多將面臨暴力威脅時，卻已經蓄積足夠對抗的實力。這對此一地帶而言實在是幸運的事。德意志騎士團在東普魯士阻擋了蒙古大汗們的軍隊。日本武士團則在北九州粉碎了忽必烈汗的軍隊。西邊第一區域的邊界線是東歐，相對於此，東邊第一區域的邊界線則是朝鮮海峽。舊世界兩方的邊境，最後都逃過了蒙古族破壞性的侵略。其後，鄂圖曼帝國對西歐的侵略，也在維也納攻防戰中被擊退。

總之，第一區域看起來像個溫室，避免了來自第二區域的攻擊與破壞。在這個溫室中，幸運的社會得到了繁榮。因為處於條件優渥的地方，安適地成長之後，經過幾次的蛻皮蛻變，直到今日。

如果套用消長理論的話，第一區域的確是個依照順序，成功進行了消長的地帶。根據這點我們可以理解，此一區域的歷史主要是透過來自於共同體內部的力量而展開的。這就是所謂的「自發性的消長」（autogenic succession）。相對而言，在第二區域，大體上歷史是由來自共同體外部的力量使其運轉。這樣的消長則是透過「他發性」（allogeneic）來進行。

文明的生態史觀

以上是我關於舊世界文明史的主要看法。這是以生態學理論為範本的歷史觀或者歷史概念，因為生態學是我本來的專門。我個人把此一方法論稱為「往文明史前進的生態學途徑」或者是「文明的生態史觀」。此一途徑與傳統以歐洲中心主義為基礎的其他的歷史理論從根本就不一樣，特別是對各位歐洲人而言，可能多少會感到有些困惑之處。

將世界史以非歐洲的觀點進行重建，這樣的努力才剛剛開始而已。今後，關於歷史再解釋的研究，想必會有種種新理論登場。我的理論也是其中之一，一種從日本出發的觀點。另外，我必須事先強調的是，此一途徑在日本人之間，並不是一種具代表性的世界史觀。此一理論完全是我個人獨自的理論，到現在為止，雖然支持者逐漸增加，但是在日本仍舊止於少數。

根據我提倡的「文明的生態史觀」，對於傳統的世界史理論所沒有辦法解釋的許多問題，提供了解答的可能性。例如，對於世界的多角化、先進國家與第三世界間的對立、日本經濟的成長奇蹟、日本與歐洲共同體的關係，以及這些問題將來的發展等現代問題上面，可以提供思考的線索。

關於我在比較文明史研究的現階段上，還需要好好思考的細節有很多。我不吝於承認自己的研究有進行改善的必要。反而這是我現在最關心的事情，也是這次工作的目的。

然而，無論如何，能將「文明的生態史觀」在榮光的法蘭西公學院與各位分享，實在覺得非常高興。

感謝各位的聆聽。

（本演講紀錄以千賀子・托娃依耶夫人翻譯的法語譯稿為底本。另外，日語版由鈴木敦子、田村真里、武內旬子三人翻譯。小川了擔任監譯。）

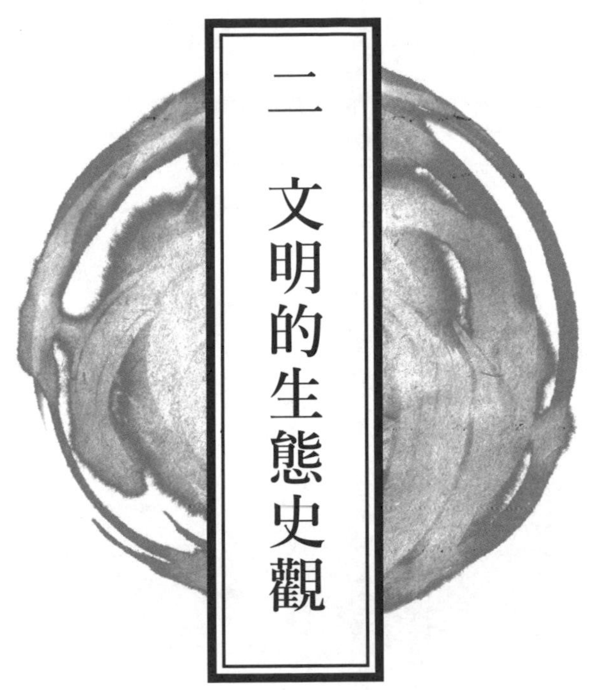

二　文明的生態史觀

東與西之間

解說

一九五五年五月到十一月，整整半年，我在阿富汗、巴基斯坦與印度等地旅行。當時，我還任職於大阪市立大學理學部，然而我的母校京都大學組成了一支喀喇崑崙山脈（Karakoram）與興都庫什山脈（Hindu Kush）學術探檢隊準備前往西南亞考察，並且讓我以隊員的身分參加了該次的學術探檢活動。

這個探檢隊是戰後日本派往海外的第一支、也是規模最大的學術探檢隊。隊長是時任京都大學農學部教授的木原均博士，此外還有包括植物學、地質學、人類學、考古學、語言學、醫學各領域，總共大約數十位學者專家參加。探檢隊再分為喀喇崑崙山隊與興都庫什山隊兩個分隊，活動範圍橫跨阿富汗、巴基斯坦、印度和伊朗等四個國家。

關於探檢隊的活動內容，當時的報紙及其他媒體均有詳盡的報導，此外還有紀錄片「喀喇崑崙」在院線公開放映，想必有不少讀者對此事留有印象。另外，除了發行了一本由木原均所編、適合一般讀者閱讀的概論式報告書《沙漠與冰河的探檢》[1]之外，還出版了好幾冊隊員們的相關著作。正式的學術報告書，則以英文出版了大部頭的著作集。第一冊出版於一九六〇年，到一九六六年完成第八冊的出版後，終於大功告成。[2]

---

1 木原均（編），《沙漠與冰河的探檢》，一九六五年三月，朝日新聞社。

2 *Results of the Kyoto University Scientific Expedition to the Karakoram and Hindukush*, 1955, Kyoto University.
vol I. Yamashita, K. (ed.), *Cultivated plants and their Relatives*. 1965
vol II. Kitamura, S. (ed.), *Flora of Afghanistan*. 1960
vol III. Kitamura, S (ed.), *Plants of West Pakistan and Afghanistan*. 1964
vol IV. Ueno, M. (ed.), *Insect Fauna of Afghanistan and Hindukush*. 1963
vol V. Imanishi, K. (ed.), *Personality and Health in Hunza Valley*. 1963
vol VI. *The Zirni Manuscript*. 1961
vol VII. Matsushita, S.& K. Huzita, *Geology of the Karakoram and Hindukush*. 1965
vol VIII. Kitamura, S.& R. Yosii (eds.), *Additional Reports*. 1966

在探檢隊中，我配屬於興都庫什山隊，負責人類學部門的調查。至於我個人的旅行，則分為三個階段。第一階段是從喀拉蚩（Karachi）到喀布爾（Kabul）。第二階段為環遊阿富汗一周。第三階段則從喀布爾旅行到加爾各答（Kolkata）。

我個人旅行的概要，以日記體簡略記錄在歸國後不久出版的《沙漠與冰河的探險》中。另外，在旅行的第二階段，有關阿富汗西部哥拉特地方蒙哥兒族的調查經過則詳述於《蒙哥兒族探檢記》一書。[3]至於我在阿富汗的見聞則出版了以照片為主的小冊子《阿富汗之旅》。[4]

在此收錄的〈東與西之間〉這篇論稿，主要是以旅行第三階段的經驗作為題材。也就是說，多以巴基斯坦與印度為中心，而較少提及阿富汗。無可否認，對於專門的人類學研究，阿富汗提供了我許多寶貴的經驗。然而，旅行的第三階段開啟了我對比較文明學的關心，也就是在巴基斯坦與印度間的旅行。本文中會出現兩位德裔美國籍的學者，H．F．舒曼博士與F．朗達爾氏，這兩位都是第三階段旅行的同行者。三人一起從喀布爾出發，共乘一輛福斯汽車。旅行中，特別是與歷史學者舒曼博士的討論使我獲益良多。[5]

這篇論稿採取印象記事的形式，而非詳細的旅行記錄。爾後，我以這段旅程中的日記為基礎，寫了第三階段旅行的遊記，收錄在《世界之旅》的第二卷當中。[6]

我原本是自然科學出身者，在當時任教的大學也隸屬於理學部，因此做夢也沒想到，現在會思考並且撰寫在這篇論稿中屢屢被提及的文化、藝術、宗教、歷史等概念。然而，我在這趟旅行之後，最初發表的文章就盡是處理這些概念。因此這趟旅行確實帶給我一個重大的轉機。稿件交給了當時由河出書房發行的《知性》雜

---

3 梅棹忠夫（著），《蒙哥兒族探檢記》，（岩波新書青版二五三），一九五六年九月，岩波書店。〔收錄於「著作集」第四卷《中洋的各國》〕。

4 梅棹忠夫（監修・攝影），岩波書店編輯部・岩波電影製作所（編輯），《阿富汗之旅》（岩波攝影文庫二〇二），一九五六年十月，岩波書店。〔僅文章部分收錄於「著作集」第四卷《中洋的各國》〕。

5 舒曼博士後來將此一時期的研究整理成集，出版了以下一書。Schurmann, H. F.; The Mongols of Afghanistan—An ethnography of the Moghols and related peoples of Afghanistan, 1962, Mouton & Co.

6 梅棹忠夫（著），「從開伯爾山口到加爾各答」，《從印度往熱砂之國》，「世界之旅」第二卷，六五—一五八頁。一九六二年一月，中央公論社。〔收錄在「著作集」第四卷《中洋的各國》〕。

誌，並刊登在隔年（一九五六年）的二月號。[7]當時刊登出來的題名並不是現在的題名，但藉由這次將此篇論稿收錄在本書的機會，重新改回我腦海中原有的題名。

經過了十年，現在重讀本文，發現許多不足之處。然而，對於之後相繼發表的幾篇文章，這篇論稿儼然具有前瞻性的地位。我認為有助於完整地理解之後發表的幾篇文章，因此原封不動地收錄本文。只稍微修改原先版本中詞不達意的部分。同時也增加了一些副標題，並調整了幾個小節的順序。

一　困難的課題

北方之國日本

一九五五年十一月十一日，我從印度回到日本。

到達羽田機場時是晚上九點半。從加爾各答（Kolkata）的杜姆杜姆（Dum Dum）機場出發則是前一天傍晚七點。在這段時間當中，我跨越了經度五十度以上的巨大空間。但是，竟然完全沒有那種感覺。說實在的，簡直令人難以置信。

如果從到達日本時的感覺說起的話，我感覺到籠罩著加爾各答濕熱的熱帶氣團，就在黑夜的羽田機場的另外一側，和東京上空的冷氣團緊鄰，了無生氣地蟠踞在一起。

即使如此，日本畢竟是個很冷的地方。這是我回到日本之後，對日本最初的印象。抵達羽田的隔一天，我到了東京街頭，路上行人的穿著讓我感到困惑。大家都穿著大衣，而且多為樸素的黑色系。這半年來，每天看慣的服飾，大多輕便，不是純白，不然就是強烈到令人難以接受的顏色。相對於此，現在全面向我襲來的則是具有極度北國厚重沈穩特色的日本風情。

我想起了前不久不知是誰給我看的某人在歐洲旅行時所拍的彩色幻燈片。眼前東京街頭的景象與那時看到的北歐市街極其近似。行道樹的枯葉散落滿地，樹枝裸露。不管

7　梅棹忠夫（著），《日本是亞洲的孤兒—從印度．巴基斯坦．阿富汗之旅出發》，《知性》二月號，第三卷第二號，一七四—一八九頁。一九五六年二月，河出書房。

怎麼說，景色一片蕭瑟。雖然出著太陽，但是與喀拉蚩或新德里的日照相比的話，東京的日照簡直柔弱至極。東京果然是一個北國之城，而我也重新認識到日本確實是一個北方之國。

至今為止，我很少意識到日本是個北方之國。出發去旅行之前，不管在景觀或文化方面，我甚至認為日本與南方的國度比較接近。然而，到了南方之國實際旅行之後，我才第一次知道，日本確實是一個非常北方型的國家。

離開日本，才會瞭解日本。這是旅行的重要功能之一。旅行除了可以從出訪的國家得到豐富的知識之外，同時也會對自己的國家帶來新的認識。也就是說，旅行會帶給我們雙重的收穫。

所以，在這裡我想說的是我個人觀感式的見聞錄，當然也包含了以上兩種內容。一種是關於我走過亞洲各國的印象，另外一種則是我透過亞洲之旅看到的日本印象。

關於亞洲，歐洲人已經寫下很多的紀行或見聞錄。但是，在這裡要說明亞洲的不是歐洲人，而是一個日本人。我想要講的是，如果不從亞洲的西邊看亞洲，而是從亞洲的東邊來看的話，看到的會是什麼？另外，很多日本人習慣於透過和歐洲的比較來論述日本。但是，這裡想要講的日本，不是與歐洲，而是與亞洲國家的比較。也就是說，如果我想要論述的不是從歐洲的角度看日本，而是從亞洲的角度看日本的話，那麼我們將會看到什麼呢？

人群聚集

阿富汗的面積接近日本的兩倍。然而，住在那裡的人僅僅一千兩百萬人。不管在這個國家的任何地方，人都少到令人驚奇。

我一邊在阿富汗旅行，一邊也會思考日本可怕的人口密度。例如，想起大阪和東京的街頭景象，那種川流不息沒完沒了的人潮以及人聲嘈雜的印象，就會在我腦海裡來來去去。日本今後會怎樣呢？一想到日本嚴重的人口問題，我就心情鬱悶，同時也對阿富汗人口密度如此稀薄感到羨慕。

然而，在我離開阿富汗之後，經由巴基斯坦和印度回到日本。在這樣的經歷之後回頭來看日本，產生相當不一樣的印象。站在東京的街頭環視四周，一點都沒有我在阿富汗時腦海裡來來去去的眾多人群的身影。在現實裡的東京街頭，實際看到的不過是稀稀疏疏、一個一個的人影而已。在不知不覺中，我對日本群聚的印象，在腦海中自動地轉換成比現實更少且更精簡的景象。

為什麼現實中的東京，看起來人口密度稀薄的最大理由，毫無疑問是因為我經由印度回到日本。因為我剛看完印度的街頭風景，對於印度的印象尚未變形。這令我憶起加爾各答街頭人群蠕動的驚人畫面。

加爾各答。人口七百萬。多麼異於常理的都市啊！這個都市，在面積上遠比東京要小非常多，到底是哪裡可以住這麼多的人呢？

加爾各答的人群完全亂七八糟。我們在加爾各答市區放棄開車。在人、汽車、牛之間的可怕混雜當中，想要安全地駕駛汽車，對我們這樣的外來者而言是不可能的。我們離開旅館進入市街之時，唯有走路一途。

但是，步行也不是一件簡單的事，因為人行道上也是滿滿的人。我們要一邊預防扒手，一邊趕走乞丐，一邊穿過僅僅叫賣著一支鋼筆的流動攤販之間，然後還得一邊用手撥開人群走過去。

加爾各答的街道，一點都不誇張，到處擠滿人。人們就睡在街道上面。人睡在道路旁、樓梯以及屋頂上。在夜晚的加爾各答，走路時非得注意不要不小心踩到正在睡覺的人的身體的某處不可。

因為剛從那樣的地方回來，就算感覺東京是一個人口稀薄的城市，也並不奇怪。若與加爾各答比較起來，東京的人群聚集根本不值得大驚小怪。

試煉

在巴基斯坦我們遇到大洪水。洪水無邊無際漫延，淹過旁遮普（Punjab）的平原，慢慢地朝南邊流去。我不知道旁遮普有多少個村莊淹水。恐怕，成千上萬吧！而且，不知道受災者人數達到多少，恐怕也會達到數百萬人吧！到底為什麼會這樣呢？

我跟在拉合爾（Lahore）認識的醫生一起參加水災救援志工隊，並且拜訪其中一個受災的村莊。被水逼到走投無路的災民們無處可去，連綿幾公里的人群排列在比水面僅僅高一點的道路上。他們除了簡陋的床鋪以外幾乎什麼東西都沒有。是一群原本就很貧窮的難民啊！已經很貧窮了，再加上遇上洪水，更是剝奪掉他們的所有。

去了幾個被水淹的村莊，我們離開主要道路，沿著人工水道（creek）涉水前行。走進原本應該是村莊的地方看看，但是，已經沒有留下任何村莊該有的東西。農民們的家是土造建築，洪水一來，土造物溶散消失，全都變成了泥。毫無邊際的大地被泥弄亂。然後，坐在泥上，一動也不動的農民們，用絕望的眼神看著我們。

農民們的穀物全部浸水，沒有食物。這是非常嚴重的事。我總算開始領悟到事情的嚴重性。如果只有數百人或數千個災民的話，還能做些什麼。但是，如果是數十萬人，數百萬人沒有食物的話會變成什麼狀況呢？旁遮普是西巴基斯坦人口密度最高的地方。這樣的地方遇上了災害。這些大量且飢餓農民們，到底誰要給予他們食物呢？

我們這些水災救援志工隊，用豪華的自家用車，裝著若干食物就出發了。說實話，這些只是有錢人對於貧困的人所做的慈善行為罷了！慈善是做比不做好。但是，這樣小小的善行對這個災害，對這些飢餓的大量群眾而言，能帶來多少效果呢？必要的是，當然不是個人規模的善意施捨，而是國家規模、有效率的救援。對於巴基斯坦這個剛成立不久的國家，這是必須面對的重大試煉。

但是在這裡災害並非罕見。貫穿旁遮普平原地帶的五條大河，每年總是在某處淹水。每次都會有數萬人受災，巴基斯坦政府只能英勇奮戰。新國家巴基斯坦所面對的，就是這樣的問題。

困難的課題

我在印度看到非常多非常多貧窮的人。總而言之，這個國家有過剩的人口。而且，被擠出正常社會軌道的人，即使傾全力廉價行銷自己，也只能找到一些不入流的工作，他們的工作領的是完全無法想像的低薪資。連在日本，講到低薪問題時，也常常用「印度般的低水準」來形容。但是，我在德里碰到的經濟學者憤慨地說：「什麼嘛！哪能說『印度般的低水準』。會這樣說的人是對印度無法用言語表達的低薪現況不甚瞭解的人。跟印度比較起來，日本的低薪狀況簡直如在天堂。」

在印度旅行時，遇到令人驚訝的職業。在印度，洗好的衣物要晾乾，但是並不是曬在晾衣服的竹竿上。女人纏在身上的紗麗巾，是長長的一塊布。就由兩個男人用手各持一端，站在有陽光的地方，一直站在原地直到紗麗巾曬乾為止。

另外，我常常看到蹲在道路旁的地上敲敲打打的男人，他們是道路維修的工人。手上沒有任何工具，徒手將一塊又一塊的磚塊鋪上去，這實在是可怕的人海戰術啊。

印度的人口接近四億，僅次於中國，是世界第二大國；巴基斯坦人口則大約一億，是世界第六大國。擁有龐大的人口，但卻異常貧窮。此一問題到底會如何發展呢？

人口問題當然是相對性的問題。結果，最後還是取決於生產力。即使有再多的人口，只要生產力提升的話，「問題」便會解決。但是，要怎麼做才能讓生產力提升到可以使這麼龐大的人口脫離貧困呢？是這兩個新生國家，印度和巴基斯坦現在面臨的最大課題。但是，我們不得不說，這是非常困難的課題。

我們的國家日本也正在煩惱著人口問題。印度和巴基斯坦也同樣困擾於人口問題。表面上雖然一樣是人口問題，但是，在我看過印度、巴基斯坦的實際狀況後，了解到兩者之間有很大的不同。日本的人口問題是孩子們長大之後必須面對必然到來的競爭激烈求職困難的問題。在此，印度、巴基斯坦則是明天，甚至今天的存活問題。也就是，這麼龐大的人口，明天或今天到底要吃什麼的問題。雖然表面上一樣是人口問題，但是實質的內容全然不同。

我們的國家，在八十年前，也就是近代化開始時並不存在人口的問題。但是，印度和巴基斯坦從獨立的那天開始就有嚴重的人口問題，這兩個國家前途的艱難不得不令人思慮。

II 「分離」之後

「分離」以後

獨立以後，印度和巴基斯坦都在迅速改變。毫無疑問，已非昔日英國統治時的印度。

但是，如果要具體的說明那些地方改變的話，對不了解印度獨立前的我而言，確實不知如何回答。我們可以認為有改變很大的地方，相反地，也可以覺得有一點都沒改變的地方。

的確有感受到逐漸在改變的印象之處，例如，巴基斯坦的首都喀拉蚩（Karachi）。這裡現在正積極的建設中。目光所及很多巨大的建築物都是新的；而且，磚瓦建築的房子仍持續興建。雖然，這個城市本來是個舊商港，但並不是一個大城。獨立後，成為巴基斯坦的首都，才開始了快速的發展。連我們這種初次到訪這個城市的人，都清楚地知道這個城市驚人的改變。

另一方面，想想是否有一點也沒有改變的地方，我們碰到了以下的例子。巴基斯坦的拉合爾（Lahore）附近，警察穿著卡其色的制服。然後配上短褲及有紅色纓帶的頭巾型帽子。那是非常有特色的穿著，看過一次便令人難忘。然而，我們穿越國界從巴基斯坦進入印度，令人驚訝的是在印度境內看到的警察穿著和巴基斯坦境內的警察一模一樣。

總而言之，印度和巴基斯坦是兩個不一樣的國家。但是，隔著國界官吏竟穿著一樣的制服，怎麼想都是奇怪的事。以下的解釋說不定說得通。也就是說，制服仍是英國統治時期舊旁遮普州警察所穿的制服。根據一九四七年所謂的「印巴分離」（Partition of India），印度和巴基斯坦分開時，旁遮普（Punjab）的西半部屬於巴基斯坦，東半部屬於印度。因此，原因是分離後的印度和巴基斯坦雙方都把一樣的舊制服保留下來，繼續使用。

換句話說，印度和巴基斯坦獨立時，舊殖民地的制度完全原封不動地承接下來，而即使分離以來都過了八年，卻沒有任一國家想要改變。在日本人的想法裡，確實有點難以理解。如果是日本人的話，諸政一新，大概會馬上換成新的吧。印度和巴基斯坦不用獨立或革命這樣的說法，唯獨慣於使用「分離」一詞，或許有其意義。也就是說並不是「一新」，事實上，或許僅僅只是「分離」而已。在這裡，也許革命尚未結束。

陀螺和大磐石

再舉一例。在某個印度城市旅館中的食堂，很多張彩色印刷的漂亮觀光海報，並列貼在牆上。每一張分別畫著印度各個地方的風景，且都用英文印著「Visit India」（歡迎光臨印度）的標語。我注意到其中的一幅畫，很明顯畫的是開伯爾山口（Khyber Pass），但卻看到海報上面寫著 North-West Frontier（西北邊境州）的英文字。

我非常吃驚。日前我們從阿富汗進入巴基斯坦時才剛越過開伯爾山口。包含開伯爾山口在內的西北邊境州，當然是巴基斯坦的領土，貼的卻是「Visit India」的觀光海報。

這也是一樣的情形。「Visit India」所指的印度是指以前英屬領地時的印度。總之，包含開伯爾山口的西北邊境州仍歸屬於印度時的這張海報，毫無疑問是在分離以前所做的海報。之後，至少經過八年以上，這期間即使經過了印度的分割，印度和巴基斯坦獨立等大事件，這張海報卻好像什麼都沒發生過一樣，依舊掛在這間食堂的牆壁上。想到這裡，就覺得有點好笑。

我認為不管是印度還是巴基斯坦，終究都是非常安定的社會。戰後，確實是有所變化。英國撤退之後，政權轉移。但是，讓印度人和巴基斯坦人的社會樣態徹底改變的變化一個都沒有出現，或許在某些部分無形中已經慢慢在準備改變中，只是表面上看不出來。

另一方面，日本呢？若與這種變化很少的國家比較的話，日本這種極盡轉變之能事的社會樣態其實也極為特殊。日本人好像時時在追尋新的事物。除了稍微過時以外，沒有特別理由，舊的東西也一定會換新。那是日本的做法。在日本，不管是製作多麼精美的觀光海報，在八年間把一樣的海報一直掛在食堂的牆壁上這樣的事，無論如何是令人無法想像的事。在日本，觀光海報之類的東西每年都得製作新品。

事實上，並非每年更換觀光海報就是表示社會在本質上有所改變。日本即使在表面上如何變化快速，但就全體而言，毫無疑問仍是相當安定的社會。只是，如果和印度及巴基斯坦的安定狀況比起來自然有所不同。印度和巴基斯坦的安定是所謂的大磐石的安定。猶如巨岩一般的安定。然而，日本社會的安定則是如陀螺一直維持旋轉般的安定。如果要轉動大磐石的話，需要很大的力氣。但是，陀螺卻只能靠不停轉動，才能維持安定。

官僚

印度和巴基斯坦都是脫離了英國的殖民地統治而獨立。但是，從我們的角度來看，這兩個國家非常多的東西都是繼承了英國體制。而且，看來相當程度並不想改變。

有以下這樣的看法。曾經統治過這個國家的人是明顯對舊傳統具有執著傾向的英國人。舊英國領的印度人們，吸收了英國的文化，就連其墨守舊習的習性也一起習得。我不知道這說對了多少。

有點意外的是，在印度，英國相當受歡迎。我們聽到過反英鬥爭或獨立運動，以及獨立後強烈的民族主義等等，不由得會認為印度人是反英的吧！但這是極大的誤解。英國在印度一般來說是受尊敬的。並沒有因為獨立而造成價值體系的翻轉。也就是說，英國真的是完美地從印度撤退。

對於印度人的官僚主義，似乎已有固定的看法。造訪過印度的人都會這麼說。每個人大概都會有各別被困擾過的經驗。這應該也是英國的印度支配所留下的遺產。

關於印度的官僚，我也有過幾次有趣的經驗，不，或許是不有趣的經驗。例如，我在出境前發現預防注射證明書的其中一部分過期了，我曾經想要嘗試在當地施打預防針。結果，花了幾乎一整天，在好幾個政府機關轉來轉去，還是沒有辦法施打預防針。

儘管如此，更驚訝的是，直到我自己發現為止，印度的官員們沒有任何一個人告訴我，為了出境施打預防針是沒必要的。

在印度確實常常可以體驗到規避責任、不親切、形式主義、沒有效率等等官僚主義的種種特徵。要指出這些印度人的官僚主義傾向並不困難。話雖如此，但是，我認為有合乎情理之處。這些人，長久以來在英國人的支配下，自己的判斷和努力的結果，往往在自己身上得不到回報的社會，有誰還會認真、有效率地工作呢？

印度獨立後才不過經過八年。需要時間才能完全擺脫殖民地時代所留下的精神弊害。事實上，我已經在印度遇到許多優秀且有能力的官員。他們抱持著負責、親切的態度，立刻妥善處理我所帶來的麻煩問題。

殖民地與英語

我任教的大學位於大阪的扇町。要回到京都的家非得經過梅田轉運站不可。那個時候，在經過國鐵大阪車站時，就算討厭也會看到上方醒目且大型的霓虹看板。上面寫著英文字 OSAKA STATION。另外，往旁邊中央郵局上方一看，則是看到英文字 POST OFFICE。同樣也是大型的霓虹看板。

我從以前開始，每次看到這些看板就感到憤慨。到底想怎樣！車站以及郵局應該是國民的、為了國民而設的。然而，為什麼立的是英文看板呢？說真的，香煙品牌的命名也不像話。明明是日本的香煙卻以PEACE為名，這是怎麼一回事呢？就算是殖民地性格也該有個限度。我覺得在日本，英語幾近無意義的氾濫，確實令人大動肝火。

不過，這次回到日本，令我驚訝。印象完全改觀。原來日本是英語看板很少的國家啊。

並不是日本改變了。大阪車站、中央郵局的英文霓虹廣告看板沒有變。然而，看事物的眼睛變了，是我的眼睛改變了。用這雙看見過印度、巴基斯坦英語、英文字氾濫的眼睛來看日本的英語氾濫景象，就一點都不是問題了。

確實，巴基斯坦使用阿拉伯文。印度則有天城文（Devanagari）及孟加拉文（Bengali）。巴基斯坦人、印度人用這些文字各自表記自己的語言。但是，話說實際在市街裡所看到的文字，那些所謂固有的文字與用羅馬字寫的英語，那種文字被使用的比較多，很難簡單地做出結論。由此可見英語氾濫的程度。至於加爾各答的繁華鬧區，就非常清楚，英語是壓倒性的多數。

我用新的眼睛環視梅田界隈。不管看到哪裡，招牌上、牆壁上和海報上都跳動著無數的文字記號。但是，在這當中，就算連用羅馬字寫的日本語也包含在內，有多少外國文字呢？實際去數數看的話，竟然不多。OSAKA STATION 之類，其實只是例外。這樣看來，帶有殖民地性格的也就只有國鐵、郵局、專賣公社等政府機關而已，一般國民大眾反而意外的健康。

關於印度、巴基斯坦和日本，英語氾濫情況的不同當然取決於被英語國家支配時間的長短而異。印度、巴基斯坦長時間是英國的殖民地。就文字記號的現有狀態這一點，我也認識到殖民地經驗對國民生活帶來了多麼深刻的影響。

國語問題

不管是在印度或巴基斯坦，獨立之後英語依然一樣擁有極大的力量。那是因為現實上，英語既是唯一的共通語同時又是公用語。在這兩個國家，不會英語的話既無法擔任公職，也不被認為是有教養的人。宛如受教育，實質上，就是學英語。令人甚至抱有這樣的疑問，由此可見英語影響力的強大。

在英語具有壓倒性優勢之下，但是，巴基斯坦政府想用阿拉伯文書寫的烏爾都語（Urdū）當作巴基斯坦新國家的國語；印度政府則想用天城文書寫的印地（Hindī）語，做為印度新國家的國語。並且，進一步想要廢止已成為公用語的英語。這實在是深具勇氣的企圖。

這是這兩個國家的國語問題所處的狀況。對於這些國家國語政策的鬥爭，可以說一開始就是從絕望的狀況下進行挑戰。如果，在這些國家的國內可以看到像現在的日本一樣，相當程度成功地將英文驅逐的話，就可以稱得上是令人驚奇的成功了。

與印度、巴基斯坦的狀況做比較的話，日本的國語問題根本不是問題。這讓我覺得自己連日本流行一點對英語愛好也生氣，甚至咒罵那是「殖民地文化」的態度，簡直是幼稚病，而且過於潔癖。

儘管這麼想，但是，一從印度回來，看到大阪車站大型英文霓虹廣告看板，依然覺得荒謬。再加上，知道香菸專賣公社（現在的JT）又為香煙取上了PEARL等英文名來行銷時，仍會想著為了守護鍾愛的日語非得奮戰不可。此一想法重新激起了我的戰鬥意志。

印度是印度，日本是日本。國情極為不同。突然之間拿來比較，或許可能到處出現錯誤的見解。

窗

在文字問題上面，必須稍微從不同的角度來分析。

旅行者不管是在巴基斯坦或印度，只要懂英語的話，大抵可以應付。走到那裡都是懂英語的人，不管是道路標誌還是廣告看板，大多都是用英語，或至少用羅馬字寫著。因為我不懂烏爾都語，也不懂印地語；沒有辦法讀阿拉伯文，也沒辦法讀天城文，所以大部分得到的都是英文和羅馬字的照顧。

英語是印度及巴基斯坦對外國人開的一扇窗。對於像我們這種非英語系國家的人而言，也是如此。我們只能透過英語，才可以略微窺視印度人和巴基斯坦人的生活。

我們在汽車旅行途中，常常為了看道路標誌而停車。道路標誌的地名如果用羅馬字寫的話，沒有問題。曾經碰到只寫著天城文的時候，我們總是不自覺地驚呼「哎！是梵文」。這被稱為梵文當然是錯誤的。如果是語言的話，明確來說應該會是印地語。但是，用那樣的文字寫著，就會讓人感覺是難解且神秘的梵文。碰上那樣的狀況，留下來的印象是猶如我們眼前的窗，「砰」的一聲關上了。這簡直是令人無依無靠的汪洋大海。印度人在那裡正過著豐富的精神生活吧！但是，我們什麼都不可能知道。

假設只讓印地語成為印度的公用語，而將英語從印度驅逐的話，等於是整個印度對世界關上了窗。至少現在，印度因為英語，印度允許世界的人們自由進入以及通過。如果是印地語的話，絕無可能。

我回到了日本，覺得十分不對勁。日本確實是處於後一種狀態。當我注意到英語在日本的使用實際上僅侷限於極小的範圍時，令人不難聯想到外國人在日本的處境。在印度，英語的使用確實具有實用價值；相反地，英語在日本並不具實用性。在日本，寫著英語的地方，大抵被當作是某種裝飾使用，反而在實際需要英語的地方卻什麼都沒寫。在日本的外國人不管到哪裡，就像我看到「梵文」般，所經驗到的那種被丟棄的絕望感。我一想到此一狀況就覺得有問題。

也就是說，對外國人而言日本無情地關上了窗口。在那樣的情況下，多半的外國人只好放棄，拒絕進入日本人精神生活的內在。來到日本的外國人那麼多，卻對日本極度地不了解，我覺得多少是受到上述情況的影響。

當然，絕不是說日本必須為了幫外國人開一扇窗，就得在日語之外同時使用英語。在此，只是想對因文字記號不同所帶來的絕望感一事稍作討論。

III　地方色彩

地方色彩

從民俗的角度來看，印度是非常有意思的國家。國內有各式各樣的民眾生活，各自有不同的風俗。

隨著旅行的路線的轉變，光是看到女性服裝的變化，就令人感到樂趣。有褲子上面搭配連身裙的旁遮普式服裝，也有印度風的紗麗，還有出現穿著百褶裙的女子。即使是房屋的造型也隨著地方的不同而有很大的變化。有平屋頂的建築，也有斜屋頂鋪上屋瓦的建築。這些景象分別深植在不同的土地裡，如果開始進行傳說或民間故事採集的話，一定會充滿趣味到令人無法停止。

除了服裝、房屋等歸屬於傳統的風俗慣習之外，從起源較新的器物，也能看出豐富的地方色彩，非常有趣。例如，不管那個市街也都有人力（三輪）計程車和馬車奔馳著。車身大部分由金屬板組成，上面有的貼有圖案，有的則畫著畫。那些圖案和畫的樣式，依各個地方而有所不同。

在日本的話，這種機械類商品的產銷方式，如果以名古屋為例，一定是在名古屋的工場大量生產，再透過販賣網分送到全國各地。所以，日本機械、工具類製品的樣式全國一致，極不有趣。在印度的話，就連機械、工具類的東西，也可以看出是在各地方各自分別做出來的東西。

總而言之，印度各地方在經濟方面的自立態勢極為強固。自給自足的程度很高，也就是說，各地方不用依靠其他地方的力量就可以生存。以國家全體為單位的體制化，尚未完成。如果和印度做比較的話，日本各地互相間，非常緊密地連結在一起，因為組織嚴密，不管是在國家的哪一部分「鏗」地敲一聲，全國各地都將「鏘」聲四起。

試著舉例來看，日本好像是中樞神經系統極度發達的小型脊椎動物。靈敏且新陳代謝旺盛，但是，僅僅只要身體極小部份受傷，有時往往也就可能造成致命傷害。相對而言，印度好像是一隻巨大的蠕形動物。這樣說不知是否有些不太恰當。其身軀是由很多的體節所構成，各各體節擁有相當程度的獨立生存力。體節間彼此的連結相當和緩。大概，可以這麼認為，日本和印度兩國的生理學原理，完全站在不同的基礎之上。

地方主義

最能夠清楚展現地方色彩的是語言。就日語而言，我不喜歡日語統一成一種單一形式，甚至擔憂生氣勃勃地又有活力的方言群從生活中消失，而被單調且機械式的「標準話」所取代。同時，我也認為不僅止於方言的問題，保留一定程度文化上的地方主義，對於日本而言都是好事。

但是，印度的狀況有些不同。在印度，地方主義是在統一以前就存在的。在各個面向，強勢的地方主義起了離心般的作用，阻礙了各地方的力量集結成為統一印度國家之力。

事實上，印度的語言問題相當棘手。令人吃驚的是，在印度所謂的「印度語」並不存在。存在的只有各個地方的「地方語」。同時，「地方語」的數量非常多。根據一些書籍的統計，據說算起來可能有數百種之譜。有「只差一、二英里路，講的話就不一樣」的說法。因為主張各式各樣「地方語」皆有各別獨自的存在權利而互不相讓，這種事確實會造成很大的麻煩。

即使只看我們經過的地區，首先，從巴基斯坦出發之後，接著通過了旁遮普語地區。然後，接連經過西印地語以及東印地語的勢力範圍。最後則通過孟加拉語地區。這些都是所謂的阿里安系的語言，它們在意義上當然具有共通點，但是，在南印度廣大範圍被使用的達羅毗茶語系（Dravida）的語言，則完全是另外的系統。

也就是說，完全沒有出現「共通語」一事，簡直令人瞠目結舌。原來，「共通語」

早已被指定。所謂的印地語便是。我一進入印度領內，馬上到書店買「印度語」的教科書，但是，內容卻是印地語。印度共和國政府想以印地語當作全印度的共通語，並且要讓其成為共和國未來的公用語。

但是，事實上，這個「共通語」似乎還不太普及。對於「共通語」不能理解的印度國民所在多有。

我們進入西孟加拉州之時，注意到居然連商店招牌上的文字都與至今所看到的文字有所不同。原來這裡是孟加拉語的勢力範圍，孟加拉文字通用的地區。我在某個市街，看到在路旁演講的男士。我想知道他在講什麼，拜託一位在偶然機會下認識的孟加拉青年翻譯給我聽。結果那個青年自豪的回答我說：「是印地語。我可是一句也不懂。」就好像是「那樣的共通語，我怎麼會懂呢？」之類的口氣。

像日本般，不管如何至少出現了大致相同的共通語，在全部國民之間的溝通成為可能的基礎上，來思考若干地方差異的殘存。在這方面日本跟印度確實完全不同。在印度國內，各式各樣事物的統一尚未完成。

中華思想與邊陲民族

印度雖然很長一段時間是英國的殖民地，儘管如此，我認為某一種的中華思想依然深植在這個國家。

印度好幾次受到從外部而來的入侵。但是，印度人自信地認為侵略者全部會被印度同化。事實也是如此，入侵印度卻始終沒有被同化的英國，最後也只有撤退一途。這一類的自信，和我們在中國看到的，幾乎是同一類型。中國甚至連國號都取為「中華」。但是，我認為印度在中華意識的表現方式上，經常比中國更加露骨。

印度人的自尊心強烈到可怕。關於這一點，印度人自己也承認。不管是旅行前還是旅行中，各種不同的人都告誡我，在印度人面前不要批評印度比較好。當然，我只是一個旅行者，再怎麼樣也不會去說一些批判之類的話，但是，確實常常會碰到不得不覺得印度人太過自大的事例。我從一開始就完全相信印度文化的優越性，尤其是其精神文化的優越性。

以上也是跟日本相當不同的地方。日本人也有自尊心。但是，相反的，老是被某種文化自卑感所糾纏。這跟現實客觀評價上所保有的文化水準沒有關係，但是不知道為什麼卻總是支配著全體日本人的內心。像一種陰影，陰魂不散。宛如真正的文化是在某個其它的場所被創造出來的東西，所以意識裡總覺得自己所處場所的文化較為劣等。

我認為這就是一開始便以自己為中心開展出一個文明的民族與作為中心大文明之邊陲諸民族而出發的民族，兩者間的相異之處。

中國和印度都是各自以自己為中心展開一大文明的國家。日本不過是中國的一個邊境國家，而日本人確實就是東夷。

我在印度的時候，去了喜馬拉雅山麓的噶倫堡（Kalimpong），在那裡接觸到了西藏人。他們的文化極具高度，但是，若與印度文化相較的話，西藏文化簡直是太過於樸素。我回過頭對同行的舒爾曼博士，說了以下的話。

「我們日本人因為是邊陲民族，與其說對中華思想反抗，不如說是對這樣的邊陲文化覺得有同感之處。」

舒爾曼博士笑著說：

「德國人也是這樣。」

他是德裔美國人。而德國人過去正是生存於羅馬世界的文明之外的日耳曼蠻族。

自我褒美

在印度，看了報紙及其他的印刷品之後，常有一種感覺，整體的趨勢是極其明顯的自我褒美。

即使是公認反政府的報紙，對於印度這個國家也絕對不口出惡言。常常稱讚印度在國際外交上的成功，以及國內問題上的前進等等。試想，這或許是理所當然的事，但是跟日本的新聞媒體相比較的話，兩者態度上有極大的差異。

在日本，新聞媒體的論調全部都是自我批判。此一傾向經常強烈到具有「進步性格」的程度，甚至有時候還具有自虐性格。據說德國方面也是這樣，自我批評傾向極強。

事情的好壞是另當別論，單就自我褒美和自我批評的不同，就令人覺得有趣。這樣的反差是如何形成的呢？我想應該是來自中華思想和邊境蠻族意識的區別吧！

當然也有其他原因，一個是依現在國家所處狀況而定。如果有強力的政府領導的話，就容易形成自我褒美的現象。中國和蘇聯有強力的政府領導，確實是有自我褒美的傾向。戰時的日本，也頗具此一傾向。最後，現在的印度也一樣擁有強力的政府。

Ⅳ　聖與俗

美與宗教

旅行中我到過很多寺院。阿富汗與巴基斯坦是信仰伊斯蘭教的國家，在那裡我參觀過許多座清真寺。在印度，我則參訪過印度教、耆那教（Jainism）及佛教的寺院。但是，坦白說都不怎麼令人感動。

其中，也有規模壯大且造形獨特，令我著迷的建築。但是，這些建築大都顏色不佳。無論是建築本身，或者是內部的裝飾和宗教畫、佛像、神像等，沒有一樣令人覺得感動。如此偉大的國民，為什麼會做出這樣無趣的東西呢？實在是令人覺得不可思議。

當然，博物館等處也收藏了許多頗具年代的文物，可以發現精湛的展示品。但是，現在寺院裡面所擺設的正在使用中的新器物卻不是太好。鹿野苑（Sarnath）的佛教寺院裡有日本畫家所畫的大壁畫相當受歡迎。在現代的印度，這或許是一件極為受到矚目的藝術作品，但是，從真正的日本美術傳統而言，並不容易得到高度的評價。我想，或許在亞洲的這個地方（指印度），在蘊育美的事物上面，欠缺了什麼東西吧！

由於我在參訪寺院時老是發牢騷抱怨無聊，被同行的舒爾曼博士聽到，博士笑著說：

「對你們日本人而言，世界上所有的東西都很無趣。因為你們對美的標準太高。」

我認為舒爾曼博士確實所言不虛。關於美，我們日本人的態度，有相當執著之處。因為博士曾經待過日本，所以非常明白這件事。

不過，我還是有我自己的看法，同時也從不同角度進行自我批判。

也就是說，「這是寺院。寺院是與宗教相關聯的地方，並非藝術作品。寺院是用來宗教體驗的場所，我們犯了只就美的標準來評價的錯誤。」

說實在的，我們日本人，不管對什麼事情，是否多以美的尺度來衡量呢？或者多以藝術的感動做為行動的原動力呢？至少，沒有伴隨美的宗教體驗，對我們而言無法想像。在日本，即使是科學，被接受的重點也被認為在於一種美的體驗。數學家或科學家們，不僅僅追求理論而已，更多的是追求理論的美感。也就是說，對日本人而言，連科學也是一種藝術。

這一部分恐怕與印度一帶的人對寺院的態度，有很大的不同。我們也許完全無法理解他們看待宗教的意義。在日本，到寺院參訪的話，大抵而言可以聽到對佛像或者佛畫的藝術性解說。例如，關於作者也好，流派也好，或者有沒有國寶或重要文化財等等相關的導覽。至於沒完沒了的對於畫在宗教上的意義等傳教式的說明，到底誰會有興趣聽呢？然而，印度就是和日本不一樣，導覽並非針對藝術的解說而是宗教上的解說。這幅畫，在宗教的教義上代表什麼，往往才是導覽說明的核心。但是，這樣的導覽往往像是在上難解的哲學課一樣，對我們而言，一點都無法理解。

我曾經在某寺院看到一位全神貫注臨摹壁畫的畫家。就我們看來，那根本只是一幅不具藝術性的壁畫。當然，畫家一定認為那是好的畫作。如同我們都犯了以藝術的尺度衡量宗教的錯誤一般，或許如同這位畫家之類的人也都犯了以宗教的尺度衡量藝術的錯誤。

其實我很想知道，印度人是不是會覺得科學也是一種宗教性的存在。

身為佛教徒

與我持續一起旅行的蘭道爾（F. Landauer）先生，因為行程上的關係，必須比我早一步前往日本。因此，他希望儘可能從我這裡，吸收大量與日本有關的預備知識。他問了我有關日本人宗教生活的問題，因此我不得不設法回答。

「嗯！您過著什麼樣的宗教生活呢？這樣的提問，在日本大概是最愚蠢的問題之一吧！」

蘭道爾先生聽了我的回答，非常吃驚。

我旅行所到之處，都會被詢問信仰的宗教為何？不過，「無宗教」或「無神論者」之類的回答極為危險，那完全是一種挑釁行為。因為對方全部擁有某種信仰信著某種神，他們沒有辦法想像人沒有宗教也能生存。那樣的回答極有可能會造成相當的麻煩。

我習慣回答別人自己是「佛教徒」。雖然總覺得有點不好意思，但是，這並非說謊。我不是基督教徒，當然也不是伊斯蘭教徒。既沒有剛加入新興宗教般猶如神明附體的異常言行，也沒有主張無神論和無宗教者般對宗教否定的激情。大概依然是在佛教文化氛圍裡成長，或多或少對於佛教保持共感。因此，雖然對佛教真的不熱誠，但還算得上是某一種佛教徒吧！

我發現當我自稱自己是佛教徒時，不知不覺從心裡感覺到些許自豪。為什麼呢？佛教是世界的大宗教之一；宗教界的老字號。不需要說明，不管走到那裡都行得通。

關於這一點，也是出了國，對日本才有重新的認識。至少有兩種新的發現。其中之一的事實是：包括我自己在內，很多的日本人在日常生活裡，對於宗教異常地不關心。真要讓很多其他國家的人理解這樣的情形確實極為困難。另一個事實則是：儘管如此，真要追問的話，還是會回到佛教。事實上，日本人在最後的最後析出的還是佛教的特質。

蘭道爾先生對我的說明很不能接受。不管如何，就是聽不懂。這讓我終於察覺到，要說明日本人的宗教生活是一件非常困難的事。

聖與俗

若與日本人不可思議的宗教生活相比，印度、巴基斯坦、阿富汗等國人的宗教生活極為明快易懂。總而言之，就是「極為熱心」於某種宗教，這一點非常清楚明瞭。阿富汗和巴基斯坦信仰伊斯蘭教；印度大體上信仰印度教的人比較多。然而，非常熱衷宗教這一點則是三者共通。這一點正是與我們日本人不一樣的地方。

我事先就已經知道，伊斯蘭教是一個強烈的宗教，擁有讓所有教徒過著充滿伊斯蘭生活的力量。至於印度教，雖然並不到伊斯蘭的程度，但是也是個相當強力的宗教。也就是說，印度不會輸阿富汗、巴基斯坦，也是擁有強大宗教輻射線的國家。

伊斯蘭教徒在命名時使用穆罕默德、庫來西這類充滿阿拉伯、伊斯蘭式光榮的姓名，尚可預期；但是，居然有那麼多的印度人以神的名字為自己取名，倒是相當令人驚訝。例如拉克什米（Lakshmi）、克里希納（Krishna）、杜爾迦（Durga）等等，全部都是印度教的神祇。伊斯蘭世界因為排斥偶像，很少看到具象繪畫，但是，具象繪畫在印度則不稀奇。大部份的具象繪畫都是神的畫像。若是雕刻的話也多是神祇的雕像，若是舞蹈的話就是神祇的舞蹈。政府的國定假日也跟神有關，商店街則跟神結盟。極端地說，在這裡，所有的社會現象都是宗教現象。這裡的聖與俗深深地融合在一起，無法分離。

關於宗教熱情和聖俗不可分這部分，不只伊斯蘭世界和印度教世界，連基督教世界也都可能非常類似。我對歐洲並不瞭解，但是從我不完整的知識去想像的話，歐洲的基督教世界也遠比我們的社會與宗教有著更深的關係，聖與俗似乎緊密地連結在一起。

把猶太教、基督教、伊斯蘭教這些起源於閃米特族的強烈一神教跟如印度教般的多神教放在一起討論，或許有點不像話，但是從社會看待宗教的態度來看的話，確實具有共通點。是宗教的性質相近呢？還是社會的性質相近呢？雖然不知道是那一邊，但是，總而言之，我們就宗教性格的觀點來看，與其說印度是東洋，不如說更類屬於西方國度。即便不說印度是西洋，卻也強烈感覺到印度與西方諸國之間的共通性。這是否是根源於原始亞利安民族的文化特質呢？雖然不想讓自己的推理跳躍到如此程度，但是，總覺得有某一種社會人類學的問題潛藏在此。

日本即使在戰前有政治人物提出了「祭政合一」之類的政治綱領，但是，社會大致的結構還是聖俗分離，或者世俗相對於聖而言是居於優勢的地位。也就是說，日本是個非常「俗」的國家。或可說日本是很實際的國家。從這個觀點來找與日本相近的國家，大概就差不多就是相鄰的中國吧！

基督教・伊斯蘭教・印度教

基督教教徒和伊斯蘭教徒之間，在歷史的各種事實上，都顯示出互相關係極為惡劣。但是，就我們這種完全的「異教徒」看來，這兩個宗教在實質的內容上卻非常類似。

例如，不管那一邊都有唯一偉大的神。然後有預言者的存在，接下來才是人。兩者的構造都是如此。而且，無論是基督教還是伊斯蘭教，都是人向神禱告。我們佛教徒，即使會對佛陀合掌敬拜，但並不對佛陀禱告。老實說，對神禱告是怎樣一回事，這點我們並不太了解。

從歐洲，經由土耳其、伊朗前進到印度邊界的話，途中經過的國家，雖然有基督教和伊斯蘭教的不同，終歸都是一神教國家。可是，當我們由巴基斯坦越境進入印度之後，一切都改變了。印度是一個多神教的國家。

從進入阿富汗之後，我一直在伊斯蘭教圈中旅行，在完全不允許任何偶像存在的一神教嚴格的氣氛中，精神上略感疲累。因此，在進入了偶像四處躍動的印度教世界，說實話，有著鬆了一口氣的感覺。在這裡有種「語言」相通的感覺。畢竟，我們終究還是偶像崇拜者啊。

論及宗教，印度和日本的關係有些微妙。就日本人的角度來看，我們對印度人的印象是他們對於宗教熱心這部分，這跟日本有很大的不同。但是，另一方面，因為印度的宗教和日本的宗教屬於同一系統，並非不具親近感。而且，實際而言，佛教在某種意義上也可以被認為是印度教的分支。

我在德里時去參訪過比爾拉寺（Birla Temple）。因為是由富人比爾拉所建的寺廟，因此被通稱為比爾拉寺，不過它真正的名字叫作勒克什密那羅延寺（Laxminarayan）。光看這個名字就明顯知道是一座印度教的寺廟。可是，實際去看過之後，裡面竟與佛教的寺院蓋在一起，形式上猶如印度教將佛教雙手環抱一般。

印度教多多少少也存在著普遍主義般的要素，不管什麼都要包括進去自己裡面。從印度教徒的立場來看，或許認為佛教、耆那教、錫克教不過都只是大印度教的一支宗派吧！這樣說起來，連我們也不是不知道這種想法。因為，確實在某些部分能夠相互連結。

預言者佛陀

我們日本人說到佛教就想到印度，從某種意義來說，也把印度當成是自己文化的發源地之一。因此，很多日本僧侶為了研究佛教前往印度。至今未曾間斷。由於現在的印度留學生以大學派出的留學生占多數，所以沒辦法明顯看出是否為僧侶，但是留學生裡具有僧侶身份的人並不少。我在這次的旅程裡，也碰到過很多個這樣的日本僧人。只要一想到佛教，就感覺到日本和印度屬於共通的文化圈。即使到了現代，佛教依然是日本和印度間精神上相連的紐帶。我在訪問印度以前，心中多多少少有著一些這樣的期待。

可是，這樣的想法當然伴隨著危險。現在的印度是印度教徒的國家，在這裡佛教殘存下來的東西已經少之又少。就算是對此現狀有充分瞭解的心理準備，但是實際到印度旅行之後，知道了佛教徒的數量連印度人口的百分之零點一都不到的事實時，才注意到不得不改變本來的想法。佛教在錫蘭、緬甸、泰國、西藏，甚至是距離遙遠的日本繁榮興盛，但在原生的創始地印度卻幾乎消滅。這有點像是我們的單相思，覺得即使在今天，佛教仍然可以成為日本和印度之間精神上的連結，不過也許是我們想太多了。

現在的印度，佛教當然也不是完全不存在。雖然極少，但是還是有佛教徒。特別是最近，好像正以一種佛教復興運動的形式在進行活動。不過，印度佛教與我們所知的日本佛教相比，我認為有某些部分還是很不一樣。

歸根究底，我實在是一個不夠虔誠熱心的佛教徒，對於日本佛教的知識也不扎實，雖然心裡不太踏實，但是總覺得那裡不一樣。就其一而言，印度佛教裡釋迦牟尼給人很了不起的印象。進到佛教的寺廟，除了釋迦牟尼的像之外，沒有其他。說到佛教，指的就是佛陀主義（Buddhism）。佛陀主義就是佛陀的宗教，因為佛陀是釋迦牟尼，所以佛寺裡有釋迦牟尼就好了。理論上確實是如此，但是又覺得一定不是這樣。

也就是說，在印度的佛教裡，感覺上佛陀以媒介者的身份橫跨於眾神和人的世界之間。有點像基督教裡的耶穌基督和伊斯蘭教裡的默罕默德一樣，佛陀以預言者的身份存在於佛教當中。

但是，我們日本佛教徒觀念中的佛教，卻與印度佛教不同。例如，我們認為的「佛」是佛陀，佛陀又叫釋迦牟尼，思慮實在過快。釋迦牟尼是「佛」，但是「佛」並不只限於釋迦牟尼。佛像也不是專指佛陀的像。釋迦牟尼當然是佛，但是觀世音菩薩、如來佛、眾菩薩、毘沙門、弁天、仁王等，甚至祖先牌位以及各種精靈，在我們的文化裡，這些都在廣義的「佛」的範疇裡。如果印度佛教是佛教的話，日本佛教就不是佛教。相反地，如果日本佛教才是佛教的話，那麼印度佛教就不是佛教了。確實覺得兩者在那個部分存在著差異。

宗教的充電

日本佛教和印度佛教的不同在於大乘佛教和小乘佛教的差別，或許不過就是大乘佛教和南方上座部佛教的差異而已。日本佛教是穿過中亞繞經北方傳來的佛教（北傳佛教），而印度現在的佛教，則是經由南傳的上座部佛教，以復興佛教的形式重新傳回了印度。

但是，出現在印度的原始佛教，比起我們的日本佛教，從源頭開始就跟現在的印度佛教更為不同。我在這次旅行當中，不僅僅看了薩爾納特（Sarnath，鹿野苑）等現代印度佛教寺院，也在巴基斯坦的塔克西拉和白沙瓦博物館等地看了很多從古代佛教遺跡出土的遺物。一樣都具有濃厚的佛陀色彩，甚至在風格上可以說宛如就是一神教。所以我們可以這樣說：在多神教的印度教信仰當中，佛教以一神教的宗教形態來確立自己跟印度教的差異。映在眼前的景象，其實會讓我們這樣認為。

但是，傳到日本的佛教並非如此。在傳到日本的路途中，大量地吸附了各地古老的土俗信仰，形成現在日本佛教的形態。所以不如這麼說：與印度的佛教相比，日本佛教透過古老的土俗信仰為媒介，而與印度的印度教更具連結。例如，以馬的臉型塑成馬頭觀音，或許是用來對應以象的臉型塑成象頭神（伽那群主）。因為對不知道的事情無止盡地胡思亂想極為危險，我看還是不要再多作臆測比較好。

本文一開始打算以旅行的印象記來書寫，因此覺得無拘無束自由自在地讓想像力飛翔也不錯，但是卻不知不覺著迷於印度的宗教氣氛。之前，以馬納斯盧峰登山隊科學班成員的身份前往尼泊爾的川喜田二郎，在從印度、尼泊爾旅行回來之後，馬上成為非常熱心於宗教性論述的人。友人們嘲笑他這樣的行為，而我自己也一樣，從印度回來，突然之間就開始講起了宗教。印度是一個不可思議的國家。只要身處其中，就猶如進行宗教「充電」一般。

V 中洋

雅利安・達摩

就算是空想也罷！如前所述，我們日本人之間，對印度有一種文化上的連結感。但是，印度人之間對日本是否也有一樣的連結感呢？實在令人質疑。我們對印度的連結感的確有賴於佛教，但是，就印度而言，佛教單單只是輸出品而已，自己本身幾乎沒有留下什麼。從日本來的輸入品，則什麼也沒有。

就旅行時的經驗而言，令人感覺到印度與西方世界，特別是與歐洲人之間，存在著文化性連結感的部分並不少。姑且不論印度在英國統治時代深受英式風格影響一事，我們反倒可以說印度文化從發祥開始就與歐洲有著許多連結。

印度人的起源，原本就是由當地土著達羅毗荼人與從北或西北移來的雅利安人結合而來，此一說法早有定論。而且，雅利安人的語言明顯屬於印歐語系，這代表著與英語、德語、俄羅斯語具有遠親關係。

之前提到，在新德里時參訪過勒克什密那羅延寺（Laxminarayan Temple）。在那裡給外國訪客的是用英語書寫的導覽。從說明裡可見，支撐該寺的理念可以被認為是是一種稱為「雅利安主義」的思想。導覽當中寫著，將印度教視為「雅利安．達摩（法）」，守護保衛「雅利安．達摩」是印度人的責任，同時也是歐洲人跟美國人的責任。也就是說這意味著，這些人的祖先全是源自雅利安人。

雖然這可能是打算寫給英語系國家的人閱讀的導覽，但是非雅利安人的日本人也拿到了。讀了導覽文之後，才感受到印度人終究是面向西方的理由。所以，對同為亞洲人的日本人、中國人不屑一顧。對於印度而言，東邊一點都不是問題。

可是，同樣的導覽在最後有卍字的說明，卍字被解釋為所有雅利安文字的起源。然後，以此一雅利安文字為例，列舉了羅馬文字、希臘文字等等，甚至連日文也列入其中，由此可見，或許也把日本人納入雅利安人之列了。

種族主義

能看出「雅利安主義」的不限於印度。在民族的分類上，巴基斯坦與印度是相同民族，應該有相同的想法，但是我並沒有具體的經驗。不過，在阿富汗，雅利安主義卻以很明顯的方式存在。例如，阿富汗好像又可稱為雅利安那（雅利安國）。這個名字不知道是誰取的，但是，政府發行的刊物上確實是這樣記載。而且，事實上，阿富汗的航空公司就叫作「雅利安那航空（Ariana Afghan Airlines）」。

這當然是在表明全印歐諸民族間文化的連結感；或者更進一步的說：是一種主流意

識的表明；亦即聲稱自己才是雅利安人的主流。

但是，這種思想的形成並非太久遠的事情。大體而言，印度・雅利安族的觀念形成是基於語言學、人類學的發達。而此一思想恰好將這些科學研究的成果引進，我們可以將其視為近期民族主義的一種。

雖然，亞洲諸國民族主義高漲是理所當然的現象，但是，對於「雅利安主義」的某些地方我卻有點擔心。在上述國家中，聽到很多人表明了這樣想法，他們的「雅利安主義」與其說是與雅利安族的連結感，還不如說是常常散發著種族主義的氣息。例如，英語的 mother 一詞，波斯語則說成 modar，這足以顯示印歐語族間文化互相連結的現象。如果只是強調這些的話，確實是文化連帶感的問題，但實際上卻是更強調如「我們跟歐洲人有一樣的高鼻子」，或者是體格和容貌相似等等這類人種上的連結性。不得不讓人聯想為納粹人種論型的「雅利安主義」。

不管是印度還是阿富汗都存在著多種民族。其中很多並不屬於雅利安系。南印度人主要是德拉威系，北阿富汗人則主要是土耳其系。如果「雅利安主義」是亞洲新興諸國的一種民族主義的話，這種「雅利安主義」是以什麼樣的態度對待非雅利安系的同國同胞呢？毫無疑問的，這是一個相當大的問題。

在對外關係上，奇特的事情也會發生。像我們日本人之類的亞洲人，懷著某種亞洲人的親近感接近他們時，抱持著「雅利安主義」的對方的確不知所措。如果他們對著你說：「不管怎樣，因為我們是雅利安人」，大概我們也只能回：「啥，真是這樣嗎？」然後摸摸鼻子走人。但是，他們這種面向西方的「雅利安主義」，真的到了西方，在與歐洲人直接接觸時，對方怎樣理解他們呢？這又是另外的問題了。歐洲人對於這些亞洲來的「雅利安主義」者們，可能也相當不知所措。

寫到這裡，真的覺得這世界頗為複雜。

東洋的起點

講到種族主義，在看了這麼多臉孔相貌不一樣的人們之後，我自己也稍微覺得不得不思考一下種族問題。

在旅行的全程中所遇到的人們，雖然在人種上有各種不同程度的混血，但大多還是屬於高加索系統的人種。鼻子高，輪廓比較明顯。這一點和歐洲人相同，但是，膚色就不像白人。大致上，比我們日本人黝黑許多。

其中，因地區不同而有各式各樣的差異，非常有趣。阿富汗的普什圖人（Pushtun; Pakhtun）就有明顯的特徵。我在加爾各答的渡船口，無意間望向離船上岸的人群，一眼便在人群中找到兩個普什圖人，自己也不自覺的發出驚歎聲。竟然差這麼多。在印度人之間，馬上可以分辨。阿富汗人和印度人都一樣是高加索人種，而且兩者可能都是屬於種族主義裡的雅利安主義者，但是，他們在人種的特徵上竟然差距那麼大。

因為自己的臉自己看不到，所以專注地觀察多樣性的高加索人就覺得很有樂趣。但是，此一現象到了加爾各答就有了變化。在這裡，出現了大量的蒙古人種，亦即中國人和緬甸人。我並不是什麼種族主義者，但是，一到了加爾各答之後，還是因接近了與自己相同人種所居住的世界而感覺到喜悅，同時也再次確認住在印度以西的人跟自己的差異。也難怪從西邊旅行過來的歐洲人，一直到了這裡，才會留下「東洋是從加爾各答開始」的印象。至此，我終於理解了這種心情。

喜馬拉雅山的種族瀑布則更明顯。我曾經去到西藏貿易的據點噶倫堡（Kalimpong）。那裡雖然在行政上是屬於印度的西孟加拉省，但是，住著很多的西藏人、尼泊爾人以及不丹人。他們全部都是蒙古人種，有著東洋人的臉孔。喜馬拉雅以北就是東洋，他們翻越了喜馬拉雅山脈來到了南側，就如急湍的瀑布般漫溢過來。

回到日本之後，知道了日本正在流行雷布查族（Lepchas；絨巴族／Rongpa），覺得非常驚訝。這是因為安田德太郎寫了《萬葉集之謎》[8]一書非常暢銷而形成的風潮。根據此書，喜馬拉雅山區的雷布查族人臉孔和日本人很相似，而且還說著與古代日本語一樣的語言。我在噶倫堡時確實有遇到雷布查族人。臉孔跟日本人相近，但是這一帶與日本人臉孔相近的不只是有雷布查人而已。西藏人、不丹人都和我們的臉孔都很像，混在一起的話，不容易分辨出來。總而言之，不過是因為大家都是蒙古人種的緣故。顯而易見的，沒人說日語而已。

印度與西方

除了人種問題外，印度跟西方的關係也比東方深。不管是文化上或歷史上都只與西方連結。

這次旅程我由西邊進入印度。從阿富汗穿過巴基斯坦，然後到了印度。阿富汗是法爾西（Farsi）也就是波斯語的勢力範圍。進入巴基斯坦後，旁遮普地區波斯語仍相當程度可以通用。巴基斯坦的國語是烏爾都語（Urdu），而烏爾都語裡混雜著很多波斯語。到了印度，國語是印地語。兩者之間只有文字不同，語言在本質上仍和烏爾語相同。歸根究柢，只要學會波斯語的話，在阿富汗、巴基斯坦和印度就大致能行得通。正因為如此，我在最西邊的阿富汗所學的波斯語單字，一路來到東邊的加爾各答都還派得上用場，託此之福，讓我在旅途中備感便利。

印度在歷史上受到多次從西方來的侵略。說來雅利安人本身就是來自西方的侵略者。之後，又來了波斯人，接著又有希臘人入侵。接下來，則又接二連三被出現於阿富汗的王朝所征服。從阿富汗的首都喀布爾，穿過開伯爾山口到旁遮普平原，這條我走過

8 安田德太郎《萬葉集之謎》（Kappa Books）一九五五年十一月，光文社。

的路徑，事實上就是自古以來外來勢力入侵的固定路線。大抵而言，現在的烏爾都語、印地語，都是與征服者們的波斯語混合著現地的土著語言結合而成。也就是說，我一路上的便利，事實上理所當然。

印度的歷史，與其說是與東方，不如說是與西方交流的歷史。帖木兒（Timar, 1336-1405）及建立蒙兀兒王朝（Mughal Empire, 1526-1858）的巴卑爾（Babur,1483-1530）大帝，入侵時都自稱是蒙古人的子孫，但他們終究是由西而來的入侵者，與東亞的蒙古族無關。

現在印度的伊斯蘭教教徒所佔的比例變少，那當然是因為舊英國統治下的印度一分為二，新建立了一個伊斯蘭教國家巴基斯坦。但是，印度本來就是與由西傳播而來的伊斯蘭教交流很深的國家。印度長期接受伊斯蘭王朝的統治，在社會、文化的各種層面上，伊斯蘭教所留下的影響極為顯著。即使到今天，印度還是留有很多伊斯蘭教的寺院。泰姬瑪哈陵是印度第一的名勝，被公認是印度的代表性建築，到了一看，卻是用宏偉巨大的大理石所建的伊斯蘭建築。同樣的，在印度首都德里的清真寺，也被稱為伊斯蘭世界的三大清真寺之一。

中洋

總之，印度不是東洋。與我們這些以中國為中心發展而來的東洋諸國，在本質上是文化傳統相異的世界。反而，印度與存在於印度西邊的伊斯蘭世界具有更多的共通性與共同的歷史。

但是，如果印度不是東洋的話，那究竟是什麼呢？毫無疑問，不可能歸於西洋。印度明顯不屬於西洋或歐洲世界。然而，這個非東洋也非西洋的印度要怎麼分類呢？我在德里認識的一位日本人留學生說得非常好。

「這裡是中洋啊！」

我很佩服，決定使用這個說法。

總之，直到那時為止，對於自己無法明確認識到印度以及伊斯蘭諸國既非東洋也非西洋這件事，深感慚愧。但是，自己的羞愧要怪誰呢？這個中洋性的世界，日本的學校教育幾乎沒有教我們什麼，實在很過分。在我讀過的舊制中學東洋史教科書中，記憶裡關於印度的部分只有一頁左右而已。

其次，日本的知識分子，每次不管碰到什麼事，都會說東洋是這樣，然後西洋是那樣，傾向僅用東西間的比較，就把世界一分為二。一直以來，我也被傳授了這樣的思考法。但是，我認為這樣的思考法並不可取。除了東洋、西洋之外，非得把中洋放進去一起考慮不可。

中洋既廣又闊。從東洋前往西洋的途中，我們幾乎非得要花一整天的時間，才能飛越中洋諸國的上空。而且那並不是橫越什麼也沒有的精神沙漠。

VI 日本不是模範

日本與西歐

在印度的書店，拿起一本叫作《印度思想史》的書來看，非常驚訝。厚厚的一本書，內容有一半以上是寫古代的事。但這似乎不只限於思想史領域。拿起其他的歷史書來看，也出現類似的傾向。舊時代的內容總是佔據很大的篇幅。這可能是印度史的一般傾向。

不管怎樣，總覺得對於二千年前的印度說得過多。即使是文明古國，但是後代的新變化那麼稀少，實在難以認同。從這一點，可以觀察到與我國類型完全不同的歷史趨勢。在我國，所謂的歷史書，書寫新時代的內容總是佔據較多的篇幅。

旅行中，我想到了在日本常常與人爭論的議題。在日本，議論的焦點總是集中在東洋和西洋的差異，或是日本和西洋的差異。印度從來都不是比較的對象。

我並沒有特別鑽研過印度史，我用我僅有的知識去判別，我認為印度說的歷史和我國所謂的歷史有相當大的差異。如果和印度比較的話，大家所討論的日本和西洋——特別是西歐諸國——的差異，小到不成為問題。可以這樣說，日本和西歐基本上是一致的，因為兩者擁有相同類型的歷史。

一邊思考這類問題一邊旅行的我，非常幸運地碰到非常理想的同行者。那就是出身西歐的歷史學者舒爾曼博士。我們互相之間，一邊舉出各種不同的實例一邊展開議論。

存在於眼前的印度，讓西歐的學者與日本的學者更加接近。

將日本與西歐，然後再與印度做比較，可以發現很多有趣的事情。例如，關於殖民一事。印度曾經是歐洲國家的殖民地。但是，日本不曾淪為殖民地。相反地與西歐諸國一樣，日本是在亞洲建立殖民地的國家。

其次是關於革命。日本和西歐諸國都曾經有過幾次革命的經驗。因為這些革命，克服了國內舊有的矛盾，實現了飛躍性的新發展。這一歷史的推進，主要是由內部的力量所發動。相對而言，印度呢？印度是沒有經驗過革命的國家。不過，卻屢次遭受到外來的侵略與破壞。也就是說，印度的歷史一直是由外來的力量所推動。

另外，則是關於封建制的問題。日本和西歐諸國曾有過封建制度。而且，日本和西歐諸國也都因為中產階級革命而將封建制度劃下句點。話說回來，印度因為一開始就沒有封建制這樣的制度，所以為了清算封建制而起的中產階級革命當然不會發生。

另外，像自由都市、農民戰爭、宗教改革等西歐所經歷過的歷史事實，日本歷史上也都有過類似的經歷。至少，日本的歷史學者可以一邊對照西歐的歷史和日本的歷史，一邊發展自己的思考。但是，印度史就無法如此。也就是說，理解印度史時，可能必須具備與理解日本歷史及西歐歷史截然不同的思維。

近代化的條件

除了歷史之外，還有幾個社會人類學上應當關注的地方。我在這次旅行當中，第一次看到伊斯蘭諸國社會制度的實際狀況。覺得特別有趣的是他們的繼承制度。這是與我們社會的傳統制度完全不同的均分繼承制。我在很早以前就知道中國社會是均分繼承制，在這次的旅行中才充分了解伊斯蘭教各國也是一樣的制度。然後，到了印度，這裡亦施行均分繼承制。

然而，日本和西歐的傳統制度都是長子繼承制。這或許與兩者都具有共通的封建制發展有關。土地任意分割的話，封建制的基礎必然瓦解。

其次，一夫多妻制也令人思考。伊斯蘭諸國的男子最多可以娶四個妻子。這是伊斯蘭法所公認的。同樣地，印度、中國在這點上也極為寬容。傳統上，一夫多妻是公開，而且被允許的。然而，日本雖然沒有基督教的宗教禁令，但至少在庶民之間表面上一夫多妻並不被承認。例如「日陰者」這個詞便是用來指稱只能活在暗處，不被社會承認的女人。

在日本國內的話，常常會聽到有人說日本這個國家，從明治以來就非常勉強地進行近代化，因此至今依然留下相當多前近代的要素。事實上，我認同這種說法。然而，到了國外，看到印度這樣的國家，我的想法開始起了變化。我常覺得，日本的近代化只是完成了應該完成的事物，如果與印度之類的國家相比的話，甚至會感覺到日本的近代化完成得十分輕鬆。也就是說，日本是在理所當然的進展下就完成了近代化。

像印度這樣的國家，在進行近代化時，背負著不得不克服的龐大障礙。有相當多日本和西歐諸國所沒有的惡劣條件。例如，種姓制度，以及一夫多妻制。另外還有人口過剩、貧困、飢餓、資金缺乏、外國的殖民地支配、文盲以及沈重的宗教壓力。也因為這些包袱，所以要用既有的手段進行現代化，終究極為困難。在許多事情上，令人留下不少這樣的印象。

日本不是模範

在這裡，稍微注意到一些奇特的事情。我說過所謂中洋，應該要與東洋及西洋區別開來加以思考。因此，我打算以日本代表東洋、西歐代表西洋、印度代表中洋，來討論日本、西歐、印度間的比較。然而，前面曾提到的與印度間的對比，日本和西歐的特徵，的確是日本和西歐的特殊情況，而不是東洋和西洋的一般特徵。在東洋之中，中國與印度的共通性大；在西洋之中，只有西歐是特殊地帶。如果特別針對日本來說的話，在亞洲諸國中，我們終究察覺到日本似乎是個相當特殊的國家。

我在旅途中，不論在阿富汗、巴基斯坦或是印度都常常被問到一樣的問題。「日本快速地完成近代化，請傳授我們其中的祕訣」。老實說，我認為祕訣並不存在。看了這些國家，我覺得與日本的國情實在差距太大。這些國家的人，認為日本可以當做他們近代化的榜樣。而日本內部也存在著日本是亞洲諸國近代化模範的想法。但是，我覺得這樣的想法是錯的。事實上，日本很難成為這些國家的榜樣。日本是個即使想要模仿也無法模仿的國家。因為日本跟這些國家完全異質。

不管日本能不能成為榜樣，亞洲各國不得不進行近代化的現狀是不變的。事實上，這些國家也正為了近代化而持續努力。不管能不能成為各國學習的對象，只要對這些國家提供技術或其他的援助形式，應該就可以對其近代化的推展有充分的幫助。但是，面對這些國家，日本始終認識自己所站的立場是特別的，既不是存在於同等類別的國家中，也不是稍微先進的國家而已。無論無何，日本的確與眾不同。

亞洲與日本

從日本的種種社會狀況來看，與其認為日本跟其他亞洲諸國近似，倒不如說日本跟西歐更為接近。這的確是事實。但是，也沒辦法因為這樣就說日本是西歐。雖然對方（西歐）聲稱你（日本）是我們的夥伴，但也不會來迎接你。因為就算社會構造有多麼地相似，但是文化系統上，歐洲和日本仍舊完全不同。

只是，我們也可以這樣說。日本的知識分子，特別是對社會科學有興趣的人，作為比較的對象，往往直接跳過亞洲諸國，傾向把目光關注於西歐，這未必完全沒有理由。到目前為止，我本來認為這樣的傾向是因為日本知識分子自明治以來崇尚西洋的通病。

但是，現在覺得不盡然如此。事實上，日本與西歐的比較容易成立，而與亞洲諸國往往很難比較。

然而，我們日本人認為自己是亞洲人。而且，常常以自己是亞洲人的代表自居。因此，當西洋人提到關於亞洲和東洋時，總覺得是在談論自己。但是，這是危險的誤解。認為亞洲或東洋是一體，確實是充滿西洋人偏見的看法，如果從我們的角度來看的話可就不是這樣。亞洲諸國有各自的特殊性，日本則更特殊。我們面對的問題與其他亞洲諸國極為不同。

最近，常聽到「日本是亞細亞的孤兒」的說法，不過認真想想看，好像不是現在才有的現象。很久以前，甚至數百年前，日本就跟其他的亞洲諸國走著不同的命運之路。

只是，今後未必也能如此。日本和亞洲諸國之間，非得貫穿幾條相互理解和協助的通路不可。但是，那個時候可不能出現莫名的一體感或亞洲規模的連帶感等期待才好。另外，如果只看著亞洲民族主義對西洋的殖民地主義的英雄式戰鬥就狂熱起來，簡直就像看著別人的相撲而狂熱起來一樣。如果是自己也是當事者的相撲，就會感受到很多微妙的其它問題。這時去除情感因素，冷靜的觀察與研究是必要的。戰後，我國關心亞洲議題的聲浪高漲，只是感覺上總是稍嫌流於空轉。

（一九五六年二月）

東的文化／西的文化

解說

從一九五五年的旅行回來後大約一年的期間，我應雜誌、報紙的邀稿寫了一些短文。在那些文章當中，我挑選了一篇收錄於此。

原文刊載於一九五六年二月十三日《每日新聞》科學版。[1]報紙上的文章標題是〈阿富汗的遊牧民〉。但是，因為這個標題與文章內容不盡相符，在這裡特別將標題改成〈東的文化、西的文化〉。要怎麼下標是見仁見智的，這樣的標題極可能予人東西文化比較論的印象，但我沒有這樣的用意。說起來，因為我的研究興趣整體而言傾向「文

1　梅棹忠夫（著），〈阿富汗的遊牧民〉，《每日新聞》，一九五六年二月十三日。

明」領域，這篇小文，是我少見談到「文化」系譜問題的文章，這也是我下了這個標題的緣由。

搬運

去年到阿富汗、巴基斯坦一帶去旅行。這些國家的文化毫無疑問和我國的文化完全不同。語言和衣、食、住的差異理所當然，然而其他一些日常的動作、態度、言行、舉止等等，也與我們相當不同，這實在很有意思。

在興都庫什山脈的山谷間，曾經遇到以帳篷作為住居的遊牧民族。看到這些遊牧民「搬運」孩子的姿態令人吃驚。他們不是用背的，而是將哭鬧的小孩橫放於背後，手往後伸長，抓住小孩的頭和腳。小孩在大人的背上，面向著後方，被背負於水平的位置上。想掙脫的孩子，因為頭和腳都被大人壓制，沒辦法逃跑。這是在日本沒有見過的方式，但對付胡鬧孩子是很好的作法。

回到日本沒多久，我有機會看了《遙遠的山河》[2]這部電影。講的是歐洲戰爭孤兒的故事。電影裡出現了美軍士兵在作戰後的廢墟裡，抓住四處竄逃的孤兒們之後的搬運畫面。因其搬運小孩的方式與阿富汗的遊牧民完全一樣，此一畫面再度令我感到驚奇。

我認為這個習慣或從西亞廣泛地擴展到歐洲諸國，其中可能具備非常古老的文化要素。實際上這是可能的事。這樣的搬運方式，恐怕跟家畜豢養的文化有關。事實上，原本那就是搬運如綿羊般小家畜最合理的做法。在阿富汗，人們會把剝下家畜的皮做成裝水的袋子，這種水袋也用一樣的方法搬運。

伊斯蘭教和基督教現在看起來是極度異質的宗教，但是，仔細地考察兩者的內容，就會發現兩者之間原本就涵蓋著很多共通的觀念。與此相同，亞洲的西部和歐洲，一眼看去全然不同，但若仔細研究的話，就會發現有很多農牧文化上的共通點。此一事實一點都不值得驚訝。

握手和親吻

即使是打招呼的方式，也可以感受到相同的地方。我在海外，平常都以西洋方式的

2　譯註。一九四八年出品的美國電影，英文名"The Search"，導演弗瑞德·金尼曼（Fred Zinnemann,1907-1997）。

握手打招呼，因為不習慣，顯得十分笨拙。這點反而是阿富汗的鄉下人做的比我們更自然。對我們而言，握手怎麼說都是外來的習慣，是西洋傳來的文化，但是，我覺得阿富汗一帶握手好像是固有習慣。不過，現在阿富汗盛行的握手與原本西洋式的握手有點不同。右手相握，再靠上左手。看起來就像兩手疊握著的感覺。

其次，擁抱也是一種打招呼方式。碰到很久不見的朋友時，突然就擁抱起來，臉頰左右相互交錯，大概三次，經常看到人們在彼此長滿鬍子的臉上啾和親吻。這是在俄羅斯電影裡常常看到的畫面。這或許也是此一地帶與歐洲共通的基層文化要素之一。

如果說到握手和親吻，我們籠統地覺得與歐洲的騎士傳統有關係。而且，實際上也曾經讀過如此說明的文獻。但是，就這些例子來說，恐怕完全不一樣。雖然無法馬上判定，但是，這有可能是比騎士傳統更古老更深層的文化。

鞠躬與合掌

西方的部分暫且放著不談，東方的部分，也就是我們的文化又是如何呢？當然，我們也有一些不可思議的動作和舉止。例如，鞠躬到底是源自於何處呢？有人直覺認為鞠躬源自封建制度的習慣，也有人認為其起源與日本的封建制有關，但是，鞠躬及封建制的關係如同握手和騎士傳統的關係一般，本來就是兩件事。因為封建制度不像日本這般發達的亞洲國家裡，有鞠躬習慣的國家也分布得相當廣闊。

另外，拜佛時我們會合掌，這是怎麼回事呢？在印度，就算不是拜佛，跟別人日常的打招呼也是雙手合掌，日本的合掌習慣肯定與此有關。不過，我們馬上會出現是受佛教影響的想法，只是即使將起源強加於佛教，但仍然不是解答。事實上，佛教為什麼採用合掌的禮拜方式才是問題。或許這也是東方世界非常底層性的文化問題。

東洋與西洋在文化傳統上的差異，在高層的文學和藝術方面進行論證的例子不在少數，但是，關於民眾日常生活中真正的動作等等比較人類學上的考察，則出乎意料的被揚棄在外。這類的比較研究如果堅持不懈地做下去的話，或許可以挖掘到潛藏流動於舊世界底層的人類文化的巨大水脈。

以上是在旅行當中，一邊反覆笨拙地與人握手，一邊空想出來的東西。

（一九五六年二月）

文明的生態史觀

解說

一九五五年，從阿富汗、巴基斯坦、印度之旅回來的整整一年後，我寫出了這篇論文。[3]原本是為一九五七年《中央公論》的正月號而寫，但是因為沒趕上截稿日，結果刊載在二月號。

如本書開始處所述，那時剛好湯恩比教授來日本訪問。在一九五六年秋天的人類學民族學聯合學會的公開演講會，我以阿富汗的蒙哥兒族為題進行演講。當時，湯恩比也是聽眾之一。湯恩比訪問日本事件，確實提供了我發表這篇論文的契機。我只是借用《歷史的研究》中的幾句話，創造了名為〈挑戰與應答〉的章節，當時的報紙廣告就用〈接受湯恩比挑戰，展開獨自的世界史觀〉之類的語句當成廣告文案。

可是，就內容而言，本文跟湯恩比學說卻沒什麼特別的關係。本文的最後也有標記，這是我去年旅行時收穫的一部分。旅行中想到的事情，經過一年的醞釀，這期間也讀了一些書，補充些材料，把它整理成比較具有理論形式的文章。因為，一個原本與大眾論壇無緣的無名之人，突然發表了這樣的論文，一般來說，或許稍稍令人意外，但是，對於書寫本文的我而言，這不是一時的想法，也不是突然的嘗試。此一構思的萌芽，早在一年前發表的文章裡，就已經寫了相當多。〈文明的生態史觀〉在內容上與這本書也收錄的〈東與西之間〉是同一條直線上極其直接的延續。

關於題名，則有以下原委。這篇論文在雜誌刊載時的題目是〈文明的生態史觀序說〉。當時，我只用〈文明的生態史觀〉為題，加上「序說」二字我原本並不知情。編輯可能因為各種考量而補上「序說」兩字，不過卻也因為這樣而造成筆者不少困擾。大家好像都認為這篇是序論，所以我經常被問到「本論什麼時候出來呢？」只是，不管是

3 梅棹忠夫（著），〈文明的生態史觀序說〉，《中央公論》二月號，第七二卷第二號，第八二二號，三二至四九頁，一九五七年二月，中央公論社。

多短或多簡單的文章，這是一篇具有連貫性的論文，從來不是針對其他論文所寫的序論。因此即使可能有〈文明的生態史觀概說〉，也絕不會有「序說」。所以，對於指責我只寫了「序說」，而不寫「本說」就結束的說法，我完全沒有辦法接受。但如果是針對「概說」的「詳說」，或是針對「通論」的「各論」的話，我覺得倒是可以持續地一點一點完成。

因為提出了若干日本論壇至今沒出現過的論點，〈文明的生態史觀序說〉得到相當大的迴響。總而言之，這篇論文被很多人提起。有贊成的人，當然也有提出嚴厲批判者。其中，荒謬的反駁也有，明顯的誤解、誤讀也有。我厭惡地體會到要讓人理解自己的思想有多麼的困難。

在一連串的連鎖反應當中，先將已經知道的主要部分列舉於下。就我而言，這些批判和意見，在媒體上曾有過報導的部分，雖然我想要說的很多，但是，在此不再加以評論。

首先，〈文明的生態史觀序說〉問世之後，翌月的《中央公論》馬上刊登了加藤周一的〈近代日本的文明史位置〉一文。[4]我和加藤及堀田善衛曾經一起在某座談會中討論過文明論。[5]

不久，日本文化論壇的學者們開始將「生態史觀」列入關心範疇。例如，《心》舉辦了座談會，[6]竹山道雄則在《新潮》發表了論文。[7]後來，以這些論說和學者為中心召開學術研討會，並將研討會的記錄出版了單行本。[8]

這些學者的論說，之後也成為大家討論的對象，我經常被拿來當作比較的對象，但是，這些人的思想和我的理論之間，雖然有相似的部分，但是基本的觀點是不同的。提出此一看法的是竹內好。[9]

---

4 加藤周一（著），〈近代日本的文明史的位置〉，《中央公論》三月號，一九五七年三月，第七二卷第三號，第八二三號，三二至四九頁，中央公論社。

5 加藤周一、梅棹忠夫、堀田善衛（著），〈文明的系譜與現代的秩序〉，《總合》六月號，第一年第二號，二四至三五頁，一九五七年六月，東洋經濟新報社。

6 竹山道雄、鈴木成高、唐木順三、何辻哲郎、安貝能成（著），〈世界日本文化的位置〉，《心》六月號，一九五七年。

7 竹山道雄（著），〈論日本文化〉，《新潮》九月號，第五四卷第九號，四六至六八頁，一九五七年九月，新潮社。

8 日本文化論壇（編），《日本文化的傳統與變遷》，一九五八年五月，新潮社。

就「生態史觀」作為歷史理論的意義與馬克思史觀相比較，上山春平發表了若干的論文。[10]從馬克思史觀角度切入的有太田秀通、河音能平等的論文。[11]・[12]此外，以「生態史觀」在戰後思想史中的定位為論點，也有一些論文發表，[13]在此省略。

之後，在京都大學人文科學研究所的社會人類學共同研究班，將「生態史觀」當成題材徹底進行討論後，得到許多重要的發現，也讓理論架構得以大幅前進。而我自己本身，在這個共同研究班中經歷了千錘百鍊，思考有了極大的進展。也就是說，今天來看的話，「文明生態史觀」只不過是我思想的出發點。現在的想法也不是當初的論文就可以完全表達，不過在此暫且就按發表當時的面貌如實收錄。當然，我也在思考以研究班的研究成果為基礎，重新寫出更具有體系性的理論。

共同研究班的研究成果，雖然還沒有以完整的形式出版過，然而其中一部分收錄在『人文學報』第二一號的「社會研究學論文集」。[14]上山春平的著書裡也介紹了一部分。[15]另外，「今西錦司博士還曆記念論文集」第三卷『人間』當中，也可看到其中一部分內容。[16]

此外，以〈文明的生態史觀序說〉原題，加上上山春平的解說，在一九六四年十月

9 竹內好（著），〈兩個亞洲史觀〉，《東京新聞》（晚報），一九五八年八月十五日至十七日。本文之後收錄在「竹內好評論集」第三卷，《日本與亞洲》，（一九六六年 筑摩書房）。

10 上山春平（著），〈歷史觀的摸索—以馬克思史觀與生態史觀為中心〉，《思想的科學》一月號，二七至三九頁，一九五五年一月，中央公論社。及，上山春平〈馬克思史觀與生態史觀〉，《京都大學新聞》一九六一年七月三日等。以上的論文，之後皆收錄在《大東亞戰爭的意義—現代史分析的視點》（一九六四年八月 中央公論社）中。

11 太田秀通（著），〈生態史觀是什麼〉，《歷史評論》三月號，第一〇三號 一至八頁，一九五九年三月，至誠堂。

12 和音能平（著），〈關於農奴制的筆記—試批判所謂《世界史的基本法則》〉，《日本史研究》四七號・四九號，一九六〇年。

13 例如，香內三郎，〈生態史觀與新世界像〉，《日本讀書新聞》，一九六四年四月二〇日號。及，飯田桃，〈文明的生態終說〉《東北大學新聞》一九六四年一一月等。其他還有之後的飯田桃，《超越大眾文化狀況的事情》（一九六五 晶文社）中也有收錄。

14 例如，藤岡喜愛，〈人格的進化〉，一九至四〇頁；上田春平〈工業社會的組織原理〉，四一至五六頁；中尾佐助，〈農耕文化的要素與陣列金屬化〉五七至六四頁；佐佐木高明，〈火田農民的村落形態與構造—以東南亞・南美的事例為中心〉，七九至一二八頁等。以上論文收錄於《人文學報》，第二一號，一九六五年十二月，京都大學人文科學研究所。

15 參照上山春平，《歷史分析的方法》（一九六二年 三一書房），第二部「比較史方法論史論」。及，上山春平，「資產階級革命與封建制」，《歷史學研究》，一九六一年四月號。其他的論文，後來收錄在《大東亞戰爭的意義》。

16 參照川田喜二郎、梅棹忠夫、上山春平（編），《人間—人類學的研究》，「今西錦司博士還曆記念論文集」第三卷（一九六六年八月 中央公論社）所收錄的諸論文。特別是，谷泰，〈乾燥地區的國家〉，十五至七二頁；上山春平，〈社會組成論〉，七三至九九頁；飯沼二郎，〈古代旱地農法在世界農業史上的位置〉，一〇一至一三八頁；角山榮，〈產業革命論〉，一三九至一七八頁；川田喜二郎，〈西藏文化生態學的位置〉，二八九至三四二頁，等。

號《中央公論》的專刊〈戰後創造日本的代表性論文〉中再度被收錄。[17]

挑戰與回應

湯恩比來到日本，他是一位非常著名的歷史學家。有好幾本著作被翻譯成日文出版，我曾讀過其中的兩本。分別是《歷史的研究》簡約版[18]與《面臨考驗的文明》。[19]兩本書確實都很有趣，皆是偉大的學說。

只是，我並不是那麼完全地接受他的想法。我有我自己的一套看法，並沒有因為湯恩比的學說而被破除。我雖然讚佩湯恩比的學說，但我並沒有要改變我的信仰。

特別是對日本的認識，令人無法接受的部分很多。西洋人在講述世界歷史時，一般來說日本的狀況幾乎被忽視。這大多是因為無可救藥的無知與自以為是所造成。與這些論調相比，湯恩比理論把日本當成另一個獨立的文明圈來處理（雖然是看成遠東文明的分支，而且與朝鮮綁在一起）。這已經勝過以往，但是他認為地球上現存的六大文明中有五個已經陷入衰退。日本文明圈也是其中之一。整體而言，只有西歐文明尚未進入解體期，健全的體質尚存。雖然日本文明現在還不會馬上消失，所以此一問題看來不怎麼重要，不過在性質上實在不是一種能激起我們勇氣的結論。

湯恩比理論具有難以說明的「巨大視野」。這裡所謂的「巨大視野」是指其思想的規模雄大。同時，毫無疑問的，就是尺度寬廣之意。對他而言，在地球的歷史、生命的

17 梅棹忠夫（著），〈文明的生態史觀序說〉（再錄），《中央公論》十月號，第七九年第十號，第九二四號，三四〇至三五八頁。一九六四年十月，中央公論社。

18 相當於大家所說的索麥維爾版的前半部。
Toynbee, A. J., A Study of History. Abridgement of volumes I-M. by D. C. Somervell, 1946, Oxford University Press.
以下是有日語版的部分
阿諾爾得．約瑟．湯恩比（著），蠟山政道、阿部行藏（譯），《歷史的研究》第一卷，一九四九年十一月，社會思想研究會出版部。
阿諾爾得．約瑟．湯恩比（著），蠟山政道、阿部行藏（譯），《歷史的研究》第二卷，一九五〇年十月，社會思想研究會出版部。
阿諾爾得．約瑟．湯恩比（著），蠟山政道、阿部行藏（譯），《歷史的研究》第三卷，一九五二年七月，社會思想研究會出版部。
以下是以合訂本的方式出版
阿諾爾得．約瑟．湯恩比（著），蠟山政道、阿部行藏（譯），《歷史的研究》（全），一九五六年五月，社會思想研究會出版部。
另外，索麥維爾版的第二卷，原著出版於一九五七年，日本語版在隔年出版。
阿諾爾得．約瑟．湯恩比（著），長谷川松治（譯），《續．歷史的研究》第二卷，一九五八年十月，社會思想研究會出版部。
正．續合成一冊之後，由長谷川松治翻譯，收錄在現代教養文庫（社會思想社）。

歷史的尺度上，最近數千年的歷史都不過是同一個時代。就這樣的看法而言，日本文明從十二世紀就已經開始進入解體期。

以這樣的尺度說明事物的話，我們會完全不知所措。例如，目前在天文學上，宇宙正以非常快的氣勢在擴大當中，我們似乎也無從對應。這或許是事實，只是在行動上並不具太大意義。一兩年期間的變動當然不是太重要，但是我思考著如果我們把宇宙的尺度稍微轉化成為人類的尺度，再用這樣的尺度來理解歷史跟世界的話，亦無不可。

在這裡，我並不打算批判湯恩比的學說。不同的專家會從各自領域的立場給予適切的批判。我只是在這裡把自己對這個世界的理解，宛如個人的第一號素描作品般，試著畫出來而已。

因此，本文雖然一開始就從湯恩比寫起，但是事實上跟湯恩比學說沒什麼直接的關係。只是，我認為湯恩比學說怎麼說終究是西洋人一般的思考模式。如果是東洋人、日本人的話，想法會稍微不一樣。

本文所寫出的看法，就像是早產兒般提早被生出來。儘管明知想法尚未成熟，但仍然寫了出來，此一動力歸根究底還是來自於湯恩比訪日的刺激。事實上，我把湯恩比學說和他的訪日，當作是來自西歐文明論的挑戰。雖然只是借用湯恩比理論裡的語言，但我還是特別以公開的「回應」為名參與了此一事件。

日本的座標

說到「關於世界」的時候，說的好像是極大的事情，然而事實上對於新世界的看法

阿諾爾得．約瑟．湯恩比（著），索麥維爾（編），長谷川松治（譯），《歷史的研究》〔I〕（現代教養文庫），一九六三年二月，社會思想社。
阿諾爾得．約瑟．湯恩比（著），索麥維爾（編），長谷川松治（譯），《歷史的研究》〔II〕（現代教養文庫），一九六三年七月，社會思想社。
阿諾爾得．約瑟．湯恩比（著），索麥維爾（編），長谷川松治（譯），《歷史的研究》〔III〕（現代教養文庫），一九六三年九月，社會思想社。
阿諾爾得．約瑟．湯恩比（著），索麥維爾（編），長谷川松治（譯），《歷史的研究》〔IV〕（現代教養文庫），一九六四年六月，社會思想社。
阿諾爾得．約瑟．湯恩比（著），索麥維爾（編），長谷川松治（譯），《歷史的研究》〔V〕（現代教養文庫），一九六四年十一月，社會思想社。

19 阿諾爾得．約瑟．湯恩比（著），深瀬基寬（譯），《面臨考驗的文明》（上．下），一九五二年二月，社會思想社研究部出版。而且，湯恩比的著書，除此之外還有很多，被譯成日文的著作也不少。

我們還沒有共識。對於南北美洲、澳洲、紐西蘭、南非等地區我們可作另外的思考。眼前，我們把問題限定在舊世界。也就是包含亞洲、歐洲及北非的地區。在這些區域裡，世界到底是怎樣的一個構造呢？

首先還是從與自己有切身關係的日本著手吧！要怎麼看日本呢？那跟怎麼看世界有著密切的關係。當前首要的課題是在現代世界的空間裡，決定日本所在位置的正確座標。

這裡的空間一詞，並不是放在物理學或數理地理學的意義來使用。如果是在物理學或數理地理學上定義的話，日本的座標不言自明。就在北緯幾度東經幾度。不證自明，沒有討論的餘地。

日本是東洋之國這樣的說法，可以看作是針對日本位置的一種座標表示法。在這樣的分類下，日本被歸類為東洋諸國的其中之一，在與西洋諸國的對比下說明了日本的位置。而且這把北緯幾度、東經幾度之類的定位概念以外的意義也包含了進去。因為所謂的東洋、西洋本來就是將文化概念放進去的歷史觀念。提供一個日本在歷史性及文化性空間中的座標。

東洋與西洋

但是，「日本是東洋之國」這樣的認定，無論如何，在內容上是不夠充分的。將近代日本面臨的問題，理解為東洋與西洋，或是東洋文化與西洋文化互相糾葛的觀點，在以前就已經被提出過很多，但我並不採納。我認為那樣的座標軸設定有點過於單純。第一、日本是東洋的其中一國，就算日本文化是東洋文化的一種，那也只是告訴我們類別而已，並沒有提供測定種別的標準。除了日本不是一般性的東洋之外，日本和日本以外的東洋是何種關係，也不能不說明。如果仔細考察的話，或許會出現意想不到的不同。

第二、關鍵在於將世界分類為東洋和西洋本來就是無意義的事。如果是在腦海裡的單純思考的話，這種東洋和西洋的比較，真是完美地說明了世界。但是，事實上只是將不是東洋也不是西洋的部分遺忘了而已。例如，整個從巴基斯坦延伸到北非的廣大區域，那邊住著數億的人口，也就是所謂的伊斯蘭世界。那裡到底是東洋還是西洋呢？西歐人或許把其稱為東方，但是，實在無法想像那兒是與我們同樣意義的東洋。真的到那兒看過之後，我們嗅出其中很多的要素都含有西洋氣味。但是，如果把伊斯蘭世界也視為西洋的話，西歐的人肯定會覺得很奇怪吧！

東洋、西洋的說法，用來表示籠統的位置和內容時，是一種非常便利的說法，但對於想要建立稍微精確的議論，完全沒有幫助。我認為那樣的表示法沒有辦法標示出日本在世界上的位置。

近代化與日本文化

追本溯源，形成日本文化的各種要素，大致來說，當然是東洋型的。雖然屈就於不知所以然的方便而用了「東洋」一詞，但是如果稍為精確些的話，用「遠東」或許更好。亞洲大陸最東邊的各個地區有非常多共通的要素。當然，日本特有的東西也不少，但如果要追溯其本源的話，大都還是要回歸到大陸。湯恩比將日本文明看作是以中國為中心的遠東文明分支的觀點，不是沒有道理。只是，佛教關係及美術關係的要素是由更西邊傳來，那是從印度穿越中亞細亞遠渡而來。

如果只是依此確定日本的位置還算容易。在東洋之中，理應可以更精確地確認日本與其他東洋國家之間的「種差」（specific difference）了。然而，只要關係到日本，麻煩的事情就會產生。現代日本文化形成的諸要素中，從西歐傳入的事物非常多。明治以來伴隨日本的近代化，這些要素如波濤滾滾般湧入，到了令人無法忽視的地步。如何看待此一問題，我認為這是論述現代日本文化的重要關鍵。

也有人主張變化只是表面，在本質上，西歐型的事物一點也沒有影響日本，不過那是強詞奪理，事實並非如此。現代的日本文化與明治以前的日本文化明顯相異。

另外，湯恩比把日本看成是改變信仰者。稱日本是從遠東文明的信徒改變為西歐文明的信徒，這又有點強辯。日本非西歐的文化要素依然很多，還沒有到改變信仰、而將過去殘留的神龕盡皆打破的地步。

加藤周一稱此為雜種文化。我認為這是非常好的說法。日本文化不是將西洋文化的輸入品拿來嫁接枝葉而成，可以說是從根本開始就是雜種。[20]

20　加藤周一（著），《雜種文化—日本的小小希望》（百萬叢書），一九五六年九月，講談社。

這是非常完美的一種座標表示法。我覺得這種想法很新穎。但是，在與其他國家相比較時，這樣還是不能將日本的特徵清晰地表現出來。日本與中國和印度等國雖然好像很不同，但如何不同呢？他們的文化為什麼沒有雜種化呢？雖然從西洋文化流入的歷史來看，他們更應該雜種化才是啊。

系譜論與機能論

到目前為止的想法，全部是以文化的根源來表示日本的位置。或是以文化形成的個別要素及其來歷來表示現在的狀況。加藤的雜種文化論，就像其題名所示，以血統論來勾勒文化問題。我想，在此導入文化機能論的觀點，反而可以使討論的焦點更加清楚起來。也就是說，各種文化要素如何相互組成，如何發揮功能等的說明。

這與素材由來的問題完全無關。以建築為例來說，談論各種木材是吉野杉或花旗松，這是系譜論的立場。談論完成後的建築是住宅或學校，則是機能論的立場。這不是討論文化素材的問題，而是討論文化的設計問題；如果更明確地說，是生活主體（也就是作為文化傳承單位的共同體）的生活樣式的問題。

如果舉其他例子說明的話是這樣：把一個共同體（例如國民）持有的文化比喻為箱子。討論文化素材的系譜就如同是討論箱子的顏色。如果是機能論的話，就是討論其大小跟形狀。再用其他例子說明的話是這樣：將共同體的文化比喻為積木。也許每一個積木有不一樣的顏色。但是，用積木堆起來的建築物形狀和大小，與各個積木的顏色沒有關係。

高度文明國家・日本

將現代日本文化的組成要素分解剖析後，即使弄清楚其各自的系譜並加以分類，也沒什麼價值。因為那樣並無法明確地抓住日本文化的特徵。

那麼，我們不妨暫且擱置文化素材的問題，以求探討現代日本文化整體樣貌的設計方法和日本人生活樣態的特徵。事實上，這是極為簡單的事，我認為就是高度的文明生活。如果要用湯恩比式的文明分類矇混過去的話，那就稱其為近代文明也就可以了。在此，雖然是重複的說明，日本文化的材料來自何處不是問題，問題在於材料的汲取方式。雜種還是純種的問題暫且不論，現代的日本文化是高度近代文明之一，這一點毫無疑問。

戰前常常聽到「文明國」這個用語。到了戰後卻大多只聽到「文化國」，不再提到文明二字到底是什麼原因呢？是因為戰敗而覺得顏面盡失，而將「文明國」之名退回了嗎？但是日本即使戰敗，依然是高度的文明國家。某些部分甚至比戰前的文明度更高。

沒有必要逐一舉出文明的特徵，例如，巨大的工業力；還有遍布全國的龐大交通通訊網；完備的行政組織、教育制度；教育的普及、豐富的物質、高水準的生活；平均壽命提高、死亡率降低；發達的學問與藝術。

我一點也不認為日本的現狀是在理想的狀態。相反的，每天看到的盡是缺點，令人直想發牢騷。雖然已經可以完成微波通訊網，但是市內電話的發展卻很差。雖然有了鐵路，但是汽車道路的品質卻很不好。雖然化學工業、造船、光學機械很了不起，但是工作機械的製作卻不行。雖然有了數百所大學，卻只有微薄的研究費。即使有如此高低不平的現象，不過整體來看的話，毫無疑問，日本人的生活樣式仍然屬於高度的文明生活。

第一區域與第二區域

我認為這是思考日本的現狀及未來時，必將成為所有基礎的事實。沒有把這個事實考慮進去的日本文化論都不具意義。另外，不管是怎樣的變革，我們可以思考的惟有使文明更加前進才是唯一的方向。文明正是我們賴以立足的基點，也才是我們應該守護的傳統。

此一事實，與日本是高度資本主義國家是兩回事。資本主義國家不一定都可以成為高度文明的國家，也不能說像日本這樣的高度文明國家就不會成為社會主義國家。

然而，實際上的問題是不管體制如何，在舊世界裡成功地實現此一文明狀態的國家，仍是少數。當然也有部分實現，或者是與此狀態接近的地區，但是，以國家為規模整體成為高度文明國的地方，只有日本及位於地球另一邊的西歐幾個國家而已。在文明度上，與其餘的中國、東南亞、印度、俄羅斯、伊斯蘭諸國、東歐國家，仍有很明顯的距離。

在此，我將作為問題的舊世界一刀兩段分成兩個區域。各別取名為第一區域和第二區域。如果把舊世界比喻為一個橫寬的橢圓形。第一區域位於其東端與西端的最角落。特別是東端的部分似乎更小些。第一地域以外，橢圓形剩下的所有部分則是第二區域。第一區域的特徵是其生活樣式屬於高度的近代文明。第二地區的特徵則非如此。

近代化與西歐化

讓我們再一次回到文化素材的系譜論。日本得以將自己建設成高度近代文明國家一事，眾所皆知。這件事確實是令人有耳目一新的感覺。但是，如果要判斷這是日本近代化的結果，還是西歐化的結果，就會出現問題。

日本雖然成為文明國家，然而，不過就是全部模仿西歐。這樣的說法，在穿越近代化的過程中，宛如一種咒語，持續不斷地困擾著日本的知識分子。此一咒語，至今依然有效。但是，對於這種單純的血統論述，似乎不必看得太認真。整體的生活樣式依然是按照適合日本的模式所發展出來的，很難說是完全的西歐化。

我認為明治維新以來，日本的近代文明與西歐近代文明之間是一種平行進化的關係。剛開始時，日本因為起步落後沒有辦法，只能引進極為大量的西歐要素，在構成大致的設計圖之後，便開始自行運轉。也就是說，當然不是從西歐把東西買來就好。只要每次新的要素出現時，體系整體就會被修正，並且持續成長。新的要素有從西歐帶進來的，也有從內部努力修正改良而來的。即使是西歐也是同樣的狀況。例如，不可能一開始就有汽車、電視。這些新要素出現之時，以西歐型的對應來說，就會一邊修正舊體系，一邊想辦法繼續成長。新的要素有時從西歐各國出現，有時則從新大陸引進；又有如電視天線的例子，也有從遙遠的遠東——第一區域日本出現的情形。

總而言之，日本未必是以西歐化作為目標，至今依然如此。日本有日本自己的習題。只是，由於西歐諸國與日本之間有非常多條件相似的地方，使得兩邊各自走在平行並進的兩條道路上。在這前進的路途當中，硬要強調那一邊原來的要素比較多的系譜論，事實上，我覺得並沒有必要。

第一區域的比較

比較東西兩邊的第一區域在這一世紀中走過的道路，是令人非常感興趣的事情。當然，即使在第一區域之中，也各有些許不同。例如，英國與法國不同，法國與德國也不同。而德國與日本當然也不一樣。到目前為止，關於差異的樣態，我們似乎都會感覺到聽過更詳盡的說法。雖然存在著差異，但是另一方面互相又有極為近似之處，這在與第二區域的國家例如印度、俄羅斯等比較時就能清楚知道。特別是在距離上相距甚遠的日本與德國，幾乎走過完全相近的歷史道路。但仍然有所差異。兩者的差異主要根源於文化系譜的不同。

因為是大家都知道的事，所以應該也不用再詳細說明。例如，日德兩國戰後都是從廢墟中重新站起，並且展現了驚人的復興力道。戰爭中都在法西斯政府的指導之下，最後都成為敗戰國。再往前追溯比較的話，兩國都是後來才擠身列強之列，並參與殖民地的爭奪。兩國都是帝國。義大利的情況也相當類似。

英國、法國的情況雖然有些不同，但是整體而言，仍然與德國跟日本有明顯的共通點。這些國家，都進行過帝國主義侵略，而且都是資本主義國家。大戰中，互相分成敵我兩方進行戰鬥；然而奇妙的是戰後不管是勝的一方還是敗的一方，全部走向衰退的道路。怎麼看都沒有戰前的威勢。儘管如此，若以攀登喜馬拉雅山為例，完成海拔八千公尺級登頂的國家，全部都是屬於第一區域，這倒也是事實。

第二區域的特徵

第二區域果然就是第二區域，很多有趣的現象發生在第二區域。例如，第二次世界大戰後舊世界的情勢，一言以蔽之，就是第二區域的發展。從蘇聯、中國到印度、巴基斯坦，再從南斯拉夫到摩洛哥，有著各式各樣不一樣狀況的幾十個國家，可以一次全部綁在一起來說明，事實上，就可以證明第二區域這個概念的有效性。第二區域，與被稱為後發地帶的概念是相近的，但比起此一相對的曖昧說法，倒是清楚多了。

第二區域包含了許多在第二次世界大戰後獲得獨立的國家。這與第一區域在戰後沒有任何一個新國家獲得獨立的情況是明顯的對照。第二區域直到戰前，還有很多國家處於殖民地或是半殖民地的狀態。即使並非如此的國家，也遭遇到很多的難題，非常苦惱。第二區域在以前也曾經存在過幾個強大的帝國。如沙皇俄國，雖然也有過與帝國主義侵略類似行為的例子，然而，因為沒有資本主義為後盾，情況有些不同。第一次世界大戰具有將第二區域殘存帝國一掃而盡的作用。沙俄、奧匈、土耳其三大帝國全部崩解。

我們馬上注意到的是第二區域在這三十年間發生的革命次數非常多。如果要計算其中成功的獨立運動的話，真是令人驚訝的數字。其中，出現過有好幾次的浪潮。同時也包含了好幾種性質不同的革命。一種是由中國的辛亥革命為開端，及於數年前的埃及革命。孫逸仙、凱末爾・阿塔圖克、尼赫魯、蘇卡諾、納瑟等人的名字都在那裡並列。另一種是以俄國革命為開端的無產階級革命。中國、南斯拉夫追隨了其腳步。還有另一種則是東歐諸國以及北朝鮮的情形。

說到革命的話，第一區域在上述的三十年間，發生革命的國家一個也沒有。若要舉出幾個類似現象的話，只有因第一次世界大戰戰敗之後德國皇帝退位；及第二次世界大戰戰敗之後的義大利皇帝退位而已。當然，第一區域的各個國家都有過革命的經驗。只是在比較早的階段就已經完成了。英國最早，其次是法國，日本的明治維新是在義大利和德國的前後，羅列於此系列的最後。

這一部分在此這麼簡單地結束，或許會出現很多質疑，不過我們現在就暫且「捨小異，求大同」吧！

資本主義與革命

在作了第一區域與第二區域的區分之後，試著將其近代具有特徵性的事件進行排列比較。我未必是對歷史事件的演變，發生在不同的地方，但卻具一致性而感興趣。我是對潛藏於背後的兩個地區（共同體）的生活方式感到興趣。也許也可以稱作各個地帶的文化機能論的結構，或稱為社會的一般性構造。同時，相互之間應該能夠對應。

總之，我認為第一區域和第二區域的社會構造本來就有極大的差異。這些差異又各自在原有的條件下進行發展。屬於第一區域的社會因為互相具有共通點，在相似的條件下展現出相似的反應。屬於第二區域的社會也一樣。然而，第一區域的社會和第二區域的社會差別很大。

第一區域在現代經濟上的體制，自不待言，當然是高度資本主義。這些國家實際上掌握統治權的是資產階級。而這一體制的建立，全都透過革命方能取得。

所謂的資產階級因革命獲得實際的統治權，也正說明了在第一區域的國家裡，資產階級在當時早就具有相當的力量。革命以前，這一階級在這些國家裡已經長成。那在革命以前是怎樣的體制呢？毫無疑問是封建體制。封建體制培養出資產階級。這裡，我們可以看出第一區域在歷史上的明顯共通點，也就是說，所謂的第一區域就是曾經有過封建體制的地區。

第二區域正好相反。在第二區域，資本主義體制尚未成熟。至少至今成為高度資本主義國家的例子一個也沒有。在第二區域裡，革命之後招致的結果大概都是獨裁者體制。而革命以前的體制並不是封建制，主要是專制君主制或殖民地體制。在專制君主和殖民地體制的支配下，資產階級因此發育不良。

第一區域、第二區域的區別與革命以前的體制是不是封建制有很深的關係，這是很有意思的事情。也就是說，第一區域的各國並非僅在最近數十年間才是近代文明的建設時代，從更早以前的封建時代開始就已經在不知不覺中完成了平行進化的過程。因此，從這點也可以了解，明治以來日本文化的發展不過只是歷史法則必然的開展而已，不應該說這樣就是文明信仰的改變或西歐化。再說一次，這些不過是對文化素材的原產地的吟味咀嚼，與這些組成素材的構築物本身存在與活動的功能沒有關係。

封建制的比較史

封建時代歷史的比較研究，有不少先行研究的累積，已經存在著相當詳細的研究成果。[21]日本封建制與西歐封建制的歷史，實際上顯示出相似的平行現象，此一事實，已經是歷史學家之間的常識，這使得我們的討論比較容易。當然，日本的封建制與德國的封建制之間有所差異，但這方面倒是可以捨小異而求大同。這樣的情況一旦與第二區域作比較就能清楚起來。位處第二區域的中國、印度、伊拉克等地，甚至蒙古的草原地帶，也都可以看到在不同的時代，存在過歷史上同樣被稱為封建制的現象，但我認為那不過是外表看起來類似而已。這是否也可稱為封建制呢？這取決於對封建的定義，就實質的內容而言，第一區域型由資本主義體制帶頭，並且培養出資產階級的封建體制，這與第二區域的封建制內容明顯不同。

21 例如 COULBORN, R. (ed.), Feudalism in History,1956, Princeton University Press.

在第一區域的各個地方，如果承認了其封建制平行發展的現象，再就其應用問題而言，在封建時代或其前後，可以從很多的社會現象篩檢出第一區域內平行發展的現象。例如宗教改革的現象；中世庶民宗教的成立；然後，市民階層開始出現；基爾特（Guild）的形成；一連串自由都市群的發展；海外貿易；農民戰爭等。這些全部都是日本跟西歐曾發生過的事情。我想關於這些現象的細節部分，改日有機會再慢慢如同學習世界史般探討。這裡就暫且不再深入討論了。

封建時代的後半期，第一區域的東部和西部發生了相當不同的狀況。原因是日本在這個時期實行了鎖國這種奇妙的政策。因此，分布在東南亞一帶的日本人殖民地的據點沒有辦法持續發展，後來就完全消失了。無法像印度的果亞（Goa）、本地治里（Pondicherry）、加爾各答一樣，成為殖民地據點。這使得日本的亞洲侵略與殖民地化的動作，晚了兩百年以上，日本封建制的崩壞也隨之延後。由於透過貿易和殖民地經營蓄積龐大財富的時期落後，所以阻礙了資產階級的成長。

作為殖民地的經營者，第一區域西邊的英國、法國完成的任務，在東邊理所當然應該由日本來完成。把從殖民地得以賺取高額利潤的條件考慮進去的話，如果沒有鎖國政策，日本或許早在明治時代以前就已經完成獨自的產業革命。也可能很早以前就在印度一帶就與英國進行決戰。不過，第一區域的東西決戰一直延後到第二次世界大戰才進行。對決的結果，雙方都受到猛烈的打擊，只能被迫變更各自的方針。

專制帝國的比較史

即使在第二區域內，當然也應該有一些平行進化的例子。我並不知道這樣的現象是否有被研究過的例子，或許此一主題不像第一地區封建制的平行發展一樣受人矚目。然而，我認為關於沙皇的俄國、清帝國、蒙兀兒帝國、蘇丹的土耳其等，曾在第二區域並存過的龐大專制帝國社會史的比較研究是極好而且有趣的題目。稍微想一下似乎就可以找到幾個平行現象的例子。例如，燦爛輝煌的宮廷，廣大的領土，複雜的民族構成，邊境問題的存在，沒有殖民地但是擁有藩屬國，無知與貧乏的農民，威權的地方官，擁有龐大土地的地主，以及例行的腐敗與反覆的崩解。然後還有因為淪為第一區域諸國的殖民地而被引發的平行現象。朝鮮半島和中南半島的比較；李氏王朝與阮朝保大帝；同化政策；殖民地知識階層的形成及其動向等等。因知識淺薄，雖然有可能被嘲笑，我還是寫下了上述有助於我未來學習計劃的備忘錄。

生態史觀

要是我想要專攻世界史的話，可能會被這樣說：雖然在歷史學上有日本史、東洋史、西洋史等領域，但並沒有所謂的世界史領域。像我這樣處理歷史，簡直是就跟外行人講話沒什麼兩樣。這實在是不得已的事。不過，根據某些歷史學家的看法，像湯恩比那樣說歷史也不能稱為歷史學家。另外，我也聽過湯恩比學說與白柳秀湖[22]的史論在本質上是沒什麼不同之類的批評。這讓我感受到一種安心感。雖然不是歷史學家，但是仍然可以研究歷史。

我之所以想要研究世界史是因為想要知道人類歷史的法則。而現在嘗試的方法是透過比較，找出歷史中的平行進化。然而，實際上，在我腦海中，理論的雛型在於生態學理論。[23]

在此，不如換一個用語比較好。進化這個詞，確實具有血統性、系譜性的意義。這並非我的本意，我的意圖在於探討共同體生活樣態的變化。如果是這樣的話，就是生態學中所謂的「消長、演替、遷移」（succession）。進化是比喻，但是消長不是比喻。消長理論是在某種程度上成功地了解到動物、植物等自然共同體的歷史規律，人類共同體不是也同樣可以用消長理論為模型，釐清某種程度的歷史的規律嗎？

文化要素的系譜論，說到森林的話，就是樹種的系統論。而生活樣態論的話，首先在於討論是否為森林，如果是森林的話，那麼是那一種型態的森林，樹種是什麼並不重要。有的森林被稱作落葉闊葉林，有的被稱為常綠闊葉林，只是單一同種的純林是非常少的。雖然相互混雜在一起，卻是在同一個生活樣態（建構出的生活型共同體）之下，而建立出了植物生態學。否則就只要有區系地理學就足夠了。然而，如果我們認同基於一定的條件，共同體生活樣態的發展會隨著一定的規律進行，消長理論便能成立。

22　譯者註：白柳秀湖（一八八四至一九五〇）日本的小說家，社會評論家，歷史家。

23　關於生態學理論，例如有今西錦司等編「生態學大系」（全六卷，但還有一部分尚未刊行），古今書院等。特別是，關於植物的變遷等等，刊於其中的第一卷。參照沼田真編〈植物生態學Ⅰ〉，一九五九年四月，古今書院。

人和植物畢竟不同，所以未必會有一樣的前進路線。這是我的研究假說，說不定有成功的可能，所以想要做做看。說到人類生態學就會想到芝加哥的社會學者們創造出來的大量簡易住宅[24]，雖然給人添麻煩，然而，由於各式各樣人類生態學的存在，也有機會提升至更高層次的哲學層次。此一假說如果成功的話，那會是一種有力的歷史見解，可能成為一種史觀。生態學的史觀，就簡稱生態史觀吧！

進化史觀與生態史觀

將舊世界劃分成第一區域和第二區域，兩種地帶各自具有自己獨特的消長類型，彼此不同。這是我至目前為止寫到的內容。舊的進化史觀認為進化是一條單行道，不論怎樣最終總是到達相同的目標。現狀的不同，只被看作到達目標的發展階段不同而已。實際上，生物的進化未必如此，然而適用於人類的進化史觀，卻是如此。如果參照生態學觀點的話，道路當然有好幾條。在第一區域與第二區域裡，各個社會各自發展形成不同的生活樣態，並非不可思議。

在這裡，沒有餘力深入說明生態學的基礎理論。總而言之，消長現象的發生是行為主體與環境相互作用長期累積的結果，先前的生活樣態無法完結所有的生活內容，只好轉變為下一種生活樣態的現象。稍微複雜一點的說法，就是主體、環境系統的自我運動。條件不同的地方，運動的規律與法則自然不同。

如果要以生態學理論作為模型的話，還有消長發展到極點的極相（climax）問題；競爭及合作的問題等。當然還有很多不得不檢討的問題，但那只能留待其他機會再來進行，現在稍微就歷史的部分再作探索。

古代帝國

第一區域和第二區域的差異，一般的說法認為是第一區域進入封建時代以後，但是，根據兩方共同體的歷史，事實上，在封建時代以前就開始有差異了。讓我們試著把第一區域、第二區域這樣的觀點追溯到古代史看看。

在古代史起源之時，第一區域完全不成為問題。當第二區域繁榮興盛的古代文明綻

---

24 例如，R. E. Park, E. W. Burgess, R. D. Mckenzie 等的美國都市社會學者們，已經從一九二〇年代發表了很多關於「人類生態學」的研究。關於這些批判性的展望，可參照 M. A. Alihan, Social Ecology - A critical analysis, 1964, Cooper Square Publishers. 等。

放出燦爛的光芒時，第一區域還只是介於能到達或不能到達之間的邊境地帶的其中之一。日本民族和日耳曼民族的古代，樸素至極的樣態，眾所周知。第二區域則在很早的階段就已經建立壯麗的古代帝國，經過一段時日之後，終於第一區域也建立了規模極小的模仿國家。在東邊的第一區域建立了仿效隋唐帝國的日本律令國家；西邊的第一區域則有仿效羅馬帝國建立的法蘭克王國。希臘、羅馬的地中海文明常常被看作是西歐文明的前身，但我不認為是這樣。那其實是第二區域東部的古代中國在西部的對應物。近代義大利雖然隸屬第一區域，但並非羅馬帝國的後繼者。

之後，第一區域和第二區域各自走向截然不同的道路。第一區域經過動亂之後建立了封建制，然而，在第二區域，井然有序的社會體制並未得以發展。第二區域的各個地方出現了若干的巨大帝國，只是陷入了建立之後崩壞，崩壞之後又再建立的循環。

破壞力的根源、乾燥地帶

東跟西兩部分相隔遙遠的第一區域，為什麼能夠像約定好般循序漸進地一路發展過來呢？在問這問題以前，讓我們先反思，為什麼佔據大陸主體的第二區域，沒有辦法像第一區域一樣循序漸進地得到發展呢？這又是另一種類型的生態學應用問題。

讓我們想想看，舊世界包括了歐亞大陸及非洲北部，這一廣闊陸地的自然生態學構造。相當顯著的現象是，從東北斜向西南，橫貫整個大陸的廣闊乾燥地帶。那裡不是沙漠、綠洲地帶就是草原。而與此相鄰的則是森林草原或熱帶大草原。

古代文明大多約定好似的，在乾燥地帶的正中央或沿著熱帶大草原的邊緣建立其根據地。尼羅河、美索不達米亞、印度河等河谷當然如此，甚至連黃河、地中海實質上也是如此。恐怕是為了開墾及水利問題。之後，第二區域出現了若干的大帝國，然而，無論哪個帝國都依然無法擺脫此一特性。拜占庭、俄羅斯、印度全部都是如此。東南亞和西伯利亞的森林地帶成為文明的歷史舞台是相當晚近的事情。甚至在中國，華南地區也是到了近世才得以發展。

乾燥地帶是惡魔的巢穴。從乾燥地帶的中央部出現的人類集團，為什麼可以展現那麼強烈的破壞力呢？我雖然是以遊牧民的生態為題開始我的研究者歷程，但是至今對於此一現象的生成原因仍無確切的答案。總而言之，從很久以前開始，反覆過好幾次，非常殘暴狂亂的一群人，從乾燥地帶出現，像暴風雨般地席捲文明世界。此後，文明每每受到致命無法痊癒的重大打擊。

遊牧民族是這一破壞力的主流，雖然他們提供了模範，但是行使破壞力的不只是遊牧民族而已。後來，甚至圍繞著乾燥地帶的文明社會當中也出現了猛烈的暴力。北方的匈奴、蒙古、通古斯；南方的伊斯蘭社會，都是暴力的源泉之一。

第二區域的歷史，大致上是破壞跟征服的歷史。王朝只有在能夠有效排除這些暴力時，才能順利地達到興盛繁榮。在這種情況之下，不知什麼時候可能會遭受到又一次的暴力襲擊，所以隨時都要有迎戰的準備不可。這樣難道不是生產力的大量浪費嗎？

雖然是非常單純化的結論，但是第二區域的特殊性歸根究底就是如此。亦即，不斷重複的建設與破壞。因此，就算在一段時期可以建設出繁榮的社會，然而在內部矛盾累積激起新的革命之前，成熟社會終究無法完成。這一片土地的根本條件就是如此。

進入近世以後，遊牧民的暴力第一次被鎮壓，第二區域的四大帝國，中國、俄國、印度、土耳其於是建立了起來。諷刺的是，剛好從這個時候開始，第二區域又面臨從沿岸的森林地帶出現的新的暴力，亦即第一區域侵略性勢力的挑戰。結果上，第二區域的革命性變革，到了本世紀（二十世紀）才因第一區域的壓力而完成了和第一地區不同意義的變革。

自發性的消長

第一區域的特徵已經清楚起來了。這裡是得天獨厚的地區。地處中緯度溫帶；有適度的雨量；生產力高的土地；原則上森林佔了大部份的面積，技術水準較低時，很難像乾燥地帶那樣成為文明的發源地；技術達到一定程度的階段時，又不像熱帶雨林般難以對抗。更重要的是這裡位處邊緣，來自中央亞細亞的暴力大致上無法及於此地。而當差不多將面臨暴力威脅時，卻已經蓄積足夠對抗的實力，這對此一地帶而言實在是幸運的事。德意志騎士團在東普魯士迎戰成吉思汗、旭烈兀汗的軍隊之時，日本武士團在北九州擊敗了忽必烈汗的軍隊。西方第一區域的邊界線是東歐，相對於東方第一區域的邊界線則是朝鮮海峽。兩方邊界線的外側，最後都沒有遭受到蒙古軍暴虐的蹂躪。其後，土耳其帝國對西歐的挑戰，也在維也納攻防戰中被擊退。

總之，第一區域就像徹底避免來自第二區域對其攻擊與破壞的溫室。我認為第一區域的社會好像放置在溫室中的箱子。因為處於條件優渥的地方，安適地成長之後，經過幾次的蛻皮蛻變，直到今日。

如果套用消長理論的話，第一區域的確是好好依照順序進行消長的地帶。根據這點我們可以理解，此一區域的歷史主要是透過來自於共同體內部的力量而展開的。這就是所謂自發性的消長。相對而言，在第二區域，歷史毋寧是來自共同體外部的力量促使其運轉的情形比較多。如果說消長的話，這就是他發性的消長。

「過更好的生活」

我們時而將歷史往前追溯，時而將歷史往後推移，最後，讓我們重回到現代文明的問題。然後，再來思考看看第一區域、第二區域各自所必須面對的現代課題。

在這之前，先對以下兩點略作說明。第一、現代所有人類共通的願望是什麼？如果這樣的願望存在的話，那必定就是「過更好的生活」。提出此一說法的話，大抵對任何人都有說服力，並且可以驅使人們有所行動。在某些國家中，宗教仍具有相當強的力量。即使如此，從全體來看，對「心的平安」的願望已經無法成為「更好的生活」的願望的競爭對象了。生活水準提昇這件事，現在，不管是對處於相對高水準的第一區域的人，還是對處於相對低水準的第二區域的人而言，都是大家共同的渴求。

第二、文明的要素是可能移植的。這是一開始在討論日本近代文明的開端時已經說明的事。因為此一性質的存在，所以第二區域的人們才可能全都對明天懷抱著「過更好的生活」的希望。

文明的要素從哪裡來無關緊要。導入必要的要素，再組合出自己的風格即可。猶如日本之前做到的一樣，需要的是技術而非精神。

然而，我們已經明確地知道，日本近代化的歷史對現今方才甦醒的第二區域的社會而言，並不是太適合的榜樣。因為狀況並不相同。主要是當來自西歐文明的諸要素被大量帶進日本時，日本已經擁有自己的司機。這些就是在封建時代中被育成培養、並經革命而得到解放、充滿能量的資產階級者。即使只是把西歐的技術帶進來，但是日本人自己創造出與西歐近似的、支撐此一技術的近代市民精神。所以，西歐的人們將近代文明傳授給日本時，或許有人擔心會有很嚴重的事情發生，然而，結果並沒有發生什麼奇怪的事情。的確，只是在西歐發生的事情，在日本也發生了而已。

第二區域的社會主義

這一次是不相同的。第二區域的社會沒有過封建制度的經驗。在那裡，缺乏強而有力的資產階級。而且今天有為數龐大的群眾希望能夠「過更好的生活」。在那裡，革命強力地推動，為了讓生活水準的提昇更有效率地進行，擁有強力領導者的政府，取代了資產階級所擔負的任務。現在，第二區域正在進行的共產主義或是社會主義型的建設，即是如此。雖然是有點矛盾的說法，第二區域的共產主義、社會主義不是正在努力想完成第一區域已經完成的高度資本主義的任務嗎？

毫無疑問，第二區域的人們生活水準的提昇，清楚可見。但是，這一回，文明是否能夠像在第一區域一樣地被運轉，就不知道了。總覺得會有什麼非常奇怪的事情，或第一區域意想不到的事情發生。例如，所謂的人海戰術等，就是很好的例子。

經歷過封建制社會的人們與未曾經歷過封建制社會的人們，行為模式、思維方法到底有那些不同呢？雖然不是太清楚，但是總有這樣的感覺。經歷過封建制社會的這一方，一般來說個人的自我意識進步，與其相較，未曾經歷過封建制社會的這方，個人的存在方式則更具集團主義性，這兩者的差異真的存在嗎？因為也沒有個性調查的相關材料，所以未能更進一步的瞭解，然而，我認為這個問題在文化人類學或者是社會人類學上，將是今後的一大課題。

四大帝國的亡靈

讓我們稍微進一步思考第二區域的現狀和未來。按照前面所討論的，所謂的現代，一言以蔽之就是第二區域的發展期。而且很可能還會有革命的浪潮相繼而來，持續以強大的力量向近代化、文明化的方向邁進。人民的生活變得輕鬆，與第一區域人們的生活趨於接近。只是到底會怎樣呢？

即使生活水準提昇，鄉里也不會消失。每個共同體都是以作為共同體發展而來的，沒有解除共同體的可能。第二區域本來就是由強大的帝國與其衛星國家所構成的地帶。帝國雖然垮台，支撐帝國的共同體依然全部健在。如果在內部充實發展的情況下，這些共同體不會各自發動自己的擴張運動，這種事有誰能夠斷言呢？事實上，我們在第二區域的各地都可以觀察到類似擴張運動的徵兆。

我認為第二區域將來有相當大的可能會分成四個並立狀態的巨大區塊。亦即中國區塊、蘇聯區塊、印度區塊以及伊斯蘭區塊。每一個區塊確實都不是帝國。但是（在這裡容我套用湯恩比先生的用語，雖然有點背叛我的自尊心）在那裡不可能有那些他們曾經隸屬、但被革命所破壞的、昔日帝國的「亡靈」嗎？分別是清帝國、俄羅斯帝國、蒙兀兒帝國、以及蘇丹的土耳其帝國的亡靈們。

倘若變成那樣時，其他位於第二區域內的眾多小國，以及在巨大亡靈周遭被納入其區塊的多數異民族，這些人們會怎樣被對待呢？這些在我們這種位處第一區域，以單一民族所形成的共同體而言，完全沒有問題。那是他們第二區域的人們要面對的課題。

商業

第一區域的課題是什麼呢？殖民地已經失去。雖然英國和法國依然緊抓著殖民地不肯放手，但那實在很難看，不體面啊！總有一天，非得乾淨地徹底放手的時候一定到來。那麼要怎樣才能維持高水準的生活，且更進一步在未來獲得「更好的生活」呢？如果按照目前被允許的規則進行的話，除了商業這條路之外沒有其他。就這一點而言，相對於英國和法國，日本和德國的做法是令人自豪的。因為這兩國完全是用公平的方法身處其間，並且獲得好處。

說到商業行為，馬上又要提到第一區域和第二區域的相互關係的話題。商業是複雜多樣的，第一區域內各國相互之間的關係也是如此。關於日本加入聯合國一節，日本與亞、非洲集團之間的關係，還有與自由主義各國之間的關係都成為問題。這些都是重大的議題，不過請容我們在其它機會討論。在這裡我們只止於提示理論的輪廓。另外，例如第一區域內的社會主義問題；又如第一區域內的官僚制與其必須克服的問題；又如，共同體構造的集中與分散等；當然，其他還有很多尚待論述的問題。特別是關於第一區域的現代性課題幾乎沒有論及。日本的課題也是，因為有點太過接近現實，全部留待其他的機會再做論述。

最後，稍微提一點內部消息。去年（一九五五～五六年）我以京大探檢隊員的身份走過興都庫什山脈。歸程時，從阿富汗經過巴基斯坦、印度回到日本。在這裡所描述的是自己在當地便逐漸開始形成的想法。當時，與西歐出生的美國人歷史學家，哈佛大學的赫伯特・F・舒爾曼博士一直邊旅行邊討論，這真是難得的機會，對我來說助益良多並且得到很多的啟發。回到日本之後，京都大學人文科學研究所法國革命研究班的研究者們聽取了我的大綱報告，獲得不少指教。但是，並不表示我的理論就受到支持。特別是受到哲學者上山春平與地理學者川喜田二郎非常多的批判與教導。在此，我必須對這些學者們表達謝意。對我而言，尚未到西歐及東歐做實地踏查是我目前最大的弱點。期待儘快有機會實現到當地進行研究調查。

（一九五七年二月）

新文明世界地圖——比較文明論的探索

解說

〈新文明世界地圖〉與之前的〈文明的生態史觀〉書寫完成的時間幾乎在同一時期，也就是一九五六年的年末。雖然〈地圖〉一文比〈史觀〉稍晚完稿。但是，因為原稿延誤，原本預計在正月號刊登的〈史觀〉挪至二月號刊登，所以〈地圖〉一文的部分原稿反而先行印刷出版。到〈貴族與庶民的分布〉為止的前半部分，刊載在《日本讀書新聞》一九五七年一月一日號。〈家族與超家族的分布〉之後的後半部分[1]，則刊載於同年二月四日號。[2]

1 梅棹忠夫（著），「新文明世界地圖」，《日本讀書新聞》第八八一號，一九五七年一月一日。

2 梅棹忠夫（著），「新文明世界地圖」（續），《日本讀書新聞》第八八五號，一九五七年二月四日。

〈史觀〉與〈地圖〉在內容上有互補關係。首先以〈史觀〉一文鋪陳理論架構的設計，再用〈地圖〉一文試著將此一理論架構以更具體的形式擴大發展。〈地圖〉一文加上「比較文明論的探索」為副題，是因為我寄望有系統地將比較文明學建立起來，事實上〈文明的生態史觀〉也是為此而做的基礎工程之一。

這個期待至今依然持續，本卷（《著作集》第五卷）第一部最後收錄的〈比較宗教論的方法論備忘錄〉，正是在此延長線上衍生出來的論文。只有構想，完整具體的內容未曾成形，因此覺得非常慚愧。不過在構想上除了比較宗教論以外，還有比較教育論、比較商業論、比較農業論、比較革命論、比較家庭論等等，將在日後陸陸續續進行深入探討的計畫，都在寫下〈地圖〉一文時就已經存在腦海中。〈地圖〉可以說就是此一廣大未開發地帶，最初，同時也最簡單的草圖。

生活結構的幾種類型

研究人類行為的學問有很多類別，然而卻沒有所謂的文明學。這是為什麼呢？文明學的工作在於掌握現代文明的動向，進而考察人群的存在狀態，成為改善生活的指針。材料並不是沒有。我們每天的生活經驗本身就是研究的材料。甚至可以說材料多到過剩。也因為這樣，或許不容易看得清楚。無法運用一般科學的分析方法，不得不完全以統合與洞察作為武器。現今的階段，文明的研究只是「文明論」或是「文明批評」，或許還未到「學」的水準。

安德烈．齊格弗里德是非常優秀的現代文學批評家之一。他的著作《現代》一書，準確地掌握了二十世紀文明的方向，內容饒富趣味。[3]

齊格弗里德的手法，就是日常體驗的統合與洞察。作為生活於現代文明之中的人類的一份子，從人類群體最近的動向中，感到一種危機感。

但是，以此思考人類文明的現代面貌，會出現一些麻煩。例如，現代是「家事合理化的時代」。一方面這雖然是事實，但是另一方面，現代又是即使想要家事合理化也做不到，因而感覺到極大困擾的龐大民眾存在的時代。也就是說，雖然稱為現代文明，但

3　安德烈．齊格弗里德（著），杉捷夫（譯），《現代：二十世紀文明的方向》，一九五六年六月，紀伊國屋書店。

是在地球上的各個地方，因為狀況完全不同，很難一概而論。

在美國、西歐及日本這些國家，齊格弗里德理論可以勉強適用，但只是一種地方性的局部現象，沒辦法當作現代世界的一般文明論。事實上，以齊格弗里德對其他地區的文明批評為例，看了他的《印度紀行》一書之後，發現問題及說明的方法也完全不同。[4]他總用一貫的方法而忽略了地區性的比較，我覺得這是齊格弗里德文明論的致命缺陷。

文明論的材料看起來俯拾皆是，這是因為只抓住問題的地方性去探討而已。一旦想要嘗試進行世界比較文明論展望之類的研究時，馬上就會感受到材料的不足。未走遍全世界，只是稍微讀點書，拼湊一些微小的知識，是不會有太大幫助的。因為所謂的文明，就是與那塊土地的居民一切生活結構的形式設計相關之事。

在此，從這樣的觀點出發，對我而言，雖然是不太可能處理的難題，不過還是特別舉出幾個現代世界問題點，用來試著進行比較文明論的探索。

首先，現代文明在世界各個不一樣的地區，是怎麼樣逐漸確立其地位呢？難道不能作出簡單的類型分類嗎？因為還未有完整齊備的近代各國社會狀況史，很難作出精密的研究。然而，如果是研究假說的話，從歷史跟現代文明的關聯開始，姑且嘗試建立以下幾種類型。

傳統與革命的分布

現代文明作為實存共同體的新生活態度乃至於生活形態，開始產生問題當然是工業革命以後的事。無論在那一個共同體，多多少少會與舊的傳統產生矛盾，非得相互對決不可。我認為根據個別的對應方法，清楚地表現出兩種類型。不論那一方面的情況，雖然都伴隨著稱為革命的激烈社會秩序的變革，但其變革前後的接續情況，總有很大的差異。第一種類型包含英國、法國、德國等西歐國家以及日本。第二種類型則有俄羅斯、中國、印度、土耳其四大帝國，及其周邊的多數小國。

在第一類型當中，因革命引發社會變革的程度相對來說較小。這毋寧可以看成是一種伴隨著有機體成長，必然附隨而來的蛻皮過程。具體地說，這些在封建制度基礎下所

4 安德烈・齊格弗里德（著），本田良介（譯），《印度紀行》，（岩波新書青版一九八），一九五五年三月，岩波書店。

養成的資產階級，由於掌握了支配權力，自然會謀求建立資本主義體制的文明形式。在那裡，我們可以一方面看到透過革命而發生的巨大變革；另一方面又全都意外地保留了過去傳統。例如，即使從表面的現象來看，前面所舉出的四個國家，革命後也毫無例外地全部保留了帝國體制。法國在革命的末期，甚至到最後將國王處死，但是，馬上又出現了拿破崙皇帝。在那裡，依然有爵位，有家族主義、有古典教養的繼承。因此，在那裡傳統主義有存在的空間。

第二類型的情況則相當不同。其發生變革的時間相當晚，但是卻更加激烈。皇帝或者是帝國主義的支配者全部都被驅逐，由新型且強大的愛國獨裁者來領導共同體。在那些地區，革命總是伴隨著悲慘的內戰或分裂，依情況而異，經常無法一次完全解決，總要經過幾次反覆激烈的動盪後，才能清算過去並且開創未來。這與其說是伴隨著從內部成長而來的蛻皮，還不如說是對從外部世界世界急速逼近的近代文明壓力，有機體拼命適應的一種新生。近代化常常以猛烈的速度大力推行。也有先進資本主義諸國在某些領域，會出現被超越的情形。

開拓者與原始林的分布

近代文明與傳統的對決，還在另外一個完全情況不同的場所展開，那就是新世界。新世界沒有傳統。他們遇到的唯一對傳統的抵抗，是其出身地母國的傳統，也就是深植在他們身體裡面的舊世界的教養傳承。移民們的共同體，為了進入文明生活，只要脫離舊傳統就可以。雖然脫離舊傳統肯定會伴隨相當的摩擦，但是，無論如何，相繼產生新共同體的地方超過二十餘國。令人覺得饒富興味的是這些國家的出現，都是在舊世界通過蛻皮痛苦的前後。新世界的住民們對文明態度的特徵在於：一方面對新生活樣式的可能性寄予無限的希望與信賴，但另一方面又對舊世界的傳統抱持著某種莫名的情結。也就是說，那是一個對傳統無知，卻又意外保存了傳統的地區。

然而，實際的現狀又是怎麼樣呢？在北美洲，開拓者們在不毛之地，從無到有將文明建設起來。他們對抗的對手，不是傳統，而是自然。而且，這個自然與其說是可怕難以對抗的粗暴的自然，倒不如說是給予恩惠、導引他們走到成功之路的自然。於是，美國成為令人無法企及的文明國家。

中南美洲的情況又大不相同。只是到底是開拓者的性質不同，還是環境的性質不同呢？也可能兩種都不同。中南美洲至今仍是文明與原始森林比鄰共存的世界。世界上大規模留下的真正原始自然地區，只有中南美洲而已。與此相比，亞洲和非洲在近代文明以前，人類的歷史已經踩平自然。但是中南美洲仍然是世界文明的處女地。

工業與技師的分布

所謂的現代文明，就是以工業革命以來逐漸發達的大規模生活形式為中心重新設計改造的一種新的人類的生活樣態。成功實現的地區，地球上有三個地方——當然就是西歐、日本和美國。這些地方是世界的工廠地帶，同時也是工業地帶。如果不以工業為中心思考的話，沒辦法了解現代文明的結構。現代文明的構造本身，大多與工場相似。日本就被稱為亞洲的工場。

工場需要技師。而操縱這個就像是巨大工場的近代文明國家的技師，亦即工廠廠長之下的幹部，不用說當然就是革命以來成為統治者的資產階級。而技術控制的系統，也就是所謂的高度資本主義，日常性給予系統營養補給的則是殖民地。

另一方面，舊世界裡巨大衰老了的各帝國及其藩屬國又變成怎樣了呢？他們進行了徹底激烈的革命，並從先進資本主義國家的壓力中反彈，自己也想成為工廠地帶。經過了認真的努力，現在看起來相當程度逐漸步向成功。毫無疑問，這樣的行動，還會持續下去。

在那裡，工廠的操縱技師理應是資產階級，但卻極為欠缺。在新時代到來之前他們的前身是巨大的專制帝國，並未曾擁有封建制度，因此未能培育資產階級。為了操縱新設的工廠，作為應急的技師團，強大的獨裁領導者們應運而生。他們替代了先進資本主義各國資產階級的功能。於是，專制帝國支配下的悲慘農奴與貧民，開始轉變為獨裁者們領導下的工廠勞工大眾。憑藉著這種與資本主義各國近代的無產階級相對應的存在，逐漸進行他們的近代化。

貧窮與飢餓的分布

雖然說資本主義各國累積了不少財富，但是也還是存在著不少悲慘的下層階級。然而，伴隨著資本主義的發展，此一情形有了相當程度的改善。文明，提高了整體的生活水準。

我們自己到現在也依然還是很貧窮。對於自己的努力與獲得的成果之間，我們仍然認為得到的部分太少。不過，「貧窮」這個詞，真的不是為了我們這種高度資本主義國家人民而生的詞彙。老朽陳舊且龐大的專制帝國群留下了大量的貧民。革命最大的目標之一，就是解決貧窮問題。但是，在現實世界裡無法解決的部分依然很多。即使在日本，我們也常常聽到「亞洲型低工資」的說法，然而，如果知道亞洲其他地方的真實狀況，就知道將這樣的說法用在日本實在是太過輕率。

「飢餓」是更深刻的問題。我們也說沒東西吃。但是，我們所說的「飢餓」只是象徵性的。世界中，實際處於飢餓或處於潛在飢餓狀態的人，尚有數千萬或數億人。慢性的營養失調，不堪一擊、一推就倒的勞動者，這些龐大弱勢民眾的存在才是現代文明留下的最大課題。

鐵路與飛機的分布

要搶救洪水和飢饉這類嚴重的災害，必須構築能夠快速輸送物資至災區的完備輸送網。或者需要有時時刻刻能夠完全接收現場狀況的通訊網。但是，這一類的設施，在現代依然明顯不足。近幾年，雖然蘇聯、中國、印度都展現出顯著的進步，例如單位人口或者是單位面積的平均鐵路公里數，這些都還不成問題。然而，汽車道路的開發才是處理重大危急的最主要方法。

飛機的發達帶來文明的新樣貌。不是像資本主義諸國一樣，飛機是由馬車、火車、電車、汽車這樣的進化過程的最後才出現的交通工具。未開發地區的交通工具基本上從一開始的階段出現的就是飛機。亞洲內陸，或者是南美大陸等地，飛機的利用頻繁，極為驚人。

然而，在這裡產生了一個問題：誰能夠隨意地利用飛機？相同的問題同時出現在通訊方面。隨著無線通訊的發達，未開發地區的偏遠之處成為世界通訊可能到達的地區。但是，這樣的情況下，能夠利用無線通訊的又是誰呢？

貴族與庶民的分布

即使在資本主義各國，也不是所有的人都能夠自由地利用飛機和電信。比如我就從未搭過日本的國內線飛機，原因是機票太貴。在這些國家，能夠自由地使用這類設施的人，僅限於有錢人。與此相同，亦或者是形式有些不同，在新興各國，也不見得所有民眾都能夠利用這類便利的文明利器。終究暫時還是侷限於資本主義各國的工廠操縱者，也就是與資產階級相對應的新指導階層，或是根據他們的判斷而承認的階層。

資本主義各國和發展中的各國，源自其前身的舊制度，亦即所謂的貴族制大抵都已經廢止。日本也在戰後廢止了此一制度。但是，各國也都源於各自的體制產生了新的貴族制。

然而，庶民要往那裡去呢？這是所有地區共通的現代文明的最大問題。這一點，我正在思考，日本的文明傾向，對於世界的前途是否可以提供一個明確的範本。本來，說起來，高度資本主義培育了大量的中產階級，以此為中心來設計社會生活的方向，已經有了長足的進步。日本在這一方面特別明顯。例如，日本有世界其他地方少見的庶民型大百貨公司的發展；沒有給小費的習慣；此外，在日本幾乎沒有服裝上或是行動上一目了然的階層區別。

家族與超家族的分布

所謂文明的進步，不僅只意味著物質生活水準的提昇而已。應該還意味著從束縛著人與人之間的各種社會制度的鎖鏈裡逐一解放的過程。我們這些現代人類，是怎麼樣逐漸從舊社會制度的沈重負擔當中解放的呢？

看起來第二次世界大戰帶來日本社會制度上根本的重大變革。其中之一，就是所謂「家」制度的破壞。修訂後的民法，廢止了家督繼承制。關於財產的繼承，也否定了長子的單獨繼承，並確保所有子女的財產請求權。祖先代代傳承下來的「家」消失了。然後，以夫婦與子女們共同生活為基礎的近代家族模式產生。

儘管理論上是如此，但是，實際上日本的「家」制度依然殘存。這不單單只是家庭或是家族。此一制度包含著各代祖先與子孫的縱向連結。存在著「家名」、「家紋」以及家門的名譽，還有根源於此的沈重壓力。

西歐也是直到晚近，仍然保留著長子繼承制與「家」制度的地區。英國在法律上把「家」廢止，是還不到二、三十年前的事情。當然，這與過去封建制的發達有關。因為日本和西歐都通過了封建制這一個特殊的歷史景況。

而第二區域的情況又是如何呢？這裡就沒有作為封建制遺物的「家」的沈重壓力。在繼承制度上面，例如中國以及伊斯蘭教各國，原本就是分割繼承或者均分繼承。這種經歷過封建制的各地區，到了晚近好不容易才達成的近代狀態，在第二區域卻是從一開始就已經如此了。

不過，在這種情況下，問題似乎在於超家族性的部分。封建家族長久保持「家」制度的沈重壓力，使得在此之外的血緣集團幾乎完全被消滅。然而在第二區域，還常常可以發現第一區域的社會不會看到的超家族性集團。從日本跨出一步渡過海峽，那裡（朝鮮半島）就已經是族外婚的姓氏制發生巨大功能的社會。另外，有些地方則是根深蒂固的種姓制，有些地方則是部族制，都將各式各樣的人們置於不同的框架中。對於用一紙法律就解消的事物而言，那實在是太巨大的社會習慣。

近年，這一地區陸陸續續發生激烈的改革，逐漸對這些超家族性的制約加以清除。然而，這是一條漫長而且險峻的道路。

職業婦女的分布

本世紀人類社會生活中逐漸發生的重大變化之一，是婦女地位的驚人提高。人類總數大約有一半是女性。這樣龐大的人口，不管在地球上的哪一個地方，都幾乎沒有例外，女性被置於比其他佔半數人口的男性更低的地位。現在，婦女已經逐漸在法律上、經濟上、社會上，開始得到與男性相同的地位。在現今所有非近代國家的新制度表中，一定有改善女性地位的計畫。

然而，這種情況雖然在現實中穩健地進展，但是也被認為還需要經過漫長的路程。世界上，仍存在著龐大連結婚和離婚的自由都沒有的女性。還有一些國家規定寡婦不能再婚。在地圖上用不同顏色將法律上合法的一夫多妻制的地區加以區別的話，其範圍之廣，任誰都會覺得驚訝。然而，變化的方向大致已經底定。現在的文明國家一般看到的一夫一妻制，作為人類結婚制度，是否是最完善的，或許還有疑問。但我們看到，至少在現代，世界所有的地區，一夫一妻制已經開始被公認是唯一的文明制度。

日本的女性，在戰後看來彷彿突然從戰前漫長黑暗的狀態中解放出來。但是，從突然解放這一點來說，比較起來還是俄羅斯和中國的女性解放，更加激進且更具爆發力。在日本或者西歐這樣的資本主義國家，從封建時代開始就經過漫長、漸進的變革，擴大了女性的權利。日本也不是例外。

女性解放這種近代的觀念本身，是這個區域的產物。封建制對家族內的女性地位，給予特殊的、強而有力的制約。同時，也在封建制度下所形成的庶民社會中，逐漸建構出新的近代公民型的家族關係。在這樣的狀態下，培理來日（黑船來航）時，讓我們知道了日本已婚婦女的地位之高，在東洋各國中沒有類似的例子。

在資本主義的初期階段，依賴女性勞動力的部分非常巨大。例如，紡織工業的女工們即是一例。於是，在日本、西歐甚至美國都接連不斷地寫出了極其陰暗的「女工悲歌」。爾後，似乎為了與此相應，激烈的女權擴張運動，在這些國家同步推進。但是，作為政治性目標的達成，從女性得到參政權的年代來看，依各國情形的不同，仍有相當的差距。日本和德國大約落後美國二十年。

即使在這些國家，關於女性的社會地位，也還存在著很多的問題。女性們不管工作環境多惡劣，在資本主義機構中藉由自己的勞動，逐步提升自身的社會地位。在日本、西歐的工業部門裡，女性從業者數非常多。在公務員及自由業的女性進出同樣非常驚人。職業婦女還會增加。接下來，女性的社會地位會更為上昇。

即使是俄羅斯、中國等共產主義革命成功的國家，女性工作者的數量亦顯著地增加，其地位的提升也相當驚人。但是，不管在那一區域，職業婦女在家庭與工作的調和問題，似乎尚未得到解決。

學校與報紙的分布

日本和西歐各國社會最顯著的特徵之一，是教育的普及。在這裡，幾乎沒有不會讀書寫字的人。

義務教育制的全面成功，確實打開了人類歷史的新頁。那是廣大群眾的欲望與能力的開發。教育的普及是資本主義發展的結果，同時也是其條件之一。

教育的普及，帶來了共同體新的高度統合。大眾媒體要能夠發揮威力，當然是因為具備了教育普及這樣的條件。日本、西歐、美國等新聞事業的發展令人震驚。在這些地方，公眾的輿論開始具有力量。報紙成為有益於輿論形成與傳達的重要媒介。

俄羅斯、中國、印度、伊斯蘭諸國的問題完全不同。在這些地方，新聞事業極不發達。大眾媒體最佳的手段是收音機。作為上情下達與對外宣傳道具的收音機，被所有的國家有效地利用。但是，這些國家的領導者們，必須仔細傾聽無聲人民的心聲。因為在這裡，公眾的輿論不存在或者非常微弱。在這樣的地方，民主主義並不是不能養成。只不過，和教育高度普及的國家相比，做法與結果皆自然而然地出現極大的差異。例如，選舉的投票方式及投票的內在意涵。

無論如何，在這裡，必須儘快減少文盲的數量。對龐大的人口，至少必須教給他們讀寫能力。這是一件偉大的工作，可是，需要付出相當的努力與時間。而在這些地方的人們也都達到教育普及之時，真不知世界會發生什麼樣的變化啊！

有個性的個人與殘虐行為的分布

日本和西歐，在近代教育普及之前，就已經是頻繁催生出具有個性的人才的國家。或者說，這些國家在庶民社會的各個角落，一直存在著能讓具有個性的個人得以產生的力量。有此一說，日本人是缺乏個人自覺的民族，放眼到世界的話，事實是如何呢？不如說正好相反。其實日本人是一個頗具個人主義傾向的強勢民族。所謂的封建制度，本來就是建築在個人自覺活動上的制度，同時也是相當程度允許個人自由活躍的制度。

在殘存著古代專制陰影的諸帝國群地區，個人更加沒有個性。在這些地方，個人的狀態更具集團主義性格。或者說，在這些地方，個人的價值極其低落。例如在印加帝國，人們真的是簡單地就為某種目的而犧牲，甚至奉獻自己的生命。我們可以想像一下古代埃及的做法，人們的勞力被驅使去完成巨大的建設。大規模流血的肅清、人海戰術、長期扣留俘虜等——在西歐和日本完全無法理解的現象，在這些地方則不斷地發生。

話又說回來，殘虐行為並不是這些地方所獨有的。說到殘虐行為，在日本、西歐也都反覆發生很多可憎的事件。只是，不得不注意的是，多為涉及與異民族間所發生之事。在作為封建制的發展形態的民族國家，在個人價值這一點上，對待異民族有嚴重歧視的傾向。

對於殘虐行為的研究是重要的。只是單單描寫和咒罵那些悲慘事實並不足夠。在怎樣的條件之下，在怎樣的人之間，會發生怎樣的行為呢？對此，需要從客觀的角度去分析，並歸納出其中的規律。

強力嫉妒心神祇的分布

我們大致可以這麼認為，所謂的「神祇」和人類一樣，分布於世界各地。然而，這些「神祇」們的氣質，根據每個土地的狀況不同，會有相當顯著的差異。

本來，「神祇」這種東西，不管是唯一神也好，多數神也好，不管怎樣都在同一土地範圍內，建構封閉性的體系。這是一種自我完成的體系。因此，原本的性質就不允許體系外諸神的存在。然而，試著放眼世界，至少在現在，各地的神對於其他的神所展現的寬容程度，看起來有相當的差異。說到世界宗教的比較，以佛教、基督教、伊斯蘭教那樣用宗派別來思考的情況較多。但是，作為文明論來說，寧可暫時脫離宗派別這樣的系統分類，嘗試分析現代各地諸神的機能，才是我認為更加必要的事。

實際上，即使一樣是佛教，在緬甸、泰國社會，佛教具有的支配力，與日本佛教無法相比。這不是單單小乘佛教也就是南傳上座部佛教與大乘佛教的差別而已。蒙古的佛教雖然也是大乘佛教，但是，排他性很強。基督教中也有同樣的差異。英國、德國、法國、美國的神祇，不是比波蘭和匈牙利的神祇更加沒有嫉妒心嗎？神祇的嫉妒在現實裡會掀起怎樣的事態呢？我們可以從印度和巴基斯坦分裂（分離）時，伊斯蘭教徒和印度教徒之間所發生的激烈「互相殘殺」，看到那些悲慘的實例。

為什麼神的氣質可以差異這麼大呢？實在不太知道其中原因，但是，我認為與以下的情形有關。前面已舉出用地區來區分的第一區域，也就是說，在日本和西歐，聖與俗的權力分離在很早的階段就已經發生。而在第二區域，例如帝俄的沙皇是俄羅斯正教的領袖，土耳其帝國的蘇丹是伊斯蘭教的教主般，精神世界的支配者和世俗世界的統治者，一直到非常晚近的時代都還沒有分離。

例如，從共產主義等第二區域的新精神世界原理帶來的快速且強力的共同體統一，以及想要將世俗世界和精神世界一統的新司祭登場的情況來看，即使帝國沒落，但是各個區域土地神的不同氣質依舊維持。

官僚與官僚主義的分布

現代是世界性的官僚時代。在這一點上，日本、西歐這樣的國家，以及美國、蘇聯、中國、新興亞洲諸國，都沒有選擇的餘地。有的國家具備已經完成的強力官僚組織；有的國家則正在急速建設中。

官僚的起源久遠，不管在那一個區域，都不是最近才開始出現的事物。在日本和西歐早在革命之前就已經出現。前期封建制結束，王權開始擴張的同時，官僚制開始了近世性的發展。於是，如法國的波旁王朝和日本的德川政權那樣，絕對主義政府的官僚群隨之創生。但是，在這樣的情況下，地方依然還是在各領主的支配之下。因革命而促成的國家統一，使得中央政府官僚群建立了對全國直接支配的體制。作為國民國家，為了在列強的競合之中確保自己的地位，這是絕對必要的體制。而這也是一種與資本的獨占及集中互為表裡的現象。

官僚制常常和官僚主義連在一起。這是伴隨權力過度集中而來的惡德。在這裡，只有形式主義橫行猖獗，個人創造的能力，在進入組織的瞬間就被扼殺。

日本以及西歐，權力和財富都已經過度集中，現在是應該利用重新的分散來謀求效率化的時期。

俄羅斯、中國、印度、伊斯蘭國家與其他諸國的情況則大為不同。這些地方本來就存在古代專制帝國的官僚群，例如中國的高級官吏。但是，帝國末期的腐敗與崩壞造成權力的分散。新的建設繫於新的權力集中的成功與否。這裡現在是強大的官僚化逐步進行的地區。同時，勃興的民族主義也必然伴隨著官僚化的進行。

但是，這種情況下，不管在那個區域，官僚制要確實地避免官僚主義化，似乎還沒有找到任何確實有效的對策。人類雖然已經知道了培育有能力人材的方法，但是，對於如何讓個別的人材有效發揮能力的方法，依然知道得太少。

呈現不扭曲的世界樣態

世界是多樣的。但是，也並非無秩序。每天發生的事情，經常看起來既意外又混亂，但仔細觀察之後，發覺人類的文明，現在正逐漸出現若干規律的變化。

雖然世界有趨於統一的動向，然而，在現實上世界並未統一。我們自己本身，只是隸屬於從世界中分割出來的一片土地之上。我們雖然無法逃出這塊土地，但是應該可以超越這塊土地，以全地球的課題為規模來進行思考。只有將我們自身的問題也置於地球規模的歷史推移中觀察，才得以看到不扭曲的世界樣態。

就比較文明論的嘗試而言，還有資源與人口的分布、人種與民族的分布，甚至衰老與健康的分布等問題。雖然還留下一些需要再討論的重要問題，但是，留待其他的機會再行探討，這次就在此先行擱筆了。

（一九五七年二月）

從生態史觀看到的日本

解說

依據「思想的科學研究會」的慣例，在一年一度的年會（會員大會）時，會設定主題舉行研討會。在一九五七年夏天的研討會[1]中，我被指定為發表者之一。在研討會上，我以「從生態史觀看到的日本」為題，發表了演講。

發表的內容刊載在《思想的科學研究會會報》裡，沒多久這一份速記原稿就轉交到我手上了。不過，我那一年的秋天為了準備東南亞的調查忙得不可開交。連修改文稿的時間都沒有，我帶著尚未修改的原稿，就出發去泰國了。就這樣，當時演講的內容到最

1　「思想的科學研究會」年會。一九五七年七月七日，東京神田學士會館。

後都未能付梓完成。幸運的是，由於當時有留下速記原稿，在獲得「思想的科學研究會」的允許之後，決定將其收錄於此。

一

今天研討會的整體主題是「怎麼看現代日本」。而大會特別給我的題目是「從生態史觀看到的日本」。在這裡，以此為題，要談論什麼比較好呢？我嘗試思考過很多的內容，但是，與其說不知道為什麼完全無法將思考的內容整理、歸納出來，還不如說是在情緒上感覺怎麼也無法沈靜下來。在京都也徵求過好幾個友人的意見，在前往東京的列車上也一直討論相關的內容，但是，無論如何都無法讓自己平心靜氣，直到抵達這個會場，心情依然忐忑不安。

為什麼我的想法難以歸納整理出來呢？我試著反省，果然存在著一些原因。問題在於這個題目本身。「從生態史觀看到的日本」這實在是一個適切的題目，我也因此沒有考慮太多，就自然而然地接受了以此為題的演講，然而，仔細想想，因為我自己的想法與這題目的性質很難融入，所以，違和感總是糾纏不去。因此，才會覺得思緒無法沈靜下來。

今天在這裡，我要從給我的這個題目稍微抽離，將這個題目帶給我違和感的部分作為重點，對其內容試著做一些分析。因此，現在要講的內容，或許與直接了當的議論「生態史觀」有些不同，這是在發表「生態史觀」之後，我的一些感想，在此承蒙大家的聆聽，非常感謝。

這裡所稱的「生態史觀」，是直接使用我在半年前為《中央公論》所寫的〈文明的生態史觀序說〉的論文。這篇論文可以說是在論述此一想法的理論面，而想要更進一步將此論文具體的展開，便是在《日本讀書新聞》所寫的〈新文明世界地圖〉的兩回連載。因為我覺得讀過這兩篇連載的人很多，所以，在這裡關於內容部分我想不需要再詳細說明，姑且簡單陳述如下。

舊世界——也就是亞洲、歐洲以及包含非洲北半部的世界，根據現在的狀況與目前為止的歷史的變遷而分類的話，自然而然地可以清楚劃分成兩種類型。一個稱為第一區域，另一個稱為第二區域。

所謂的第一區域，包括日本及西歐諸國。第一區域分成兩個部分，雖然雙方相隔很遠，但是，現在的文明狀態以及支配歷史的動力，兩者相近之處非常多，所以可以歸屬於同一範疇。

所謂第二區域，包括舊世界中除了第一區域以外的全部地區。在此之中，存在著包含中國世界、印度世界、伊斯蘭世界以及俄羅斯世界這四個大的共同體。這四個世界各自之間也具有很多的共通點。

在此，我試圖將第一區域與第二區域相互交流的形態，放在舊世界的世界史脈絡當中來理解。另外，為什麼會有第一區域、第二區域這樣的區別發生，關於這一點我試著從生態學的觀點作出若干說明。詳細的內容請參照各別的論文，在此我就暫且不論，僅僅概略地陳述所寫的內容，接著我想往下繼續說明。

二

我在發表這樣的觀點時，當然也預想到會引起若干反響。我覺得至今用這樣的觀點思考的人依然不多，至於新的觀點會引來很多批評也是理所當然的事情。

果然，獲得相當大的反響，各家報紙、雜誌都以新觀點加以介紹，同時也得到很多的批評意見。而且，我自己本身也因此經常受邀參加座談會和演講，被當作話題來談論。今天，在這個研討會裡，不得不報告這個題目，應該也是這樣一系列的連鎖反應之一。

總而言之，得到各式各樣的反響，但是，試著調查這些反響的內容，說真的與我當初所預期的有很大的落差。我當初期待的反響或批評，有以下的兩個種類：一個是與理論有關的部分，也就是說在對世界的地理和歷史的理解上，我所提出的理論究竟適當與否？這一點是有不同意見。可以說，這是對於我的學說的建構方式以及理論的組成方式提出批評；另外一個則是具體的、事實的部分。意即世界各地的實際狀況，例如印度、伊斯蘭地區的社會，是否真的像我陳述的那個樣子？這一點也有不同的意見。可以這樣說，我對於事實認識的錯誤或者敘述的偏頗，暗中期待批評的聲音出現。因此，對於這些不同意見，預先設想可能被批評的種類，而且，對這些問題的回答也做了相當程度的準備。

不過，論文發表之後，得到的結果與實際上出現的反響，在性質上有很大的不同。當然，反響的內容五花八門，其中，也不是沒有觸及以上兩點的批評，但是，的確大部份是出乎意料的內容。

如果要說這是那一種類呢？許多人將生態史觀當成一種日本論來理解，並以這樣的理解來回應我的觀點。例如，因為這類的人將日本在世界的地位這樣的問題，當做是很重要的問題來思考，所以生態史觀也一樣，便成為對此問題的解答之一。直截了當地說，在全世界中，說到日本這個國家的軍事力量居於什麼樣的地位呢？這樣的問題意識一直是存在的，因此，往生態史觀的方向去思考的話，日本的地位會更往上提升，這樣是好還是不好，諸如此類的反應極為普遍。於是，便紛紛朝向日本到底是開發中國家，還是已開發國家這樣的議論去發展。

然而，我一點都不打算要以「日本論」來展開對這類議題的討論。毫無疑問，當在闡述生態史觀這樣的觀點時，我極為重視日本的情況。然而這不過只是在建構自己想法上切身的素材，我的理論，徹頭徹尾是世界的理論，至少打算是涵蓋整個舊世界的理論。因此，如果把生態史觀作為一種日本論的話，那麼同時它也是一種印度論、也是一種伊斯蘭世界論、應該可能也是一種西歐論。絕非只是論述日本的情況而已。

因為我的想法是如此，看到反響主要僅集中在日本的情況時，說實話我覺得很失望。本來打算論述世界的構造，反響卻只集中在其中的一小部分，最重要的——或者說是我最有自信的部分——關於整體的構造論，並沒有出現深刻的批評，因此讓我些許覺得氣餒不也是當然的嗎？

由於過去不太與日本的知識分子交往，對其典型的思考方式不能說很熟悉，但是這樣的反應方式仍然令我相當驚訝。也就是說，日本的知識人諸君對日本關心的程度以及情感的熱度，都出乎我的意料之外。真的大家都這麼深切地思考著日本的問題嗎？或者，再更稍微明確地說，日本的知識人諸君對於日本以外世界的不關心，也令我感到驚訝。對於以其他國家的事為話題，這件事本身就不太覺得有興趣。只有在與自己的狀況作比較，抑或自己本身成為直接的話題時，才感到興趣。或者說，不管談論什麼，都無法不把自己擺在話題的中心。這是多麼自戀的情形啊！實在令人驚訝。

其實，這種現象跟我一開始所說的，今天的演講讓人無法心情沈靜下來是有很深的關係的。大會給我的演講題目是「從生態史觀看到的日本」。我本來就不是把焦點只放在日本思考問題的人。但是，我為了回應知識人諸君的要求，今天也還是不得不將「日本」作為我的講題。這個憂慮，是讓我內心不平靜的原因。

三

當然，我並不是要否定對日本的關心。相反的，我自己本身對日本也抱持深切的關心。只是，我關心的「場所」不僅限於日本而已。

〈生態史觀〉發表以來，常常接受到諸如「是什麼原因，讓你有這樣的觀點呢？」一類的提問。這和我的專業是生態學，以及我作為研究者的經歷是從乾燥地帶的考察工作開始（在生態史觀當中，乾燥地帶在理論上發揮了重要的功能）皆有關係。但是，想想最主要的條件，仍然因為我是一個日本人吧！

實際上，歐洲人及美國人對日本的情況令人出乎意料的無知，結果當然是對歐洲文明才是人類唯一最高的文明這樣的神話深信不疑。因此，認為以歐洲為頂點的文明是一直線的發展過程，將世界的各國排列在這條線上，並用這種觀點來解釋文明。說真的，由於亞洲和非洲的學者們，雖然大多對於歐洲對亞洲及非洲的支配正當性抱持否定的態度，但是心中卻依然深信著歐洲文明的優越神話，導致其與歐洲人的看法並沒有多大的差別，也因此對於日本或日本文明，一無所知極其正常。在這樣的情況下，像生態史觀這樣的觀點終究無法誕生。也就是說，為了文明平行進化論的產生，還是有必要對日本這個具有特殊性質的國家具備充分的知識與認識。

那麼，如果說只要是日本人，任誰都有類似生態史觀這樣的觀點，當然也不是如此。現在，對於生態史觀抱持懷疑的或批判的知識人非常多。日本的情況也一樣，若在明治、大正時，不管任何事情與歐洲和美國的差距都很明顯，哪裡談得上平行進化呢？就實際的感受而言，還是只能無可奈何地接受所謂已開發、未開發這樣的直線進化圖式，而無其它辦法。現在，雖然也不能不思考世代間的差異問題，不過，在日本人之中，對歐洲幾乎並不抱持後進意識的戰中派世代而言，或許不能說他們沒有像生態史觀這種平行進化論的觀點。

從這裡也可以知道，如果與明治、大正期日本知識人的傳統思考法有異的話，那就在於理論涵蓋範圍的問題。傳統上，日本的知識人是把日本拿來與歐洲作比較，然後發展出自己的想法，在他們的視野中，幾乎並沒有把廣大的亞洲諸地區納入。這一點，讀過生態史觀已經發表的內容就能夠理解，毋寧說那是從亞洲諸國的觀察與考察出發的理論。我認為這是因為我從戰前就常常有機會實際探訪亞洲諸國，同時從戰爭中一直到戰後，那也是日本和亞洲關係急速加深的一種顯現。

關於生態史觀，日本當然被當作非常重要的研究對象來處理，然而，可以進一步說，這是在對亞洲進行研究時，為了能夠充分理解亞洲的比較資料而已。就像在科學實驗中的「控制裝置」般，日本只是被當作這樣的功能來使用。在生態史觀當中，比起怎麼看日本，毋寧是以怎麼看日本以外的亞洲作為問題的出發點。用另外的說法，也可以這麼說，生態史觀是因為我的意識裡想要脫離日本，或者是因為想要從日本的自戀裡脫出，所產生的理論。至於這種離脫的條件之所以可能出現，我認為還是戰後的十年間自己有機會得以直接對外國進行觀察。也就是說，時代的轉變發生了很大的作用。

四

昨天，在乘坐東海道新幹線的列車中，與朋友們一路交談而來，因為事實上另有一個無法釋懷的地方，致使心中至今仍不平靜。那便是跟我很親近的朋友們，要我今天在這裡提出實踐性的問題。生態史觀的確論述到世界是怎樣的構造，以及這一構造又是在怎樣的過程裡形成的。但是，在日本現在的狀況之下，我們應該會變成怎樣呢？應該怎樣做呢？生態史觀裡關於這些什麼都沒有說。因此我被建議今天應該來說明這些內容。

然而，讀過「生態史觀」的話就能夠理解，「生態史觀」並沒有「應該」如何的議論。它是討論對世界的構造與其形成過程的認識，並非現狀的價值評價或者現狀變革的指針。它是討論「實存」（sein）為何，而不是談論「應該」（sollen）如何。從那之中，即使怎麼努力地看，也看不到「應該」如何的內容。

我認為反而是因為自己並沒有站在這種「應該」如何的立場，才創造出「生態史觀」這樣的理論。我並非對一般的實踐或對於「應該」如何不懷關切和意見。但是，對於這個問題，我以為還是區別清楚比較好。因此，雖然友人們不斷建議，可是，我今天對於「應該」如何，還是覺得沒有任何該講的內容。

但是，自「生態史觀」發表以來，在湧入的迴響中有許多是與「應該」如何有關的問題。把生態史觀當成是一種「應該」如何的理論接受，或者更進一步要求應當是「應該」如何的理論。對於生態史觀，提出「那麼，我們應該怎麼辦呢？」的問題，或者任意解釋，提出「根據生態史觀，應該會變成這樣的結論，所以這是可以的」或者是「這是不可以的」這樣的批評。然而，生態史觀本身，關於「應該」如何，什麼也沒說。

這件事是湧入的迴響中，令人相當意外的第二點。我對日本的知識人把「應該」當成喜好，實在招架不住。如此堅定的實踐態度實在出乎意料之外。我本來深信，所謂的理論在於從實踐的立場將自己解放，才得以成立。然而，好好留心觀察的話，反而發現日本所謂的論壇，其中的議論大部份是實踐立場的表明，或者是「應當做什麼」的主張。我再次深刻地體認到，這大致上恰巧與我深信的相反，所謂的「論」或者「理論」，事實上只不過是提出「應該」如何的指導方針罷了。

「生態史觀」這樣的理論，我認為是比什麼都單純的、對於知識好奇的產物。不管是怎樣的意義，從來沒有預想要把它當成實踐的指導方針，只是它一發表，就立刻捲入了實踐「論」的浪潮裡。出現這類對於生態史觀的反響，真是出乎意料之外。

五

相較於理論問題，日本的知識人對實踐問題的關心更加強烈，我被此一現象引發了興趣。到底是什麼樣的原因，造成這樣的現象呢？今天在此想要稍微以此一現象本身作為考察對象，並試著提出分析。

在這裡所稱的知識分子，也就是被稱為文化人的知識階層（例如，日本綜合雜誌的讀者群，大概都由此一階層所組成），這些人大多對政治極為關心。然而，感覺他們並不是對於世界政治、國際政治有強烈的關心，而是對於日本一國的政治特別關心。就像剛剛所說的，對於生態史觀的迴響大部份是針對日本，或只是針對日本表現出特別強烈的迷戀，這樣的情況我們有必要再一次的想起。這種對日本特別強烈的迷戀，其實也可以說是對日本政治特別的迷戀。雖然將話題的焦點都放在日本，其議論的內容，與其是在討論「日本」現在如何，倒不如說是在討論與「日本政治」在表面上或暗地裡的關聯。很多的時候就像是擺出自己擔負著日本這個國家的政治責任般的姿態。

我認為日本的知識人，實際上是與政治人物站在相當接近立場的一種階層。再更進一步地說，政治人物跟知識分子，或許本來就屬於相同的集團。至少，衡量其人生或者社會的標準幾乎相同。簡單地說，這些人都覺得從事政治是人生中最有價值的工作，統治民眾是社會最重要的課題。任何事情，在某些意義上，好像沒有從政治實踐的立場作出判斷就無法解決。

再稍微從這個角度進行分析的話，我認為，日本知識分子的主流，還是那些應該成為政治家的人。從一開始，就已經形成了具有強烈政治傾向的人格，但是偶爾因為條件不允許，沒有辦法成為真正的政治人物。也就是說，他們是不熟練的政治人物。或者可以說是遭遇挫折的政治人物。

所以說，如果狀況允許的話，總是會有轉任政治工作或者是希望轉任政治工作的人存在，不是只有官僚群中而已，在新聞出版界、教育界，也大有人在。而實際上，這種轉任成功的例子，如同大家所知道的，最近也出現了好幾個例子。也就是說，無論在那裡，到處都有準備要從事政治的人存在。日本是非常多潛在大臣的國家。不管是不是真的打從心裡想要從事政治，至少，從發言的理論構造來說的話，有很多事情已經變成這樣。

然而，事實上，大多數的知識分子，轉業為政治人物的條件不夠齊備，因此未能得到從政的機會。這些人終究無法成為政治人物。但是，儘管如此，他們的意識應該是一種從政者的意識。現在，雖然並沒有直接從事統治民眾的工作，但是，常常都是以身為統治者的立場來思考問題。然而，這些人始終未能得到從政的機會，所以，造成這些人在從政這條路上沮喪受挫。事實上，我認為，現代知識人的政治言論內容（這樣的表達有點爭議，很抱歉），也可以說是一種欲求不滿的顯現。我認為，知識分子所發表的政治言論，就某個角度而言，與在相撲的世界，以成為橫綱為目標者，因某種原因無法成為橫綱、於是退出相撲界成為「相撲的評論家」，或者是沒有成就的棒球選手擔任棒球評論員一樣，這樣的情況是極為相似的。

六

從傳承關係來看，日本知識人這樣的傾向，恐怕延續自近代以前的現象。我認為建立這種存在原型的人，仍然是江戶時代的武士。

所謂的武士，至少在近世，是與常備職業軍人同時存在的官僚集團。而且，支撐武士意識之物，往往是自己作為統治階層的自覺。在任何情況下，都以上位者自居，即使是地位不高的武士，也理應站在承擔政治事務的立場。因此，隨時都維持常具有實踐力的行為態度。並且，他們明顯是有教養的知識階層。作為知識分子的立場與作為政治實踐者的立場，對武士階級來說，一直以來都是兩者合一，同時兼顧。

在這樣的情況下，支撐著知識階層立場的教育養成內容，當然也就非常重視實踐性。所有的教養內容都可以理解為與治國平天下的政治理想有關。現在我們稱同時從事政治與商業的商人稱為「政商」，那麼，江戶時代的學者，老是將政治與學問隨時結合在一起思考，就這一點而言，也可以稱作是「政學」。現代日本的知識分子，也大部份如此，將與政治緊密結合的各種學問，當成自己必備的教養。對於與政治實踐無關的學問，則是漠不關心，理解不深。

關於身為武士，具備幾個統一表現出來的共同立場。但是，到了近代完全分解了。作為職業軍人的立場首先分離。接著，作為統治階層的立場與作為教養階層的立場也是很難同時存在的。因此，只有作為教養階層的立場得以留存下來，而為現代知識分子所繼承。這種情況下，知識分子們在現實中，喪失了武士所具備的軍事實力及政治實力，而只剩下意識上，繼承了前時代的統治階層意識。也就是說，欲望永遠無法得以滿足是現代知識分子的悲劇。

七

可是，只有日本的知識分子存在的理想狀態是這樣的風格嗎？我並不這樣認為。我雖然對於外國的事物不甚了解，但是，把已經被寫出來的支離破碎的知識當中加以整理，總覺得法國好像跟日本非常類似。畢竟可以稱為文化人的知識階層高級知識分子非常多，其思想意識具有高度的實踐性，也具政治性。例如，沙特等人，就是我們看到的這種傾向的代表。他們站在政治實踐的立場上，隨時隨地思考著政治應該如何、社會應該如何。他們把對執政者成為問題的事情，當作自己的問題來思考。可是，他們根本不可能有執政的機會。於是，他們主要的工作，在於專門做一些政治議題的論戰。在這一點上，日本的知識分子與法國的知識分子之間，有相當多共同的性格，能夠產生共鳴的地方也很多。或許和德國等國，也可以歸為一類。

相對而言，在中國、印度、蘇聯、阿拉伯諸國以及東南亞諸國，在我的推定下這些國家的狀況是相當不同的。在這些國家裡，當然有知識分子，但是，這些人大抵本身亦為統治階層，我認為不直接參與政治權力機構的知識分子，幾乎不存在。在他們身上，實現了政治實踐者與知識階層立場合一的狀況。形成了只要是知識分子，就是政治實質參與者的型態。所以，因接近不了政治權力而感到失落的政治意識，並不會單獨漂流。在這樣的國家，一般無法進行自由的政治議論。我認為，這些國家的政府除了大多強力限制言論自由之外，這些國家的知識分子所表現的立場及其所發揮的作用，也是原因之一。

我總覺得，這種差異，仍然是「生態史觀」裡所說的第一區域跟第二區域的差異相對應。日本與西歐諸國所隸屬的第一區域，知識分子的政治意識與政治實踐之間產生乖離。也就是說，存在著多數無法參與政治實踐、但是政治意識發達的知識分子。相對而言，在第二地區的各國，知識分子的政治意識與政治實踐是統一並存的。也就是說，具有統治者意識的知識分子直接實際從事統治者的工作。概略來說，我認為是這樣的情況。

八

那麼，為什麼第一區域與第二區域之間知識分子的樣貌會有這樣的差異呢？歸根究底只是就現狀而言，現狀變成這樣的現象，並不能認為是從一開始就有這樣的差異。明治初期，即使在日本，知識階層與統治階層的分離也還沒有確立。因此，知識分子的失落感還沒有產生。亦即，與第二區域內的新興諸國呈現出類似的情況。

後來，發生了什麼變化，萌生了大量的政治意識，同時也產生了被政治實踐所排除的知識分子呢？我認為的原因之一，是進入明治以後，日本文明的一大特徵——教育的高度普及。關於江戶時代的政學一致，前面已經提過，當時，人口上大致固定的統治者階級，都得到了接受高等教育的機會，在這樣的情況下，分裂不會發生。但是，明治以後，超越階級界限的教育開始推動，超過了必要的統治階層人口的限度，知識分子大量產生。實際的統治者必然與僅有意識上的統治者產生分離。換句話說，後者作為失意的知識分子，就大多只能從事政治議論的工作。

還有一個原因，隨著日本工業化程度的邁進，治國平天下的學問，無論如何也無法再作為政治運作的參考。因此，與其結合傳統的政與學，還不如結合產業或者實業與政治來的更為重要。接下來，結合技術與政治也變得非常重要。對傳統型的知識分子而言，實業或者是技術，可以說是一種弱點或者盲點。於是，他們取代了文化知識分子，也就是一種可以稱為實業知識分子、技術知識分子的集團開始抬頭，他們與政治結合，開始運作經營一個現代的社會。因為如此，文化人型的知識分子漸漸被政治部門疏遠，這也更加深他們的欲求不滿以及失落感的程度。

這樣看來，這種知識分子，一方面抱有統治者意識，另一方面卻又從統治者中分離，而在某些情況下甚至是與實際統治者形成對立的知識階層，同樣伴隨著高度工業社會的發展而勃興。這一點可以看作我所指出的第一區域的特徵，例如日本以及法國、德國等。但是，英國的情況可能稍微不一樣。或許是支配廣大的殖民地需要龐大的殖民地統治官僚善盡職責，看起來非統治階層知識分子的分離情況不是太嚴重，然而，關於這一點，我認為有必要再做其他的考察。

因此，如果要概括現代知識分子在文明史的地位，也未必不能有以下的看法。那就是現代高度工業社會的發展帶來的一種適應不良的集團，形成現代社會的一種後進地帶。其言論，經常採取所謂進步的或者是激進的方式，然而，其發揮的功能，事實上，對於文明的進展，經常至多扮演煞車器的角色。令人意外地，成為保守的或者在某些狀況則成為反動作用的集團。

不過，不能只說否定的機能。對於經常潛藏著失控可能性的現代文明社會，適度的發揮煞車的功能是必要的。沒有煞車裝置的車輛極為危險，但是，就這一點而言，如果說屬於第一區域的國家，已經培育且確立了作為有效煞車器的知識階層，因此可以安心，那也是太過於樂觀的想法。總之，即使第二區域的各個國家，將來伴隨著高等教育的普及與工業化的進行，培育出一樣的知識分子階層，我認為這是完全可以預測的事。

以上所談到的是從對於生態史觀反響的回應，進而對日本知識分子的特徵進行思考，並討論其在文明史的意義。我認為，現在如果將這種考察更展延擴大，或許可以當成生態史觀的一種應用性展開的其中一部分，也就是所謂的「比較知識分子論」，乃至「比較教育論」的開端。而這個得留待其他機會再談。

雖然被指定要講「從生態史觀看到的日本」這個題目，但是我談了很不相符的內容，藉此聊以完成我今天的任務，希望大家見諒。

（一九五七年七月）

從東南亞的旅行開始——文明的生態史觀・續篇

解說

一九五七年十一月開始到隔年的四月，我前往東南亞進行學術調查旅行。因為我任職的大阪市立大學組成東南亞學術調查隊派遣到當地。我以學術調查隊隊長的身份，與其他五位隊員一起出發前往泰國。我們從日本運送了三輛吉普車到泰國，因此，可以範圍廣闊地巡迴東南亞的大陸部分。以國家來說的話，我們造訪了泰國、柬埔寨、越南、寮國以及馬來亞的一部分。關於當時的旅行，中央公論社[1]出版的「世界之旅」第八卷刊載了越南及寮國的紀行。[2]之後，並將全部的旅行紀錄以《東南亞紀行》為題公開發

1 編註：中央公論社為日本著名出版社，於一九九九年被讀賣新聞集團旗下的讀賣新聞社收購，並改名為「中央公論新社」。

2 梅棹忠夫（著），「越南、寮國縱貫旅行」，『中國、東南亞』，「世界之旅」第八卷，三八五－四二〇頁，一九六二年七月，中央公論社。

表。[3]另外，也有「岩波寫真文庫」的《泰國》[4]以及《中南半島之旅》[5]等兩冊攝影集出版。

調查隊的工作內容，主要是生物學以及人類學相關的研究。在這一方面的工作成果已經出版了三冊的英文學術報告書。[6]

我自己本身除了這項工作以外，同時一邊旅行，一邊致力於此一地區的比較文明論考察。我持續地對上次在一九五五年的旅行時，所得到的概略體系中，東南亞應置於怎樣的位置才恰當這一問題進行探討。

此一問題意識一直跟隨著我進行考察工作，回來後寫下了〈從東南亞之旅出發〉一文。[7]發表於《中央公論》八月號。這是原來的標題，但是從內容的觀點來看，這一次藉由收入此書的機會，加上了「文明的生態史觀．續篇」的這個副題。在這裡，根據東南亞之旅的經驗，將先前〈文明的生態史觀〉裡對世界的構圖做了些許的修正。

關於東南亞我們知道些什麼？

這幾年，在日本的報紙和雜誌中，東南亞出現的次數，變得非常多。不由得產生了東南亞對我們而言是一個具有重要意義的地區之類的認識。但是，在什麼意義上說它是重要的呢？或者說，本來東南亞究竟是怎樣的地區呢？特別是，對我們而言東南亞是怎樣的地區呢？我們怎麼看東南亞呢？

說實話，怎麼看也不覺得有什麼。我們對於東南亞到底知道了些什麼呢？不好意思，可以說幾乎一無所知。儘管這是令人覺得羞愧的事，但事實上，我確實在前往調查以前，也只有極為貧乏的知識。而且，不是只有我是這樣。總而言之，我必須這樣說，知識貧乏到令人感到吃驚的程度。我被相當多的知識分子詢問過很多次有關「泰國是指

---

3 梅棹忠夫（著），『東南亞紀行』，一九六四年五月，中央公論社。另外，此書有文庫版發行。梅棹忠夫（著），『東南亞紀行』（上・下），（中公文庫），一九七九年六月，中央公論社。（收錄於「著作集」第六卷，『亞洲觀察』。）

4 梅棹忠夫（監修），『泰國―學術調查之旅』（岩波寫真文庫二七五），一九五八年九月，岩波書店。

5 梅棹忠夫（監修），『中南半島之旅―柬埔寨・越南・寮國』（岩波寫真文庫二七六），一九五八年九月，岩波書店。

6 Kira T. & T. Umesao (eds.), Nature and Life in Southeast Asia. vol.I, 1961, vol.II, 1962, vol.III, 1964, Fauna and Flora Research Society, Kyoto.

7 梅棹忠夫（著），「從東南亞之旅出發」，《中央公論》八月號，第七三卷第八號，第八四二號，三二一－四八頁，一九五八年八月，中央公論社。

暹羅嗎？」之類的問題。雖然不特別認為「話之泉」[8]式的答題知識很重要，但是，像亞洲國家的名字這樣的基本常識，知道一下不是也很好嗎？

「請舉出東南亞國家的名字」，能夠正確回答這問題的人肯定不多。至於，如果要說出這些國家的首都的話，大部分的人大概都沒辦法。如果問到了國旗（最近常常引發問題的國旗），可能就通通不及格了吧。但令人可惜的是，甚至在亞洲運動會的頒獎台上，也幾乎昇不起泰國、柬埔寨的國旗，寮國等國甚至沒有派選手團參加。所以說，在日本人中，知道寮國國旗的能有多少啊！

雖然如此，但是對東南亞還是有意見，也會討論。不論，那是自己思考的想法，還是從別人那裡學來的東西。當然，不管問誰，大抵上回答都差不多。也就是友好親善論。可能沒有人要與人衝突吧！與東南亞國家和睦相處吧！但是，如果是那樣的話，要與那個國家，要用什麼樣的方法，和睦相處呢？在這一點上，就很含糊了。因為本來就沒有知識作為基礎的議論，大抵上都只是憑感覺而已。並不是具有論理基礎的、有分析根據的親善論。

提到東南亞，在戰爭中大量的日本人，估計應該有幾十萬的日本人到過當地。說實在的，東南亞理應不是陌生的地方。因此，到了當地看到現狀是這樣，實在是怎麼也做不來。我深切地感受到要軍隊蒐集有用的知識，這一點是完全不行的。

資訊來源不足

東南亞在極短的時間裡發生了幾個重要的事件。例如，泰國的軍事武裝政變，印尼的內戰，越南的賠償交涉。但是，這類的事件，只有以基本的解說及簡單的報導處理，不太能成為日本的知識階層具體討論的對象。連一點點直接的關心也無法喚起。但是，反倒是更遙遠的匈牙利、阿爾及利亞的問題，在日本卻被更精彩地被處理。這到底是怎麼一回事呢？

這件事可能有各式各樣的理由。也就是說，若匈牙利的問題及阿爾及利亞的問題，在世界歷史的潮流中是中心問題的話，泰國和印尼的問題則只是世界的地方現象而已。

8　譯註：「話之泉」為NHK製作之廣播益智答題節目。一九六四年十二月三日首播，持續播出十八年左右。

如果真是這種感覺的話，我認為那是很奇怪的。匈牙利及阿爾及利亞的事情，是世界問題的同時，以歐洲的立場來看更加重要。同樣的，泰國和印尼的事件，站在亞洲的立場來說，不也是重要的世界事件嗎？我憂心我們日本人在觀看世界動向時，有沒有被歐洲的立場牽引著我們的看法。

無論怎麼說，因為我們對亞洲理解的知識不足，親善論也是，任何事都彷彿像是懸在空中。對於各個地區的正確知識並不具備，所以，僅僅只能進行抽象的、一般性的討論。我們不得不說這是令人害怕的事。

我們對於東南亞相關知識的不足，其中的一個原因就是資訊來源不足。例如，說到東南亞現在最重要的都市，除了曼谷之外別無選擇，但是，日本報社派駐曼谷的常駐特派員卻一個也沒有。這到底是怎麼一回事，我怎麼樣也無法了解。大家都說東南亞是重要的，但是，是真心話嗎？

所謂的文化人經常到外國，但是，去的大多只是美國及歐洲。對於東南亞也只有曼谷機場是酷暑之地的知識，此外沒有其他的了解。如果，東南亞對日本而言，真的是重要地區的話，為什麼不多去當地呢？或者是多鼓勵大家前往當地呢？

外交部聲稱下次將設置文化外交官。這是很好的事情。東南亞也好像被作為第一候選般推舉出來。原本覺得這樣真是不錯，結果還是不行，首先還是派遣到歐洲，決定地是巴黎。東南亞只是空喊嗎？

若非日常性地對此地大致的狀況有所了解的話，即使突然接收到新聞，也不知道是什麼事。就這一點而言，我覺得我們從歐洲及中、近東所得到的資訊提供，遠比東南亞來得多。

甚至連參考的書籍也極度缺乏：我這次的經驗是想要查資料，但是可用的書一本也沒有。外國書的話要多少有多少。日文書籍的話，關於東南亞，經濟方面的書是有，但是幾乎沒有一般性的書。結果，只能在古書店尋找戰爭時期所出版的書。而令人訝異的是，與中近東及東歐相關的書卻很多，雖然比不上談論西歐、美國的書。但是，再重複一遍，日本的知識階層在亞洲的問題上滔滔不絕談論的人所在多有。只是，這到底是怎麼一回事啊！

不管怎麼說，我們對於東南亞的認識，可以說無知得驚人。我也是抱持著這樣的無知，從日本出發，踏上東南亞諸國之旅。

東南亞之旅

從去年（一九五七年）秋天的十一月開始到今年（一九五八年）的四月為止，我進行了一場超過五個月的東南亞之旅。

當然，說到東南亞，事實上是由很多國家所組成的。從西邊數過來，緬甸、泰國、馬來西亞、印尼、寮國、柬埔寨、越南、菲律賓，光是獨立國家就有這麼多。另外還有新加坡、沙勞越、北婆羅洲等幾個屬領。

要一次走遍這麼多國家是不可能的。特別是，我們利用的不是飛機，而是利用陸地的吉普車旅行，結果只是在陸地上環繞了泰國、柬埔寨、越南、寮國四個國家而已。回程時，坐船去看了新加坡及檳城。

雖然僅僅從這些經驗裡要談些什麼是非常大膽的事，然而，只有這些就已經可以獲得大量的新知識，並且激發我很多的思考。對於旅行途中所得到的知識，有趣的事情非常多，但是，限於篇幅，等待下次的機會再來寫。在這裡，我將我思考過的部分寫出來。特別是，我一邊思考像是對於亞洲，或者是對於舊大陸而言，東南亞文明史應該放在哪一個位置的問題，然後一邊走在這些土地上。那裡與日本有什麼樣的不同？那裡與日本是怎樣的關係？那裡在亞洲佔有什麼樣特殊的立場？

觀念亞洲

把話題重新拉回到整個亞洲。歐洲人對於亞洲認識的無知，經常到了令人驚訝的程度。將日本與朝鮮、中國的事物混雜在一起的還算好。然而，所謂「東洋」這個用語，將土耳其、印度、蒙古、日本全部塞在一起看待。從歐洲來看，全部是相對於西方而言的東方，只是具有「不是西洋」這種消極意義的概念而已。

「orient」這個詞被譯為東洋，這非常容易造成大誤解。本來，說到「orient」指的應該是地中海東邊的土耳其、敘利亞、美索不達米亞一帶。從日本等國來看的話，這些地方不僅不是東方，而且還是遙遠的西方世界。對於將日本和黎巴嫩一樣歸類於「orient」這件事而言，我是完全不能理解的。這一點，三笠宮等人所成立運營的

「orient」學會，正確地使用著此一用語。他們將「orient」一詞，跟一般稱為東洋或東方不同，當作相當限定的一個地方的專有名詞來處理。

不太願意過份地說歐洲人的壞話。我們日本人，相當程度地把「東洋」這一觀念置入腦海，過度地、無限定地使用。這也是因無知而來的錯誤。本來，我們就不會把伊斯蘭圈入日本都看做同一性質的地區。外國是「唐」，是「天竺」。不知到何時開始出現的東洋或東洋型的觀念，我雖然無法考證，但是這樣意義下的東洋觀，我認為同樣是來自歐洲的舶來品吧！如果是這樣的話，東洋這種觀念就是一種非常歐洲型的觀念，也就是說我們在論及東洋時，反而是借用著歐洲人的頭腦在思考，這真是一件令人覺得諷刺的事啊！

換言之，即使把東洋改稱為亞洲，事情也沒什麼改變。基本上，亞洲這一觀念是誰決定的呢？即使是地理名詞，也只不過是從歐亞大陸中除去歐洲以外的地區，就稱為亞洲。如果毫不在乎地沿用這個說法，而提出類似「亞洲一體」的想法，不得不說無論在文化上還是歷史上，都在在表示出令人震驚的對亞洲的不關心與思考的粗糙。

第一區域與第二區域

因此，我想要試著重新分析、思考亞洲。亞洲並不是單一的，也不是均質的空間。但是，所謂的亞洲包括哪些內容呢？

事實上，對於這個問題概略的回答，早已在之前發表的「文明的生態史觀序說」的論文裡準備好了。當時所提出的基本觀點如下。

首先，所謂東洋、西洋的劃分法是無意義的。只能去除根據文化傳播起源所劃分的系譜論，採取以共同體生活樣式的設計作為解決問題的機能論的立場。這樣的話，包含亞洲、歐洲、北非的整個舊世界，可以分成

A圖

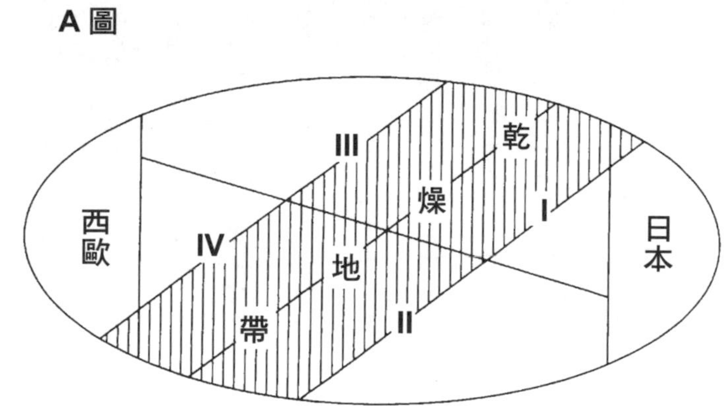

兩個大範疇。一個是包含西歐及日本的第一區域。另外一個則是夾在西歐及日本之間的整個大陸。第一區域就歷史的類型來說，一開始是作為塞外野蠻民族從第二區域導入了文明，之後，經歷了封建制、絕對主義、資產階級革命，現在則依賴資本主義形成具有高度近代文明的地區。雖然第二區域原來是所有古文明的發源地，但是封建制卻沒有得到發展，反而出現了巨大的專制帝國。基於此一矛盾的苦惱，很多地區成為第一區域各國的殖民地或半殖民地，到了最近經過幾個階段的革命，終於走向新的近代化道路。

之前的論文並沒有特別畫出圖形，在此特別將其趣旨歸納之後，透過模式圖呈現，可以畫出像A圖（頁二九一）這樣的圖式。將整個舊世界以橫寬的橢圓呈現，在接近左右兩端的地方劃出垂直線，其外側是第一區域，其內側是第二區域。

第一區域的日本和歐洲雖然相隔遙遠的東西兩端，但是，追溯其兩者的歷史類型是極其相似的。在兩者的歷史之中，可以看到很多的平行現象。這是為什麼呢？為了解明這個問題，我們必須把目光移向第二區域。

舊世界的構造

觀察舊世界生態學的構造，非常明顯的現象，是斜穿過大陸，從東北向西南綿延的廣大乾燥地帶的存在。對於歷史的發展，這裡發揮了至關重要的作用。乾燥地帶是惡魔的巢穴；是暴力與破壞的根源。從乾燥地帶，自古以來一再重複出現遊牧民族蠻橫的暴力，破壞了其周邊的文明世界。文明世界常常因此遭受到程度上無法回復的打擊。這便是第二地區。

第一區域距離暴力的根源較為遙遠，能夠免於破壞，在中緯度溫帶的好條件下，猶如溫室栽培般，舒服自得地成長。靠著自己內部的成長，經過幾次反覆的蛻皮蛻變，才到達現在的狀況。在這一點上，西歐和日本的條件都一樣。

如同第一區域中，日本和西歐有平行發展的現象；在第二區域中也有幾個部分，分別表現出平行發展的現象。第二區域中可以分成四個大共同體，或者說四個世界，或四個文明圈也可以。亦即(I)中國世界；(II)印度世界；(III)俄羅斯世界；(IV)地中海、伊斯蘭世界。四者都具有巨大帝國以及周邊圍繞著藩屬國（衛星國家）的構造。現在，雖然帝國已經全部瓦解，但是，並不意味著作為共同體的一體性會消亡。現在，這四大集團的並立狀態，再度出現的可能性依然非常高。

以上，是根據生態史觀這個名稱，提出我的看法的綱要，不過，按照這個觀點的話，所謂的亞洲這樣的地區不會出現共通性。完全不包含在亞洲之內的，只有西方的第一區域而已，其他的都在亞洲或者是一部分包含在亞洲。是不是在亞洲之內一點都無關緊要。就文化的系譜論來說，有像俄羅斯世界那樣深具歐洲要素的第二區域，也有像日本一樣，擁有相當多亞洲起源要素的第一區域。

就走過的歷史道路的類型上，第一區域和第二區域的區別非常重要。那造成了涵蓋社會制度、宗教、文化上廣大範圍的差異。特別關注日本的話，可以這麼說，屬於第一區域的日本與屬於第二區域的中國世界、印度世界等國家比較，雖然在地理上一樣是屬於亞洲，但在內容上卻有相當明顯的差異。日本在亞洲的特殊性，也是作為第一區域的特殊性。寧可說日本是與西歐處於相同範疇的地區。

東南亞的狀況

這次來到東南亞，因為已經事先準備了這麼多的預備理論。這樣的話，是否就能分析解剖東南亞呢？

首先，東南亞是第一區域還是第二區域呢？這個答案是極為簡單。雖然東南亞之中，包括各式各樣豐富多彩的文化，總歸，它全部屬於第二區域。這裡，第一區域所具有的特徵一個也沒有。

先從歷史的類型來說，雖然東南亞地區自古以來經歷了許多王朝的興衰，但是，像日本及西歐般封建制發達的國家的出現，一個也沒有。而且在近代，大都成為第一區域各國的殖民地。泰國雖然一直保持獨立，但是它被夾在列強之間，長期處於半殖民地狀態。

即使就東南亞的現狀來看，進入高度資本主義體制的國家一個也沒有。或者說可以被稱為高度近代文明國家的一個也沒有。只是，因為常常造成誤解，我認為最好說一下比較好，那便是東南亞各國絕不是未開發國家。戰前，日本人習慣稱呼這個地區為「南洋」或「外南洋」。於是，因為南洋的土人或原住民這樣的稱呼，有不少人想像他們是未開化的野蠻國家。可是，東南亞並不是這樣的地方。自古以來就已經有出色的文化，即使到現代也是制度文物齊備，非常像樣的國家。

當然，在東南亞各國之中也有自不同的發展階段，所以不能夠一概而論。而且，山岳地帶的確也還存在著尚未開化的少數民族，然而，從整體來看，確實都已經是完成的國家。例如，泰國、越南等地，也都建立了一定程度的交通、通信網，泰國等地甚至連電視節目的播放都有了。教育相當普及，行政的力量也達到一定的水準。

只是，與日本等國比較的話，就還有很大的差距。即使是一樣的交通、通信的建設，但是密度完全不同。決定性的差距在於工業力。在東南亞各國，幾乎看不到工場的煙囪。看大城市外觀的話，感受到的印象覺得與日本的都市沒有什麼太大的差別，然而，其內部的運作則是完全不同。

東南亞的特殊性

那麼，若東南亞也作為第二區域的一部分，它將位在A圖上的哪個位置呢？就東南亞實際所占的空間位置而言，應該位在圖的右下方。但是可以把它想成是位在印度圈右下角落的位置嗎？

這很明顯地與事實合不來。雖然在歷史上東南亞的確深受印度的影響，然而，未必可說是印度世界的一部分。不管是過去還是現在的狀況，都與印度世界有很大的差距。

本來，要將這麼廣大的一個地區，完全塞進第二區域四大部分的任何一個，或許都有些勉強。如果考慮到東南亞的狀況，將第二區域分成四個部分本身就不是非常恰當，或許應該另外設置一個部分來放進東南亞才對。日本文明史上的位置，可以用A圖表示，但是，為了東南亞我覺得有必要做一些修正。

首先，我們來探討一下東南亞文明史的特殊性。

實際造訪東南亞之後，讓人重新感到驚訝的事情之一是，東南亞這個地區實際上是由多個不同地區聚集組合而成的。第一，這裡實際上存在著很多國家。各個國家有自己的國境、有海關，出入國需要簽證，貨幣也不相同。這些國家之間，不僅僅各自擁有自己的政府，並且，內容也有極大的不同。

然後，是民族的不同。東南亞大部分的國家，都與其他國家有著不同的民族。並不是指在一國之內，民族的種類很多。一國之內由很多不同的少數民族所構成的現象，印度及中國兩個國家更為驚人。只是，印度和中國在廣大的區域內，不管在人口上、文化上一定有壓倒性優勢民族的存在。然而，東南亞並不是這樣。在這裡，具有壓倒性優勢的代表性民族並不存在。各式各樣不同系統的民族互相並存。幾乎每一個不同的國家，都是不同的民族。語言、風俗習慣、宗教等，都有極大的差異。

在日本，常常將印度也放進東南亞當中，經濟上另當別論，如果是在文化上的話，則避開較好。印度是一個大國。印度本身就是一個文明世界，絕非東南亞的一部分。事實上，眾小國的集合體，就是東南亞的特徵。

換言之，所謂「東南亞」這個詞確有亂用之嫌。例如，東南亞電影節把日本也放了進去。這簡直就像是改成了亞洲電影節一樣。

馬賽克型的構造

讓我們試著檢討若干東南亞各國所擁有的文化特徵。

首先，從語言這個部分來思考。不論是那一個國家，理所當然都是由很多不同語言的少數民族所構成。姑且不論這一現象，即使試著只考慮有共同中心語言的國家，也有極大的不同。位於西端的緬甸是屬於西藏、緬甸語系的緬甸語地區；泰國是泰語。泰語是屬於支那、泰語系。寮國是寮語。這也是屬於支那、泰語系的一支；柬埔寨是高棉語隸屬孟、高棉語系，語言系統上全然不同；越南是越南語，但是，其所屬眾說紛紜無法確定；馬來亞聯邦與印尼的語言非常相似，但是，與其它諸國的語言卻完全無關。另外，菲律賓也不一樣。

即使是文字也有很多種類。緬甸是緬甸文；泰是泰文；寮國是寮國文；柬埔寨是高棉文。只有這些是源於古印度的文字系統，然而，現在都成了全然互不相通的文字。互相還可以理解的大概只有泰文及寮國文而已。其它國家如越南是羅馬字與漢字；馬來亞和印尼是羅馬字及阿拉伯文字；菲律賓則是羅馬字。

宗教又更為棘手。緬甸、泰國、寮國、柬埔寨絕大多數是小乘佛教；越南則是大乘佛教及儒教、道教；馬來亞、印尼是伊斯蘭教；菲律賓則是天主教。其它諸如穿著的衣服，佩戴的飾物，建築、食物，無一相同。即使長期居住在某一個國家裡，熟悉其生活方式，但是一到了相鄰的國家就不太行得通。因為「東南亞」的生活方式或者「東南亞」的文化並不存在。

就歷史來看，也無法概括而論。雖然大多是西歐各國的殖民地，但是，泰國自古以來就是獨立國家，從未成為他國的屬領。即使成為殖民地，每一個國家也都有不同的歷史——緬甸是英國的領地；寮國、柬埔寨、越南是法國領地；馬來亞是英國的領地；印尼是荷蘭領地；菲律賓則從西班牙領地變成美國領地。論其共同點，大概只有全部都有被日本占領的經驗。

民族移動

即便是在現今的世界，也不得不說東南亞是一個特殊的地區。眾多的小國，在某一個地區，雜亂的聚集在一起，就這一點而言，的確與西歐相同。但是，西歐國家之間，並不像東南亞這樣是由性質不同的國家聚集而成。即使就民族的角度來說，西歐最多只有拉丁民族或日耳曼民族。宗教上都是基督教，不過是天主教和新教的差別而已。就整體而言，很明顯的西歐是一個單一文明圈。然而，要說東南亞是一個單一文明圈的話，有點困難。

東南亞為什麼會變成這樣呢？讓我們試著研究一下各國的歷史。

試著概觀東南亞各國的歷史，我認為與日本歷史有很大的不同點。特別在於激烈的民族移動以及伴隨而來的住民交替。

本來，古代的緬甸、泰國、柬埔寨附近所建立起來的國家，有孟族，有高棉族，都被認為是從印度那一方移動而來。有此一說，由於雅利安族從西邊進入印度，原本的住民則被逼迫往東邊移動。總而言之，與一千年以前相比，民族的分布完全不一樣。

首先，緬甸的伊洛瓦底平原以及泰國的湄南平原是孟族的國家。從泰國的東北方、柬埔寨、寮國、一直到交趾支那，是高棉族的廣大國家。那裡的舊首都，就是有名的遺跡吳哥窟。另外，南越是占族的國家。除此之外，馬來亞、爪哇方面則屬於其他國家。但是，不論那一個國家，在文化上全都是姐妹國。皆具有印度系統的文化，具有一樣的宗教（婆羅教、大乘佛教再加上後來的小乘佛教），一樣的建築及雕刻。

現在這樣的民族配置是很晚近的事。緬甸族、泰族原本都居於中國的西南邊。民族的遷徙逐步進行，緬甸族進入了緬甸地區；泰族進入了寮國、泰國、緬甸的撣邦等等。七世紀時，泰族在雲南建立了偉大的國家。然而，在十三世紀時，因為忽必烈汗的入侵而崩壞，也造成了大量的泰族移往現在的泰國地區。泰國的建國就是這時候的事情。同時，忽必烈的軍隊也曾經入侵緬甸。

越南族本來居於在「越」這個地方。因為民族的遷徙活動，在紀元前就已經移入紅河三角洲。然後，漸漸沿著海岸南下，與占族國發生衝突。經過很長的時間，在十七世紀時才消滅了占族，前進到交趾支那。建立了安南帝國。當時勢力強大的高棉帝國，在泰族及越南族兩方面的壓迫之下，縮小到現在的柬埔寨地區。

之後則是西歐人和日本人的侵略史。

溼潤地帶線

如果要將以上的歷史歸納的話，可以這樣說。首先，自然條件不佳。森林覆蓋的範圍太大，無法產生大文明。在古代，與日本一樣是未開化的野蠻地帶。後來，從相鄰地區輸入了大文明，建立了模仿帝國。這跟日本有異曲同工之處。但是，再往後推進就大相逕庭。由於其他文明的入侵，或是受其連鎖反應的影響，破壞與興亡反覆交替。總而言之，各種新舊的要素像馬賽克般地殘留下來。關於在這樣的情況，開拓的可能性以及生產力的問題，需要若干繁瑣的生態學討論，而且又有許多有趣的事實，但是，現在還是暫且割愛，先往前推進。

把這樣的歷史狀況考慮進去之後，我們將試著對A圖進行修正。

首先，如果說A圖顯示出什麼的話，可以說它顯示了決定舊世界各地歷史發展類型重要的環境要素的分布。特別重要的是從東北斜向西南的大乾燥地帶的存在。然而，之前也曾指出，在人類歷史中首先開發的正是這一乾燥地帶或者是其邊緣地區的準乾燥地帶。特別是從歷史上來看，準乾燥地帶的存在極為重要。

用極為模式性的思考方式的話，如果正中間是包括沙漠、草原的乾燥地帶，其外側則是熱帶大草原般的準乾燥地帶。更外側，則是被森林覆蓋的溼潤地帶。實際上，世界的生態學構造，大致上都是這樣的配置。因此，如果要將此一準乾燥地帶與濕潤地帶的分界線加在A圖上的話，應當也是與斜向乾燥地帶平行。進行了此一修正之後，就是B圖。

根據添加的這些線，東南亞的位置可以非常清楚的表現出來。它是位在舊世界東部的溼潤地帶。而與印度世界、中國世界、日本世界三面接壤。由中國世界向東南突出的三角形地區，可以想成就是現在的嶺南地帶。

修正

那麼，根據此一修正，除了東南亞的問題以外，其他各種問題也變得清晰起來。試著將A圖與B圖做比較的話，可以知道後者

B圖

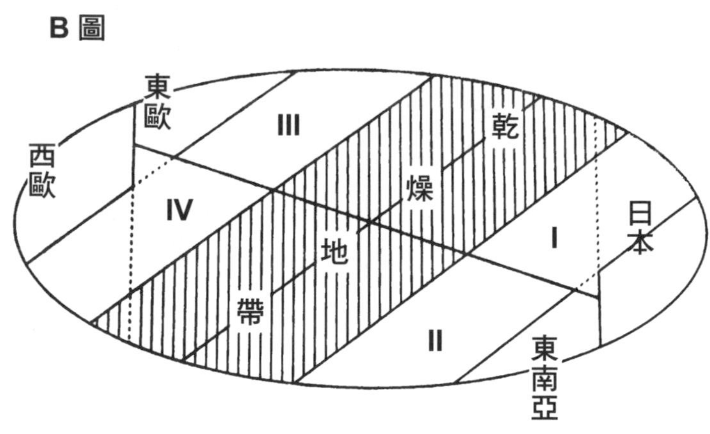

表現出更多的事實。

首先，第一區域的形狀得到了修正。原先在左右對稱的位置上，以接近半圓形的形狀表示，然而，這次是接近扇形的形狀。於是，東西的第一區域成為不對稱的形式。實際上，西歐與日本雖然在氣候類型等方面都極其相似，但是也有若干不同之處。就西歐方面而言，一般來說氣溫略低。根據B圖來看，這一關係非常容易明瞭。西歐是向西北正面展開；日本是向東南正面展開。前者包含很多高緯度的部分。

第二區域的形狀也有所改變。在A圖上，第二區域的四個文明圈，大致以三角形呈現，其頂點是共有的。而在B圖上，每個則大致是以四角形呈現，全部都是東北向西南傾斜。而且，在其文明圈內部，都有乾燥地帶及準乾燥地帶這兩種對立的地帶。

對於古代的日本文明而言，其模範的提供地是漢以來的中華帝國。而對於西歐諸蠻族的文明而言，其模範的提供地則是位於地中海的羅馬帝國。現在，如果我們假設突出於日本北部的第二區域的東北端是中國北部；突出於西歐南部的第二區域的西南端是南歐，那麼日本和西歐就非常相似。

歷史的幾何學

我當然也不認為用如此簡單的圖式可以完整地說明人類的文明歷史。如果仔細地觀察細節的話，怎麼樣都會出現破綻。但是，極為粗略的樣貌，基本上可以透過這樣的圖形來了解。

對於像人類歷史這麼複雜的事物，是否可以用單純的幾何學模式來處理呢？或許有人對此抱有疑問。有這樣的想法理所當然。複雜的事物是不能那樣直接用單純的形式表現。為了將複雜的事物以單純的形式表現，化為理念型是必要的。這就是所謂的理論。而根據現象的理念型所得到的理論，可以用適當的模型來表現。科學的理論，都具有這樣的構造。

現在的情況也是如此。以橫寬的橢圓形表示舊世界，是一種模型。然而實際上有半島又有內海，是相當凹凸不平的。將這些表面的現象全都捨去，構思出一個理念型的世界。

為了說明歷史，用這樣的幾何學圖形，未必是荒謬的事情。這是有一定根據的。

所謂的歷史，就生態學的觀點來看的話，是人類與土地之間進行相互作用的結果。換言之，即主體環境系統的自我運動的結果。決定其進行形式的各主要因素中，第一重要的是自然的因素。而這種自然因素的分布，並不是隨便的。那顯示出一種幾何學式的分布。

這裡雖然沒有詳細敘述到例如氣候類型的分布。其實，我思考到生態史觀這樣的理論的一個根據，就是與柯本[9]以來的氣候帶區分問題，把各氣候類型的特定生活方式的分布，密切地聯繫在一起。當然，雖然說是氣候類型，但是在地球上實際的分布可能很複雜，無論如何是不可能用幾何學來表示。但是，將局部的影響去除，只取出其中的基本現象，那麼，就可以做成一種理念型的分布圖。也就是所謂的理念型大陸氣候類型分布圖。

這已經是非常幾何學的圖形。為什麼這麼說，理念型大陸將局部的現象全部隱沒之

9 譯者註：Wladimir Peter Köppen，1846-1940，德國氣象學者，世界氣候帶區分（柯本氣候區分）的提倡者。

後，於是氣候類型的決定要素，首先就是緯度所取決的溫量的分布，以及伴隨著地球自轉而產生的偏西風的影響，再加上伴隨上述條件的雨量分布；這些都是可以還原到數理地理學的要素。這種分布圖的製作，可以說不過只是計算與幾何學的作圖罷了！

可是，在這裡提出的舊世界文明的圖解，在背後一旦考慮了氣候類型的分布，那麼用某種類似的幾何圖型來表現，就不是什麼特別令人詫異的事情了。這樣的圖示法，更勝於僅僅只是譬喻或突發奇想，有多一些理論的意義存在。這可以說是理念型的大陸文明分布圖。

東南亞與東歐

此一模式圖，是一個對稱性與非對稱性的奇妙結合物。這是由橢圓與斜線所組合而成的圖形。其結果就是如果選擇某一個地點，在它的相對一方，就會有方向不同的對應地點。儘管它們由於方向的不同，而具有不同的性質，但它們也顯示出相對應的各種性質。例如，像日本與西歐一樣。

那麼，試著尋找與東南亞相對的對應點。這就是俄羅斯世界西側、西歐東側、地中海／伊斯蘭世界北側的地帶。如果說就實際而言是那裡呢？這除了東歐諸國以外沒有其他。事實上，東南亞與東歐之間，是不是也有許多情況相近的地方呢？

儘管東歐這個概念，範圍很難確立，但是，就如同東南亞把印度排除一樣，東歐一樣也把俄羅斯排除。這樣的話，就可以放進包含波蘭、捷克斯洛伐克、匈牙利、南斯拉夫、羅馬尼亞、保加利亞、阿爾巴尼亞等國。甚至也可以將希臘算進來。

雖然提到東南亞與東歐，被認為似乎是非常出人意料的比較，然而，試想一下，從比較文明論的角度來看，兩個地區有各種各樣的點是相對應的。首先，兩個地區都是由很多的小國集合而成。並且，自古以來就被三個世界圍繞，形成了一種中間地帶。

東歐又與東南亞相同，也是各式各樣異質文化並列的地區。語言、民族的系統，有斯拉夫、拉丁、希臘。阿爾巴尼亞又不同，而匈牙利原來甚至不屬於印歐語族的系統。即使要從宗教信仰來看，要籠統的概括也是困難的。就統計的資料看，例如，波蘭與匈牙利兩國信仰天主教的人最多；羅馬尼亞、保加利亞、南斯拉夫則是信仰希臘正教的人比較多。此外，南斯拉夫還有一成左右的伊斯蘭教徒。更不用說還有猶太教教徒以及其他少數者的存在。

歷史也同樣，東歐與東南亞極為類似，反覆的被俄羅斯世界、地中海／伊斯蘭世界以及西歐世界所入侵。而且，在近代大多都成為別的國家的屬地。也有像匈牙利，成為奧匈帝國的一部分；也有像南斯拉夫，成為自身帝國的屬地。

我對於東歐的情況以及歷史不是太精通，無法進行更為詳盡的比較。將來，如果有機會的話，希望一定要到東歐參訪。此外，我也想要學習東歐的歷史。現在，只是當作一種作業假說，只是提出來作為東南亞與東歐的對比而已。

兩次大戰

在之前的論文裡，曾經提及第一次世界大戰的成果。也就是說它掃除了第二區域殘存的帝國。造成俄羅斯、奧匈、土耳其這三大帝國的崩壞。這是從帝國角度的看法，但是，如果換個角度來看，則是廣大的地區得以從帝國解放。實際上，波蘭、捷克斯洛伐克、南斯拉夫、羅馬尼亞、保加利亞等，全部都是在第一次大戰後建立的國家。第一次大戰催生了東歐各國的誕生。

東南亞各國又如何呢？眾所周知，這裡幾乎都由新的獨立國家所組成。作為第二次世界大戰的結果，這些國家得以從殖民地的地位獲得解放。也就是說，第二次世界大戰催生了東南亞各國的誕生。

這兩種現象，雖然看起來似乎毫無關係，但是將東南亞與東歐的文明史位置放進來考慮的話，就能夠看清一連串的現象。視角轉變的話，在解放東歐以及東南亞這兩個舊世界中間地帶這一點上，也可以說兩次的大戰具有相同的意義。

東歐各國，現在，形式上大都變成人民共和國，這與大多為王國的東南亞看起來極為不同，然而，儘管那樣，東歐在獨立當時也是有好幾個是王國。同時，在東南亞方面，也有取消帝制轉換成共和制的國家。

現在，在東歐，看起來似乎是來自於東邊的壓倒性政治權力正在發揮作用。但是，也不一定全部都成為蘇聯的屬國（衛星國），而且，未來也不知道會變成什麼樣子。在過去，也有像拿破崙時代一樣，曾經控制了整個西歐。東南亞亦然，日本也曾經在過去，控制過整個東南亞。今後也一樣，不管是以和平的方式或因某一個文明圈強力的影響，兩者的可能性都不是沒有。

無論如何，東歐以及東南亞這樣的地方，兩者都是被大文明圈夾著的一種中間地帶，我認為存在著某種文明史中的不安定要素。

日本與東南亞

至於日本與東南亞各國之間的關係，也一樣一邊參考B圖的圖式，一邊試著思考幾個歷史性的問題。

總而言之，日本是東亞唯一的第一區域國家，所以，西歐很多國家所做過的事，全部都只能由日本一個國家來做。

日本對北方大陸方面的行動，在此無需說明。首先說明南洋問題。西班牙人乘船出海肆意掠奪之時，剛好這個時候，也是日本人乘船出海到處掠奪的時候。西班牙人掛著瑪利亞的像出海；日本人則是插著八幡大菩薩的旗幟出海。兩者都是在自己的神的護佑之下，砍殺異教徒搶奪財寶。從華南到東南亞各地都被八幡船洗劫過。這是第一階段。

第二階段是持有特許的貿易船的時代。首先來到東南亞的是從西邊侵入的葡萄牙人。然後，從染指麻六甲開始，在各地建造居留地，經營貿易。接下來，荷蘭人、英國人、法國人陸陸續續到來。恰好，幾乎在同一時期，日本的御朱印船剛好開始出海，也頻繁地與東南亞各國進行貿易。這是從十六世紀末到十七世紀初的歷史。當時，東南亞各地有很多大規模的日本人城市。有名的城市包括越南的峴港、會安（Faifo）、泰國的大城府（Ayuttaya）等。在呂宋、爪哇、柬埔寨也有這樣的城市。

至今依然有一些當時的遺跡殘存下來。在會安還有若干當時留下來的日本人墓地。也還有據說是日本人蓋的建築物留下來。也聽到過有不少人自稱是日本人的子孫。

第三階段是荷蘭、英國、法國等在東南亞經營殖民地的時代。除了在各地建設居留地，並以此為據點，再編造設計種種衝突，逐步擴張其領土。在這個階段日本勢力完全被排除在外。這是因為日本實行了鎖國這種奇特的政策。也因為這樣，各地的日本人城市，斷絕了後援，紛紛消失了。鎖國之前，日本的國力正以非常強力的氣勢擴大當中，但是鎖國之後，銳氣頓挫。

因為鎖國，日本對東南亞的侵略以及殖民地化的進行，足足晚了二百年以上。歷史事件，沒有如果，「如果如何……就會如何」之類的思考，沒有什麼意義。但是如果硬要說明的話，若是沒有鎖國，東南亞的相當大的部分，也許在很早的階段就會成為日本的屬地。並且，因為領土的爭奪，或許與英國、法國會更早交戰。

並不是在說明實行鎖國政策的遺憾。從日本這個國家的歷史脈絡來說，對於東南亞而言，終歸只是扮演與英國、法國、荷蘭等等一樣的角色的國家。這不一定是明治以來的軍國主義所帶來的結果。這本來就是由於日本與東南亞各國文明史的狀況差異所致；同樣地，是因為日本與歐洲各國的狀況類似所致。

近代化

明治開國以後，是什麼樣的狀況呢？日本經過革命之後，整個蛻皮蛻變。之後沒有多久，日本人立刻以非常強力快速的態勢到了海外。那個時候，東南亞各國又是什麼樣的狀況呢？在那個時期，東南亞的大部分都已經成為西歐的殖民地了。泰國基本上是唯一的獨立國家。剛好與明治天皇同年，被稱為泰國稀世英主的朱拉隆功國王（拉瑪五世）即位。泰王為了泰國的近代化，付出了非常多的努力。這個部分也常常被拿來與明治天皇相對照。只從這個部分看的話，日本與泰國看起來好像從相同的出發點出發，但是，實際的情況卻非常不同。泰國雖然是所謂的獨立國家，但是卻處於以下的狀態。一方面發生周圍的領土被列強所強奪的事情，另一方面又有被強加於身的不平等條約，而且一有什麼事就得聽外國顧問的意見。然而，日本勢力已經作為「列強」之一，進入了泰國。雖然沒有占領其領土，但是，擁有治外法權，派遣許多的政府顧問到了當地。事實上，日泰之間早在一九三七年就已經締結了完全平等條約。

在第二次世界大戰的戰爭中以及戰爭以後的狀況，就如同大家所熟知的，雖然日本驅逐了西歐諸國的勢力，將東南亞各國從「殖民地」的處境解放出來，但是，對於這些國家的國民而言，實質上，不過只是更換了統治者而已。

日本因為擁有殖民地而變富強，以非常快的氣勢實現了近代化，變成如現在所見到有如怪物般特異的工業國家，但是，東南亞各國則不是如此。由於被殖民而積弱不振，一直停滯不前無法進行近代化。到了戰後，急速的開發與近代化總算才開始進行。第一區域的各國也以各種形式對東南亞各國提供援助。

異質性與同質性

還有很多不得不寫的東西。例如，各國的資源分布、工業化的可能性、華僑的問題、人口的分布、社會構成的特徵、少數民族等等。如果要談東南亞的文明論，前面所提及的內容是非談不可的，但是，篇幅有限，只能留待下次機會再討論。我到目前為止所寫的內容，或許過於強調東南亞與日本之間性質不同的那一方面。最後，我要就兩者之間的異質性與同質性稍微再做一下討論。

說實話，感覺上，東南亞這個地方的環境與日本相當相似。不管是在都市或鄉下，都完全沒有身在異國的感覺。臉在毫無裝扮的情況下，相像的程度是無法辨別的。房子也是一樣的形式。一樣有水田、有青翠的山林。語言不通這件事總覺得是那麼的不可思議。人人和藹可親，並且非常親日。至少在我接觸的範圍裡，讓我有這樣的印象。總而言之，這裡讓人覺得非常舒適。我對東南亞這塊土地及這裡的人們都非常喜歡。

這種感覺上的同質性，就我所知的範圍，即使在整個亞洲當中來看，也是這個地區給予我的感受最強。遠比朝鮮、華北、蒙古等地更為強烈。印度的話，這種同質的感覺就比較少，至於阿富汗則幾乎感受不到。

可是，在阿富汗時，我從這國家的一位知識分子口中聽到「我們彼此都是亞洲人」這樣的發言時，內心感到極為驚訝。這在感覺上找不到支撐的根據，我想只能說是一種觀念上的同質性。很明顯地，連說這句話的當事人也不覺得他與我們相似。然而，說起來我們確實毫無疑問都是亞洲這個地理名稱下的亞洲人。

可是，我對於像「我們彼此都是亞洲人」這樣的話，到底究竟包含怎樣的內容非常質疑。我認為僅有在感覺的或者是觀念的意義上，亞洲是同質的，但在理論的或者在實質的意義上，很難說具有同質性。日本，特別是如此。過去的歷史進程不同，現在的生活狀況也不同。而這些，即使要看作相同的東西，也沒辦法。就算現在馬上要統一亞洲各國的步調，日本也不可能放棄工業，同樣的東南亞也不可能急速發展工業。無論如何，不一樣就是不一樣啊。

新的關係

關於新關係這件事，話又說回來與所謂的國際關係是友好的，還是敵對的等等，是完全不同的事情。在強調同質性的同時，卻作出殘酷無情的事，這樣的例子我們看了很多。自從岡倉天心提出的「亞洲一體」以來，一再出現強調亞洲同一性的思想。與中國之間所謂的「同文同種」也一樣。說這樣的事情的同時，卻又連續不斷的往關係惡化的方向進行。甚至可以說使其成為「大東亞共榮圈」的思想根據之一。

相反的，即便發現異質性，我認為依然可以找到很多順利前進的道路。大家都是亞洲人這句話，是一種外交辭令。我知道這種外交辭令也有奏效的時候，不認為是一概無用，但是，客套話終歸是客套話。要思考東南亞各國與日本之間的新關係在現實中會如何發展，首先，必須脫離這些「客套話」才行。我認為應該在確認彼此之間性質的相異之後，再考慮如何將這些性質相異的事物好好的結合起來。

（一九五八年八月）

阿拉伯民族的命運

解說

一九五八年是中東地區大動盪的一年。埃及與敘利亞兩國合併，建立了阿拉伯聯合共和國；接著，約旦與伊拉克也結成阿拉伯聯邦；黎巴嫩發生暴動；伊拉克興起革命運動。局勢混亂，最後，終致英國與美國出兵中東。

《週刊朝日》隨後以「中東的危機」為題，發行緊急增刊號。該週刊對我邀稿，希望我以文明史為背景來解說此一動亂，寫出來的就是這一篇〈阿拉伯民族的命運〉。[1]

我因未曾到過阿拉伯國家，總覺得有可能犯下意想不到的錯誤，但是，想到這是

1 梅棹忠夫（著），〈阿拉伯民族的命運〉，《週刊朝日》「中東的危機」緊急增刊，第六三卷第三五號，二〇至二一頁，一九五八年八月六日，朝日新聞社。

〈文明的生態史觀〉的應用問題之一，還是決定提筆寫下我的看法。

中近東的名稱

日前，在《每日新聞》晚報的「憂樂帳」專欄，鵜飼信成發表了「中近東等稱呼是以英國為中心的道路指標型地名，現今已經不合時宜。」的意見。[2]他提出了建議，認為倒不如稱作西亞。關於這樣的提案，我頗有同感。舉例來說，在京都大學有關於這個區域的研究組織，名稱就叫「西南亞研究會」。

因為鵜飼先生在同一篇文章中，嘲笑地（？）說：「可是，連梅棹教授的生態史觀中，也說中近東似乎仍然像中近東的樣子」。因此，為了慎重起見，我查了一下，但是，到目前為止發表過亞洲文明論的分類之中，並未出現稱「中近東」為一個地區的講法。我只說過類似以下的話，例如，「在日本，以中近東為主題的新聞和書籍非常多」。我認為中近東這一名詞或觀念，作為國際上的新聞用語是非常便利的，但是，就文明論上而言，就沒什麼意義了。

阿拉伯人是東洋人嗎？

雖然有人抱持著將這個地區陸續發生的各種事件，當作亞洲一般的問題來理解，但我並不贊同。總之，「亞洲一體」這樣的思想，我認為是錯的。毫無疑問，亞洲是由若干性質相異的部分所構成的。用亞洲、阿拉伯等名詞，試圖把從日本到摩洛哥連起來一起思考，其實毫無實質性的內容可言。即使我們對於阿拉伯各國反殖民的鬥爭給予聲援，也並不是因為彼此的親近關係。必定是完全出於其他的理由。

究竟將阿拉伯人與我們一樣稱為亞洲人或是東洋人，具有什麼樣的意義呢？最近剛完成可蘭經口語翻譯的井筒俊彥教授，稱這不過是「語言的魔術」。例如，可蘭經對我們而言，可以說實在是精神性質相差太懸殊的產物。據井筒教授說：現代埃及最偉大的知識人塔哈·胡珊（Taha Hussein, 1889-1973）就曾斷言「我們埃及人不是東洋人。我們是繼承希臘文化傳統的歐洲人。」

不過，這又是令人產生誤解的說法。所謂亞洲或歐洲的概念本來就過於粗糙，歷史

2 鵜飼信成（著），「中近東」，「憂樂帳」，《每日新聞》，一九五八年七月二四日。

未必是分成亞洲與歐洲兩個地區而發展的。為了思考阿拉伯文明史的位置，非得試著思考包含亞洲、歐洲、北非的舊世界全體在歷史、地理上的構造不可。

地中海．伊斯蘭世界

在中近東地區，最近引人注目事件相繼發生。而且，人們很容易馬上將此聯想到美蘇對立。當然，這雖然也是主要因素之一，但是，根本的原因是這一地區固有的歷史問題現在依然還在進行中，這樣看的話比較合理。至於是怎樣的問題呢？我認為是地中海．伊斯蘭世界的重建。

就文明史上來看，不能把所謂的中近東地區從地中海切割開來理解。自古以來，有幾個大帝國都是地中海沿岸地方與位於遙遠東方的伊朗方面發生連結而建立起來的。例如亞歷山大帝國及其繼承者薩拉森帝國。到了晚近的時代，根源於奧斯曼土耳其的伊斯蘭帝國則是其衍生物。

中國，儘管歷代王朝交替，一個「中國世界」仍然形成；地中海．伊斯蘭世界也一樣，即使從古代開始，帝國反覆地交替與分裂，依然是一個統一的「世界」。我認為舊世界這種自我完結的單位，除了日本和西歐以外，其他還有四個，就是，中國世界、印度世界、俄羅斯世界，然後還有一個是這個地中海．伊斯蘭世界。

各個世界，在歷史上都反覆經歷多次的分裂與崩壞，但是，原則上還是維持一個統一的帝國。在這些世界，巨大的帝國與環繞其周圍的屬國（衛星國家）形成了一種安定的結構。在近世，這四個世界的結構皆已經完成。那就是清帝國、蒙兀兒帝國、俄羅斯帝國、土耳其帝國。

「帝國」的再建

現在，正在發生的種種事件，雖然毫無疑問確實是帝國主義、殖民地主義與阿拉伯民族主義之間的競爭，但是，同時造成的結果是覆蓋地中海．伊斯蘭世界的新巨大「帝國」的再建。在這種情況下，能夠成為「帝國」核心的民族，已經不可能是土耳其民族，而是擁有壓倒性人口的阿拉伯民族。

所以，一般民族主義運動是意味著脫離帝國，選擇獨立。然而，在這樣的情況下，將自己對「帝國」再建的強烈欲望隱藏起來，但是選擇合併。幾個國家併在一起，形成一個國家，不是一件平常普通的事情，但是在這個地區，這樣的現象還是會繼續不斷重複的發生吧！

阿拉伯聯合共和國、阿拉伯聯邦、還有北非各國串聯起來的馬格里布聯邦的想法，會反覆出現。結果，首先大阿拉伯國家成立了，再來就是以此為核心的地中海・伊斯蘭世界的重建。石油以及猶太國家等因素，都對這種合併的行動發揮了觸媒的作用。

再興的方向

本來，到目前為止詳細的國界劃分，大多依照殖民地母國的安排來決定，沒什麼特別的根據。中國的軍閥以及印度的土侯國，每個都像是一個國家。即使說是民族主義，也都與東南亞各國的情況不同。

近世的四個巨大帝國，苦惱於嚴重的腐敗與矛盾，都淪落為殖民地或半殖民地。在十九世紀的後半，例如，中國從被稱為「睡獅」，降格到「老死豬」；土耳其帝國則被稱為「歐洲的病人」。最後，全部走向崩壞的道路。

然而，帝國雖然崩潰，但是各個地方的一體性並沒有喪失。後來在各個「世界」劇烈改革的努力，可以被看作是新體制在各個「世界」的重建工作。

俄羅斯世界首先透過革命而成功復興。中國、印度也正在穩步而順利地前進。四大帝國中態勢最落後的是地中海．伊斯蘭世界。而現在進行中的現象，確實是屬於這一系列的現象。

運用怎樣的對策可以實行復興的工作呢？當然無法預知，但是，學習蘇聯、中國的例子，將來這一地區也經由共產主義而謀求近代化，也相當具有可能性。伊斯蘭教（回教）大概不會成為對抗共產主義的防波堤。伊斯蘭教只會用自己本身的力量去適應新的狀況，並且進而改變本來的面貌。

即使地中海．伊斯蘭世界得以再興，也會有新的問題出現。像阿拉伯與土耳其、伊朗這些非阿拉伯系伊斯蘭國家之間的關係會如何呢？還有，與鄰接的俄羅斯世界、印度世界的關係又將如何調節呢？四大世界，今後大概必須要共同面臨這一類的問題。這就是現在存在於我腦海裡的假說。

（一九五八年八月）

東南亞的印度

解說

一九五八年的春天，從東南亞回國之後，在很短的時間內，來自四面八方的邀稿紛湧而至，希望我寫一些關於東南亞的文章。在當時，對於東南亞的關心，還是只限於口頭上空喊，幾乎沒有人願意稍微花點時間去實地看看，所以才覺得很稀奇吧！這裡所收錄的，就是當時的這類文章之一。本文刊登在關西日印文化協會的機關雜誌《日印文化》一九五八年第二號[1]。當時是希望讓讀者輕鬆閱讀而寫的文章，然而，因為內容與本書的其他論文相關，故收錄於此。

東南亞與印度常常被混在一起，有時候印度還會被列為是東南亞的一國。但是，不論在文明史上或地理上，東南亞與印度是完全性格相異的兩個地區，放在一起是不恰當的。不過，東南亞各國，從很早以前，在文化上就相當程度受到印度文化的影響。到現在依然可以發現種種當時所留下的痕跡。文章中我搜集了在現在的東南亞還可以看到的具有印度文化意涵的事物。題目命名為「東南亞的印度」，也是這樣的用意。

印度支那

談談我在東南亞旅行時所發現的一些事情。東南亞各國中，我到過的有泰國、柬埔寨、越南、寮國這四個國家，另外還順道去了一下新加坡及檳城。就地理學上來說，都是位於中南半島的國家。

所謂印度支那一詞，狹義來說，是指屬於舊法國領地，一般常說的印度支那三國。廣義來說的話，也包括泰國以及馬來亞，指亞洲大陸向東南突出的整個廣大的半島。從什麼樣的緣由開始，這個地方開始被稱為印度支那呢？詳細的經過雖然並不了解，但是到了當地一看，發現果然是取了一個很好的名字。這裡的確像是印度與中國的混合體。

1 梅棹忠夫（著），〈東南亞的印度〉，《日印文化》，一九五八年第二號，一－二頁，一九五八年九月，關西日印文化協會。

這是在到過這些國家之後的真實感受。

臉孔

從臉孔來看，完全是中國人的臉孔。就人種上來看，泰國人、寮國人、越南人、全部都是由中國遷徙而來，很明顯和中國人極為相近。東南亞有為數眾多的華僑，只有看臉孔的話，非常相似，與當地的人幾乎無法區別。在泰國等地，由於再加上了不斷的混血，幾乎完全分辨不出來。不是只有我們無法區別，好像連泰國人自己也分辨不出來。不過，說到辨識，卻是一次就分得出來。第一代的移民，不管泰語多麼流暢，也還是會有某些地方發音跟本地人不太一樣。

說到長得相像，不是只有泰國人跟中國人而已。即便跟日本人，實際上也真的長得很像。只是膚色比較白而已，曬黑之後一定有很多人是無法分辨的。總而言之，這些人全部都是東亞的蒙古人種。關於這一點，即使一樣是亞洲人，與屬於高加索人種的印度人，從根本上就不一樣。

文字

剛到泰國的時候，像源氏香符號般的泰國文字就映入眼簾。看到泰國人的臉時，完全覺得與日本人是一樣的，但是，看到這個奇怪的文字，就徹底地了解這些人終究是外國人啊！泰國因為華僑很多，所以都市街上也有寫著漢字的看板，但還是泰文比較多。在法律上好像強制必須使用泰國文字。

一進入柬埔寨，就更令人瞠目結舌。柬埔寨的文字，比起泰文更難，實在無法形容這麼困難的文字。我想試著學習泰國文字及柬埔寨文字，短時間無法有效果，只好放棄。

泰國文字是從柬埔寨文字轉變而來。而柬埔寨文字有很顯然地是印度系的文字。只是，並非現在的天城文。來自於一種從六世紀一直到八世紀，在南印度所使用的文字。

建築

東南亞的人們，至少在現在，關於造型美術，好像還未創造出好的作品。但是，泰國的近代建築，我認為水準還不錯。

當然，雖然是鋼筋水泥的結構，但是，從大而複雜重重堆疊的屋頂，與沿著屋頂邊緣建造的裝飾板，可以看到保留了泰國古老建築風格。有「和洋合璧」這樣的詞，這裡可以是一種「泰洋合璧」的風格。曼谷附近紛紛正在興建的官廳，以及ECAFE（聯合國亞洲及遠東經濟委員會，Economic Commission for Asia and the Far East）等國際機構也全部屬於這類建築物。東洋風，富麗堂皇，非常美麗。

重疊數層複雜交錯的屋頂結構，是泰國建築的特徵。這是源自何處呢？雖然並不清楚，不過應該不會是從印度來的。在泰國也依然有一些印度風格的建築留下來，但是和前述的建築完全不同。盧梅的文化史中，認為其原型出至雲南，但是關於此一問題，[2]希望聽聽建築專家的意見。

那伽

曼谷的朱拉隆功大學是一所美麗的大學。同樣是近代泰國風格的建築，綠色與橙色的屋頂配色極美。說這是一所大學的建築，實在令人難以置信。

到達曼谷沒多久之後，在這所大學裡，我第一次看到了那伽的雕像，其實也就是多頭的眼鏡蛇。樓梯兩側的扶手是蛇的軀體，在最下面的地方，強力地抬起鐮刀形的脖子，向前睨視。像八歧大蛇，不同的是七歧或九歧，總而言之，一定是奇數。型態上，猶如背上背著一根大湯匙。

雖然那伽象徵什麼我並不知道，但是，這是從印度渡來之物，不會有錯。觀察古老的泰國佛像就可以發現，用背負那伽來取替佛像背後的後光。另外，到泰國的任何地方，特別是寺廟，一定會看到那伽。

不是只有泰國，連受到古代印度文化影響的柬埔寨及寮國，也是所到之處皆可看到那伽。

迦樓羅

還有一個不可思議的象徵，那就是迦樓羅。迦樓羅是由雞化身的鬼怪。身體和臉孔與人類相似，但是有一對翅膀。

2 Le May, R., The Culture of South-East Asia, 1954, George Allen & Unwin Ltd.

在泰國，迦樓羅是王室的家徽。如同日本皇室的菊花家徽。像大日本帝國海軍的軍艦在它的船頭掛上菊花的家徽，泰王國政府各機關也一樣在玄關掛上迦樓羅。抵達曼谷不久，我們應邀出席由國王招待的園遊會。招待狀是泰語印刷，而上面有大大的迦樓羅的壓紋。

迦樓羅當然來自於印度。曾經出現在印度的敘事詩羅摩衍那（羅摩王子的歷險經歷）裡。回到日本之後，看到京都大學居庸關調查報告的圖版之後，驚訝地發現裡面有極為出色完美的迦樓羅像。[3]而且，迦樓羅兩側羅列的像，在背後都有那伽。

從印度出發，一方面傳入了東南亞，另一個方向則穿過中亞的沙漠到達中國的長城。

拉瑪堅

我在曼谷看了一齣古典劇。演員的肩膀繃緊胸膛挺起，閃閃發亮的衣裳，極為樣板化的演技。劇名就叫做拉瑪堅。

所謂的拉瑪堅，很顯然是改編自印度古典的傳說羅摩衍那。不管是那一邊的文本，我都無法閱讀，難以考證其異同，然而，根據專家的說法，兩者之間有極大的差異。儘管如此，整體的故事結構以及主要的登場人物都相同。羅摩王子的歷險經歷、可憐的悉多公主，還有為了拯救羅摩王子而大展神通的神猴哈努曼等。

在寮國北部的城市龍坡邦的一所小學的校庭裡，看到一群男孩子們正在練習一種奇妙的舞蹈，因為動作實在是滑稽，想說到底是什麼舞蹈，走近一看，原來正是哈努曼的舞蹈。

我感動吃驚的是，這些印度系的傳說對於東南亞民眾的浸透力。真的是人盡皆知。為什麼能夠滲透到如此的程度，真是耐人尋味啊！

現代印度

柬埔寨的文字、那伽、迦樓羅、拉瑪堅等，都是從古代印度傳來的。過去，這個地區充滿了印度文明的光輝燦爛。與過去相較，對於東南亞而言，現代印度實在是非

3 村田治郎、藤田晃（編），『居庸關』第二卷，一九五五年三月，京都大學工學部。

常貧乏。

當我到達新加坡時，看得到的印度人明顯變多。在那裡，也可以看到店家的招牌寫著坦米爾文字。但是，在曼谷以及更東邊的城市，說到印度人，大部份是看門的警衛，其他就只能看到少數的布匹衣物商人而已。

在柬埔寨的首府金邊，因為發現了很少見的印度料理店，就進去用餐。我是因為很懷念印度咖喱才進去的，但難吃的程度實在是無法言喻。由於我去印度旅行時，常常每天都以印度咖哩果腹度過，而且，在東南亞吃過很美味的中華料理之後，吃到這樣的印度咖喱，實在是沒辦法接受。

至少，在現在的東南亞，印度人無論如何都不是華僑的對手。

（一九五八年九月）

「中洋」諸國

解說

一九六一年，日本在這之前限制嚴格的海外旅行，總算開始看到自由化的徵兆，對於海外的關心，正在迅速地提高。中央公論社出版的《世界之旅》全十卷，將當時足跡踏遍世界各地的人所寫的紀行文彙集起來，以地區分類編輯各卷，再附上關於這個地區的解說。我負責第二卷的「從印度到熱帶沙漠之國」。本文就是當時為針對這個地區所寫的解說。[1]

就是這樣，正因為是作為此一地區的「解說」，便以淺顯易懂的方式完成，但是，

1 梅棹忠夫（著），〈「中洋」的諸國〉，《從印度到熱帶沙漠之國》，「世界之旅」第二卷，三九四－四一一頁，一九六二年一月，中央公論社。

因為在內容上有觸及到一些重要的文明史問題，便將其收錄於此。「印僑」與華僑的關係之類，也是將來我想要嘗試對比較商業論進行研究的筆記。關於「中洋」這一觀念，已經在本書最初的短文〈東與西之間〉做過介紹。

「中洋」

在日本，關東與關西的比較常常成為話題。在歷史上也確實可以看到，代表日本的二大文化潮流的關東文化與關西文化，各自包含著極為不同的性質。因此，這種比較論，大多情況下並不是沒有意義。

然而，稍微具體思考的話，用關東、關西這種一分為二的區分法，當然也會有很多讓人想不通的地方。姑且不論九州、北海道，即便是關東與關西的界線，一點兒也不明確。東京的人，對於到伊豆、熱海附近，都相當熟悉，認為到那一帶為止都是自己的領域。但是，越過箱根之後，就已經不是關東了，屬於另外的地區。相同地，大阪、京都的人也一樣，到琵琶湖附近為止，都是很熟悉的地方，但越過關原就已經不被認為是關西，而是別的地區了。也就是說，雖然稱關東、關西，但事實上，這兩個地方的界線並不相鄰，在這之間，橫亙著不屬於任何一邊的廣大中間地帶。

一樣的情形，就世界的規模而言也是存在的。我們常常將東洋與西洋的比較論掛在嘴上。這種比較論也一樣，確實在大部份的情況下並不是沒有意義。然而，在這樣的情況下，到那裡為止是東洋？到那裡為止是西洋？具體的斷定，往往是極為困難的。

以實際的感受來說，由日本向西行時，從新加坡到仰光一帶，總覺得很熟悉，可以強烈地感受到東洋的氣息。可是，由孟加拉再向西，性質極為相異的事物顯著起來，已經怎樣也無法看作是東洋了。感受到這是不同的東西之類的印象極為深刻。另一方面，歐洲的人向東行時，到希臘一帶為止還被認為是西洋。可是，到了土耳其及埃及，強烈的異質感倍增，就大約覺得這裡已經離開西洋了。

這麼說來，雖然稱東洋、西洋，但事實上，夾在這兩個區域之間，不是東洋也不是西洋的地方，是不屬於兩者任一區域的中間地帶，佔據了廣大的面積。這麼說來，這裡既不屬於東洋，也不屬於西洋，那到底屬於那裡呢？我還是認為，活用位於東洋與西洋中間的這一地理位置的概念，稱「中洋」是再好不過的選擇了。

事實上，這一卷（「世界之旅」第二卷《從印度到熱帶沙漠之國》）所包括的國家，就是總括印度及所謂的中近東諸國，剛好與這裡所說的「中洋」幾乎一致。在「世界之旅」中，這一卷也就正好使用「中洋之旅」為卷名。

通過的地區

事實上，對於「中洋」這一地帶的理解，特別是我們日本人，可以說知識非常不足。就算只是單純的旅行記也是寥寥可數。要編輯這種風格的全集時，歐洲以及美國的紀行可以說多到難以抉擇，而中洋地區則完全不是如此。也就是說，到這裡進行過完整旅行的人意外的少。

本來，只是通過而已的話，非常多的人一定都有通過這一地區的經驗。由於航空的發達，與歐洲往來非常便利，結果，相當多的人，往西或往東，每天接連不斷經過這些國家的上空，然後到達目的地。然而，這些人除了記得加爾各答、喀拉蚩、貝魯特等地名，其他並沒有獲得什麼知識，不過都只是通過這個地區罷了！

可是，這一點也與日本國內狀況有些雷同。自從東海道鐵路有好幾班特快車開始營運之後，東京與大阪之間的往來，變得非常輕鬆。但，話雖這麼說，在東京與大阪的商人們之間，對東海道鐵路沿線各地的認識，還是沒有辦法特別深入。途中，大多不是在睡覺，就是在閱讀雜誌。也就是說，對於途中的沿線各地，可以說完全無視其存在。充其量不過只是記得幾個主要的停車站名而已。

對於「歐洲特快列車」的旅客而言，其途中經過的漫長橫亙的「中洋」諸國地區，可以說像東海地方的農村一樣，其存在的意義只是令人感到無聊的「距離」而已。也就是說，在睡覺或閱讀雜誌中倏然而過最好。可以的話，不要「存在」這段路程則更好。因此，如果經由北極的歐洲直達航線開通時，那條路線一定會非常繁盛。

旅遊雜記和旅行指南之類也一樣，對於關西和東京或九州、北海道的介紹非常多。然而，如果要找我們經常通過的東海道沿線的三河和駿河一帶的紀行時，就意外的少。但是，我想如果在這些地方下車進行一場緩慢之旅的話，一定會是一場很有趣的旅行。況且，印度以及伊斯蘭各國，可以看的事物實在太多，真的不是無聊之地。只是，為此非下車不可。非得下飛機，進行地上之旅不可。只有下定決心的人，才能讓這個廣大的地區不只是「距離」而已，而是代表充實的「實質」之地。

旅行的困難度

雖然說要有「決心」，說實在的，在「中洋」各國的旅行，在現階段些微的覺悟還是有必要的。這裡絕對不是容易旅行的地方。所以旅客比較少，也是這個緣故。這不一定只是因為大家大多西洋一邊倒，而無視於「中洋」的存在。在「中洋」各國之中，印度和巴基斯坦屬於最開放的國家。儘管如此，我從印度旅行回來，說了「非常的愉快」時，有某位長時間在印度生活過的人對我說了這樣的話：

「你說在印度玩得很愉快，真不知道是怎樣的玩法？」

我並不認為自己做了特別好的旅行，但是，我可以理解這個人所說的話。一般到處走走的話，我認為確實是有很多吃不消的地方。

本來，這些「中洋」國家，對於接受外國來的旅行者就不是太熱心。雖然在機場的候機室等地，也能看到宣傳觀光的海報，但實際上是不是真的想要招攬觀光客，這一點有些令人狐疑。要不就簽證取得困難，要不即使取得了簽證也不允許你在其國內自由旅行，各式各樣的麻煩事不勝枚舉。在歐洲，給予日本人免簽證優惠的國家很多，但在「中洋」卻只有巴基斯坦而已。

而且，旅行者利用的宿泊設施以及交通機構，也大多不發達。如果是利用飛機，再以大城市的一流飯店為據點，像順著一個一個的踏腳石前進一般，一個地方接著一個地方四處觀光的話，不會有特別的「怎麼玩」？這種問題發生。但是，到了地面的話就不得不認真思考。譬如在印度，常常看到旅行的人背著將棉被捲成一捆的寢具，事實上，在地方旅行時還是帶著寢具比較方便。

關於交通工具，至少印度、巴基斯坦的鐵路網是發達的。因此，即便搭乘火車三等艙的旅行也不是不可能的事。巴士也是，大概可以行遍全「中洋」，但是，不管到那裡，都不是太輕鬆。目前，不管是吉普車或其他，有自己的車最好，即便如此，不是道路狀況非常差，就是像在阿富汗一樣無法輕易的加油，在這裡會遇到各式各樣的狀況。

對日本人的旅行者而言，恐怕還有一件痛苦的事，那就是食物的問題。印度、巴基斯坦到處都是印度咖喱。不管點什麼，端來的一定是咖喱。即使點套餐，一盤一盤端上來的全部是咖喱。不過是味道有些不一樣而已。所吃的肉類，全「中洋」共同的，大部分是羊肉。討厭羊騷味的人，可能無法忍受。我有一位朋友，在巴基斯坦、阿富汗的旅行中，因為討厭這種味道，整個旅程只能像蠡斯一樣只吃小黃瓜。也因為如此而瘦了一大圈。

餐飲的問題，可真不是玩笑話。關於這一點，事實上，與中洋地區文明史的特徵有相當深的關係。

印僑的存在

前面提到「中洋」是從孟加拉開始，但，事實上，一直到緬甸為止，都是屬於所謂的東南亞各國，我們可以從東巴基斯坦以西看作是「中洋」。「歐洲特快列車」的旅客，或許並不需要區別東南亞與「中洋」，但說實在的這兩個地區在性質上是相當不同的。例如，說到關於剛才提到的餐飲問題，讓日本人感到絕望依然是在「中洋」各國，在東南亞各國這樣的事情不會發生。在東南亞即使在非常鄉下的地方旅行，對於餐飲這個問題也不曾覺得困擾過。最主要的理由之一，就是東南亞不管到那裡都有中國人的餐館。中國人跟日本人差不多相同，或者可以說對於享受美食這件事中國人是比日本人有過之而無不及的。可是，非常難吃的中國料理也是很多，但一般來說，還是很合日本人的口味。至少比怎麼吃都是咖喱好吧！因此，只要是大家所說的華僑分布地區，我們日本人的飲食生活就相當程度能夠解決。

所以，我們日本人，在「中洋」各國會有用餐的困擾都是因為這裡沒有華僑。其實，新加坡以及檳城，事實上就是華僑之都。可是，一到加爾各答時就突然改變。當然，這裡也有華僑，中國料理也有，只是，實在是少到不成比例。從這裡往西走，華僑的蹤跡已經極為罕見了。

在東南亞，不是只有餐館，整個經濟界都由華僑掌控著。在東洋擁有雄厚勢力的華僑為什麼在「中洋」沒有呢？有各式各樣的理由，其中之一就是連華僑也敵不過印度人，這件無法改變的事實。說實在的，在華僑占有勢力的地區的居民們，不管是在泰國還是馬來亞，他們本來都不相信這裡是可以商業繁盛的地方。在這樣的地方，與其說是華僑的經濟活動出色成功，還不如說是因為沒有競爭對手，所以獨占鰲頭。然而，印度卻不同。印度自己本身，自古以來就是天生的商業民族。半吊子的話，在此是無法競爭的。單單是地利之便，印度商人就佔盡優勢。事實上，印度商人的海外進出也同樣有驚人的成就。新加坡一帶也相當多，但比起來還是新加坡以西的地方更為厲害。就好像是東南亞的華僑一樣，印僑掌控著東非洲一帶的經濟勢力。

現在，圍繞在國境的問題上，中國與印度的關係相當緊張。這兩個國家是眾所周知的亞洲大國。就國家層級而言，也容易形成競爭關係。而在民眾層級，華僑與印僑的競爭關係很早以前就已經形成了。

人類學的分布

印度以及西南亞各國不是西洋這件事很容易被理解，不是東洋這種說法或許就有些抵抗。但是，實際上，除了剛才所舉出的華僑問題以外，還可以看到東南亞與印度以西之間，各式各樣相當多的差異。

關於這個，到當地看過之後就馬上可以理解。首先是臉孔不一樣。到緬甸為止，還完全是東洋人的臉孔。緬甸人被錯認為日本人的情況也很多。戰爭中，在東南亞各地，對於日本兵與當地的人臉孔一模一樣這個現象，是既感到不可思議，也覺得歡喜，但這是理所當然的。總而言之，以人類學的角度來說，不過就是在蒙古人種的範圍裡發生的戰爭而已。

可是，孟加拉以西，這種情形突然改變。輪廓深，鼻子高，從我們的角度來看，可以說西洋人的臉孔壓倒性地多了起來。只是，膚色黝黑。雖然這裡有各種各樣的混血兒，但畢竟血源是無法掩飾的，很明顯地是具有高加索人種的特徵。然後，這一特徵就這樣穿過伊朗，一直延伸到阿拉伯世界。

蒙古人種的系統，可以說向西延伸至亞洲的北半部。西藏人與日本人也有很多地方是幾乎無法區別的。此一蒙古人種的系統，經常越過喜馬拉雅山、興都庫什山，出現在印度・西南亞世界的一角。那就是阿薩姆、不丹、錫金、尼泊爾等地。還有，阿富汗的哈扎拉族、蒙哥兒族等等，都是例子。

除了蒙古人種、高加索人種，這類人種的區別以外，依據語言的民族學來試著區別的話，果然，東南亞和中洋還是切割開的。東南亞是語言極為複雜的地區，但是，主要的語言有支那．泰語系、西藏．緬甸語系等等，這些毫無疑問都是東洋世界的語言。不過，孟加拉以西就不一樣了。雖然印度國內所使用的語言種類很多，但是，主要的語言，顯然非印度．雅利安語系莫屬了。也就是說，與德語、英語、俄羅斯語、法語、希臘語等是親族關係。孟加拉語、印地語、旁遮普語、烏爾都語、以及斯里蘭卡的僧伽羅語、阿富汗的普什圖語、伊朗的波斯語，也都是與此有親族關係的語言。在中洋諸國裡最通行的語言，不是印度．雅利安語族，反而是出現在遙遠西端的阿拉伯語與土耳其語。那是不同的語言系統，阿拉伯語是閃米語族；土耳其語則是阿爾泰語族。

難以理解的地區

其他，姿態和動作、舉止，以至於對事物的看法，東南亞與「中洋」或許也有不同。這些即使說想要做為人類學的佐證也很困難。然而，總而言之，對於我們日本人來說，怎麼形容呢？與東南亞的人之間的話，無論如何是心氣相通的，但是，與印度以西的人就好像覺得有情感無法相通之處。在印度留學過的日本人學生中，因為討厭印度人而回國的人很多，這是相當有趣的現象。如果同是國民之間，也有性格相合與否的問題，那麼日本人和印度人恐怕是性格不太相合吧！以前，堀田善衛先生曾經寫過這樣的看法。

「謙讓的美德支配精神生活基調的地區只到緬甸為止；印度以西，則是由自我主張的美德來支配精神生活的基調」。[2]或許真的是這樣。這樣看來，印度以西的世界，和我們比起來情況大不相同。

正因為如此，日本與「中洋」諸國之間，有非常難相互理解的地方。日本與中國、東南亞在文化上有很多共通的地方。同時，日本與歐洲各國之間，由於處於大致相同的文明階段，相近的社會現象也很多，大致上可以推斷出來。然而，到了「中洋」諸國，關於文化系譜，也與日本完全不同，而且，當然像日本這種高度產業化的國家一個也沒有。因為互相之間存在的問題非常不同，很難徹底相互理解。也許，對日本人來說，這裡可能是世界上最難理解的地區了。

2　堀田善衛（著），《在印度思考的事情》（岩波新書），一九五七年十二月，岩波書店。

土地毗連的諸國

在這裡所說的「中洋」之中，其實，也是有各種不同的國家，實在很難一概而論。而且，它們大致上被稱為亞洲國家，然而確實非常異質的存在，現有的狀況是所謂的「亞洲一體」，根本是無法形成之事。

但是，關於差異的程度以及內容的不同，暫且不談，容後再述。在此先將關於「中洋」地區的一體性與共通性，稍作陳述。

首先，土地相連這件事是非常重要的。可以包括在「中洋」裡的國家，分開的只有錫蘭，其他的國家全部的土地都毗連在一起。

就土地毗連這一點，可能東南亞的柬埔寨、泰國、緬甸也被認為是相互毗連的國家，但是它們的意義是不同的。地形學上來說，也許是相互毗連，但是，對旅行者來說卻是分散的存在。柬埔寨與泰國的國境，現在依然閉鎖中；從泰國到緬甸，再從緬甸到印度或者到東巴基斯坦，都沒有可以經由陸地前往的路。好像有橫貫大陸道路建設的偉大計劃，但是在現階段，道路都還是支離破碎的。為了調查這一次東京奧運聖火傳遞路線而前往當地的朝日新聞調查隊，到了這一帶也是無法通過。

與東南亞這樣的實際情況相比，「中洋」地區間的互相連接實在是好得太多了。總之，陸路交通是通暢的。從東巴基斯坦到土耳其為止，想要從頭到尾都開車是可行的。

這件事，不得不說實在是相當重要的事情。實際上，從很早以前，源於西邊的民族，持續進入印度的例子很多。自波斯的大流士、希臘的亞歷山大以來，為數眾多的征服者由西而來。印度歷代諸王朝的出身地，來自於阿富汗一帶的情況很多。雖然帖木兒和蒙兀兒王朝的巴布爾都自稱自己是蒙古人，實際上，也都還是出身於「中洋」世界的西部。

印度世界

然而，我完全不打算因為這樣就仿效岡倉天心而主張「中洋是一體」之類的理論。中洋地區雖然具有相當程度的關聯與共通性，但還是由很多性質相異的部分所組成。從文明史的構造來說，我還是認為要分成兩大部份來思考比較好。一個是印度世界，另一個是地中海·伊斯蘭世界。首先，讓我們先來看看印度。

把印度當作只是一般的國家的話，往往會發生錯誤。印度是超乎想像的大國。國家之中有形形色色的異民族、異種文化包含其中，同時也給予鄰接的國家種種文化的影響。作為全體而言是一個「世界」。雖然有 Indian subcontinent（印度次大陸）的稱呼，但是，印度作為一個整體完全可以與一個大陸匹敵。

概觀現今的印度次大陸，或者印度世界的構造，大概是以下的情形。首先，在中心盤踞不動的當然是印度共和國。其國內已經包括有阿薩姆及錫金等性質不同的地區。是僅次於中國，世界上人口第二多的巨大國家。巴基斯坦分別從東、西把印度夾在中間。雖說信仰的宗教不同，但與印度本來就是同一個母胎出生的雙胞胎。巴基斯坦的人口次於日本，但仍是世界第六大國。還有，在北邊的喜馬拉雅山的南麓，有尼泊爾以及不丹。其次，在南邊的印度洋上有一個錫蘭。這些國家構成了整個「印度世界」。

印度世界是我們想像不到的，具多樣性的複雜世界。終究不是一個或兩個概念就可以涵蓋的。關於自然環境來說，也包含種種的現象。氣溫一般來說是炎熱的，但是，北方與南方有很大的差別。說喜馬拉雅山或喀喇崑崙山的氣候是炎熱的，簡直錯亂。那裡是冰與雪的世界。比起氣溫的差別，下雨方式的差別則更大。印度世界的東部屬於孟加拉灣的季風地帶。在那裡，季風與雨季同時來臨，但在冬天的乾季則是幾乎不下雨。森林是只有在雨季才會轉綠的常綠雨林。南部海岸地帶則是整年下雨，屬於熱帶雨林。中部的高原以及西部的氣候則非常乾燥。印度河下游，幾乎大部分都成為沙漠，直接與「熱沙漠之國」，也就是「中洋」世界西部廣闊的乾燥地帶相連。

這種環境的差異，不可能對在這裡生活的人不產生影響。簡單舉個例子，恆河下游附近的水田地帶與更為乾燥的地方的小麥地帶，面貌完全不同。所以說認為印度因為是溼熱地區所以種植稻米，如果只有這樣的認識是不行的。稻米的種植，不管怎麼說都是更近於東南亞的生活樣式。

在人文上似乎也無法用一般的想法來說明印度世界。語言、民族的問題暫且不論，關於宗教，也是不容易說明。我們日本人，總覺得和印度世界要期待共感的成立可以透過佛教，但這也稍不留神就會期待落空。在印度世界中，佛教勢力強的只有不丹、錫金、尼泊爾、錫蘭等周邊的國家而已。中心地帶，不管是印度還是巴基斯坦，佛教毫無疑問是非常微弱的存在。當然，印度的主要信仰是印度教，巴基斯坦則是伊斯蘭教。這兩個國家面臨分裂的最大理由，就如大家所熟知的，就是宗教問題。

這一卷裡所收錄的紀行文，相當程度成功地涵蓋了多樣性的印度世界。雖然沒能收錄錫蘭與東巴基斯坦的部分，但是，除了印度、巴基斯坦以外，也收錄了阿薩姆、不丹等周圍地區的紀行。

伊斯蘭世界

如果說，構成「中洋」的東部是印度世界的話，那麼，構成其西部的大部分可以說就是地中海．伊斯蘭世界了。由於這套全集把北非編入非洲篇來處理，因此這一卷只收入關於埃及以東的部分而已。但是，若要追溯其文明的脈絡，確實可以經由利比亞、突尼西亞、阿爾及利亞、摩洛哥，一直到達西班牙。

若要說明這一廣大地區的自然特徵的話，當然就是所謂「乾燥」的現象。整個地區雨量都很稀少。極端的地方，甚至可以說，幾年才稀稀落落地下一次雨。所以，雖然面積遼闊，但是，土地的極大部份是沙漠，或者是半沙漠。並且，未必都是位於低緯度地區，但是氣溫卻經常是非常高的。確實是「熱沙漠之國」。

人類只能居住在有水的地方。只要有水源，又因為本來就氣溫高，所以生產力很驚人。有水源的地方就是所謂的綠洲。只有綠洲才有人居住，文明才會繁榮興盛。因此，這一地區的文明，本質上就是綠洲文明。又剛好尼羅河、底格里斯河、幼發拉底河等巨大的河流貫穿流經這個地方。所以，人類史上的文明發祥地大部分都集中在這個地區。

這一地區，從現在政治的區分來說，劃分成很多的國家。但在文化上，大致上可以整理成三個地區一起思考。第一是伊朗、阿富汗。住在這裡的人是古老的雅利安族的一支。波斯語是他們的共通語。第二是土耳其。這個地區的居民，與居於更東方，中國領以及蘇聯領的中亞土耳其斯坦地方的居民，屬於同一系統的土耳其族。他們也住在阿富汗的北部。語言當然是土耳其語。第三是阿拉伯諸國。以沙烏地阿拉伯為首，包括伊拉克、約旦、敘利亞、黎巴嫩、埃及，然後連接到前面所舉的北非各國。這裡的居民，雖然在人種上、歷史上的未必相同，但現今一樣說阿拉伯語，自覺自己是阿拉伯民族。

將這三個部分連接起來，能夠將這一地區趨於統合的理由，毫無疑問是伊斯蘭教。

在日本，對伊斯蘭教的認識最淺，要列舉世界的主要的宗教時，會列出佛教、基督教，但總是有人會遺忘伊斯蘭教。然而，這個強烈的一神教信仰，支配著亞洲，非洲廣大地區數億人的心。

伊斯蘭教不僅僅是限於個人精神上的信仰，同時也支配著信仰此一宗教者的一切生活戒律。不管是法律，風俗、習慣也是，從飲食的種類到禮節，都由這個宗教來決定。所以，與其說伊斯蘭教是宗教，還不如說他是一種文明。正因為如此，可以將這一地區當作是一個文明圈。

當然，「中洋」西部以外也有伊斯蘭教分布。如西巴基斯坦、東巴基斯坦（孟加拉）、印尼、中亞等等，但是，因為這些地區基層文化的性質不同，稍微有點特殊。

有一個國家非常強勢，周圍被伊斯蘭文明所包圍，以完全異質的樣態存在於這一地區。這就是以色列。以色列當然就是猶太教國家。為了世界猶太人的悲願而新建立的國家，但就如眾所周知的，由於它的建國，掀起了阿拉伯世界很大的動亂。至今，與阿拉伯各國之間的緊張對立依然持續。另外，從宗教的角度來看，黎巴嫩是基督教徒較多的國家。

「中洋」的苦惱

我雖然說過，對「歐洲特快列車」的旅客而言，他們無視於「中洋」各國的存在，但事實上，在第二次世界大戰後，即使不願意也不得不重視的事情不斷地發生。在這之前，這一地區的大部分，都是在歐洲國家，主要是在英國的支配之下。現在，他們相繼獲得獨立。只有極小部分的地區，以殖民地或者託管地的形式留了下來。例如，在印度的葡萄牙領地（果亞）、英國保護下的亞丁等等，僅剩極少數的例子。

隨著政治上的獨立，也出現了像印度、埃及這樣，在國際政治發揮非常重要作用的國家。但是依然幾乎都是貧窮且發展落後的國家。面對新的未來竭盡全力的努力與焦急的心情，也到處都可以看到。雖然一開頭我有提到，這裡並不是太容易旅行的地區，但是，對於這件事情不可以過度非難。為了明日的建設，即使今天稍微有一些不方便的地方，也是情有可原的。可以看得出來，他們全部對於貧窮這種事情、髒亂這種事情，覺得相當的羞恥。特別是如果在伊斯蘭各國旅行的話，走到那裡都可以遇到因為覺得丟臉，而阻止你拍照的無可救藥的愛國主義者。國家全體都以作為新的國際社會的一員，有著想要堂堂正正地站立起來的願望。可以說，這就是一種「成長」的實感。

不管是印度世界或伊斯蘭世界，實際到了當地，會遇到許多令人吃驚的習慣以及令人不知所措的奇特風俗。這些大部份是與宗教有關。不管是印度教或是伊斯蘭教，完全在於所謂的「因習」的強弱，很難分出優劣。就我們的角度來看，認為是完全的不合理，或是這些舊習會妨礙國家全體的近代化，但是，關於這些，我們就算提出批判也是沒有用的。這都是他們自己銘刻於心的事情，這都是漫長的歷史產物。這是過去光榮的文明。但是，不管在現在，或者是面對未來，可以說都是沈重的負擔。然而，即使了解這些，漫長的歷史產物絕不是一朝一夕可以「合理的」改變之物。

縱觀今日的世界，我們可以看到，連黑色非洲也正為明日的建設目標而極度苦惱中。但是，說到這種苦惱，是源於缺乏歷史的苦惱。相對於此，「中洋」各國的苦惱，可以說是由於歷史過剩所帶來的苦惱。但這不只是中洋各國住民所面臨的問題而已。如果我們自己本身站在人類的一員的立場思考的話，如何擺脫這一苦惱，確實是現代人類全體的課題。

（一九六二年一月）

從泰國到尼泊爾——學問、藝術、宗教

解說

自從一九五七年－五八年的東南亞調查旅行回來之後，我在這數年間無所作為地度過。一九六一年的年末，終於再度踏出了旅程。

當年的旅行，從東南亞橫貫印度次大陸。大阪市立大學的第二次調查隊正在泰國工作，所以，一開始先到了曼谷以及清邁。當時的事情，之前所寫的《東南亞紀行》裡有詳細地記載。[1]

在那之後，我自己一個人到了緬甸。然後，經過東巴基斯坦（孟加拉）的吉大港、達卡，進入印度，又從加爾各答再到新德里。回程時，到了尼泊爾以及再順道去了一次緬甸。雖然每一次都是一週左右的停留，但是，經歷了許多各式各樣的見聞。回來之後，以「從亞洲之旅談起」為題，在《朝日週刊》共計連載了五回的紀行隨筆。[2]這些內容與本書的主題稍有偏離，因此，沒有收錄進來。這裡所收錄的，是以不同的角度書寫同一個旅行印象，當時，分成三次連載刊登在《朝日新聞》。[3]這幾篇文章的內容，與本書的主題還有一些相關，因此將其收入。副標題「學問、藝術、宗教」是在一九六

1 梅棹忠夫（著），《東南亞紀行》，一九六四年五月，中央公論社。另外，本書有文庫版。梅棹忠夫（著），《東南亞紀行》（上・下），（中公文庫）。一九七九年六月，中央公論社。〔「著作集」第六卷，《如何看亞洲》所收入〕。

2 梅棹忠夫（著），「從亞洲之旅談起 一，邁向近代化的軌跡，泰國」，《朝日週刊》，三月四日號，第四卷第九號，總卷數第一五六號，一八－二二頁，一九六二年三月，朝日新聞社。梅棹忠夫（著），「從亞洲之旅談起・二，過激的族國主義，緬甸」，《朝日週刊》，三月十八日號，第四卷第十一號，總卷數第一五八號，二十一－二三頁，一九六二年三月，朝日新聞社。梅棹忠夫（著），「從亞洲之旅談起・三，分割的悲劇，巴基斯坦」，『朝日週刊』三月二十五日號，第四卷第十二號，總卷數第一五九號，九六－九九頁，一九六二年三月，朝日新聞社。梅棹忠夫（著），「從亞洲之旅談起・四，兩國間的中立，尼泊爾」，《朝日週刊》，四月一日號，第四卷第十三號，總卷數第一六〇號，八四－八七頁，一九六二年四月，朝日新聞社。梅棹忠夫（著），「從亞洲之旅談起・五，分裂的亞洲」，《朝日週刊》，四月八日號，第四卷第十四號，總卷數第一六一號，八四－八七頁，一九六二年四月，朝日新聞社。以上五篇全部收錄於「著作集」第六卷《如何看亞洲》。

3 梅棹忠夫（著），「從泰國到尼泊爾」（上），《朝日新聞》，一九六二年二月二十二日。梅棹忠夫（著），「從泰國到尼泊爾」（中），《朝日新聞》，一九六二年二月二十三日。梅棹忠夫（著），「從泰國到尼泊爾」（下），《朝日新聞》，一九六二年二月二十四日。

七年發行單行本時加上去的。

一

尋訪亞洲各國，令人驚訝的事情之一，就是大學的建築都非常宏偉。泰國的朱拉隆功大學以及法政大學裡，色彩鮮豔的屋頂，深深地打動來訪者的心。仰光大學的廣大校園以及豪華的教授宿舍，對看慣日本窄小大學的我而言，真是羨慕不已。雖然有人批評其研究內容的水準依然程度不高，但是，教授之中，也有不管是在學問上還是人格上都非常優秀的人，在研究和教育活動上都相當的活躍。

只是，從我們的角度看，有點意外，也覺得美中不足的，是這些國家在本國的研究方面根基不深。例如，國土的自然科學研究幾乎沒有在進行。泰國畢竟不愧是林產國，森林研究非常進步，但是，一般動物相、植物相的研究還只是在黎明階段。不過，遺傳學、生化學等近代生物學的頂尖學說則是毫不猶豫完完整整地輸入。

在人文科學的研究上，也有一樣的傾向。例如，我們認為本國史的研究是支撐一國的國民文化的根底，然而，專研本國史的學者並不多，有點令人覺得失望。例如，就像在緬甸的大學緬甸史的教科書採用了英國人的著作為教材。我曾經遇到過以作為初期緬甸史權威而聞名的魯斯博士，然而，這個人也是英國人。不過，一樣是仰光大學的邱鐵杵博士，最近以緬甸人的身份完成了緬甸通史的原稿。民俗學才是這些國家的學者非常可以強化發展的領域，但是，關於這一點，這些國家還是表現的很弱。在泰國，阿努曼・拉查頓博士的成就非常傑出，但是，並無法像日本的柳田民俗學一般掀起巨大的風潮。不管是泰國還是緬甸，在這方面都還是大多由外國人學者擔任初期開拓的工作。

我並不是要說這些國家在學術研究落後。相反的，也因為泰國已經有建造核子爐的計劃，某方面來說完全趕上先進各國。只是，我比較在意的是，各個國家在「國學」研究方面很薄弱。關於這一方面，與日本的情況極端地不同。日本的情況是在明治以前已經有厚實的日本研究傳統。即使自然科學的部分也一樣，由於本草學的發達，動物相、植物相的研究基礎也已經完成。人文科學方面，當然歷史的研究以及古典文學的研究非常的興盛；與漢學、洋學並列，「國學」這個領域很早就已經確立了。相當於「漢學」的學問，在泰國、緬甸也有。佛教的僧侶們對巴利經典（Pali Canon）的研究就是如此。

洋學的研究理所當然有發展。但國學研究是薄弱的。

為什麼這些國家的國學研究不發達呢？因為是殖民地，所以被壓迫，這樣的想像並不合理。泰國一直是獨立國家，從未成為任何一國的殖民地。或者，也有認為具有研究價值的文化並不存在等推測，當然這些都完全是不中肯的。各國都是擁有悠久且充實的文化內涵的國家。從我們的角度來看，確實是具有價值的研究對象俯拾皆是。

這些國家與歐洲國家接觸的時間比日本都早。接受其文化的影響也更為迅速。因此，這些國家沒有辦法像日本這樣，把目光放在國內，盡可能地有充裕的時間慢慢地讓國學熟成。

就暫且不論國學不興的原因，不過，這些國家的民族主義，可能因此而受影響。日本的情況，是從明治以後到現在，支撐日本民族主義根底的是繼承國學的傳統，進而對日本文明特殊性的認識。在這裡，民族主義的根基深植人心。然而，東南亞各國的民族國主義，儘管非常激烈，但那毋寧說是來自外部的壓力，可能是各國主要的能量來源。

但這些國家的民族主義不容易「右翼化」，也是國學不發達的緣故，雖然這種說法有點奇怪，不過事實不是如此嗎？

二

把從東南亞到印度次大陸，國情各自不同，且多種多樣的國家放在一起討論是我不太願意的事。但是，在旅行過這些國家之後，就算我不願意，也有不得不注意到的一個共通點存在。因此，我不得不坦白地說出來。

正確來說的話，在這些國家，共通點不是「有」，而是「沒有」。如果說到「沒有」什麼呢？那就是沒有叫作「美術」這樣的藝術。而且是到了令人絕望程度的「沒有」。

並不是說這裡一切屬於美術類的作品皆不存在。但是，與我們的國家相比的話，無法否定的是缺乏好的美術作品。不管是到官廳，還是到個人的宅邸拜訪，在日本，理應擺置美術品的空間或壁面，在這裡卻什麼也沒有。偶爾到居住在當地的日本人以及歐洲人的家庭拜訪時，果然在應該有裝飾品的空間裡一定掛著畫或某些美術品，因此某種似曾相識之感油然而生。

在這些國家，也有古老的遺跡留下來。繼承吳哥文化精髓的高棉文化就不用說，在中世，東南亞誕生了完美的造型藝術。印度雕刻的精湛無需贅言。生氣勃勃的印度教眾神的群像，令我們完全為之震懾。在繪畫方面也是，細緻袖珍畫的作品群，雖然我本身很難給予其美的評價，但是，姑且不論這些，它是一種藝術能量的結晶，無庸置疑。

但是，到了現代，這些全部都消失了，到那裡去了呢？現代的美術家們在那裡呢？然後，那裡有現代美術呢？

事實上，這些美術品全部被放進了博物館裡。我在加爾各答的博物館裡，遇到好幾個正在臨摹古代神像的美術系學生。還有，在仰光博物館的二樓，我看到收藏有現代緬甸作家的作品。雖然有精湛的作品，但也有不怎麼樣的作品一起展出。不管怎樣，雖然說法有些嘲諷，但是，在這些國家，現代美術、現代美術家都存在於博物館中。悠久宏大的美的體系，儘管作為歷史而存在，卻無法以活生生的傳統繼續保留下來。

各國都是年輕的國家。隨著國家的成長，我們也可以期待藝術家們未來的成長。有人抱持著這樣的看法。然而，這一問題，我覺得恐怕無法只是用先進、後進的關係就說得通。在我們日本人的價值體系中，有各式各樣的價值，其中美的價值占有相當高的地位。但是，在這些亞洲國家，至少在現代，恐怕還無法如此。取代美的價值的是諸如宗教的價值，或是更加現實的價值，這些價值佔了優勢。如果那樣，再怎麼等待，「美」也不會與我們接近。

暫且不論是否能夠寄望未來。實際上，美術的貧弱這件事，對我們來說，依然是困惑的根源。文化的、國際性的交流活動，當然最為期待。但是，例如，日本與東南亞各國之間現代美術的交流活動等，感覺就不太令人值得期待。為了將世界編成一個花環，繫繩越多越好。藝術與運動一樣，為了能夠跨越國境將世界繫在一起，需要有一條有力的繫繩，但是，在現在的狀況下，不是太有效。亞洲的國際關係，往往容易傾向只有政治關係一邊倒，或許原因正是如此。

各式各樣的藝術類型中，我認為還算有交流希望的是舞蹈。無論是在泰國、緬甸還是印度，舞蹈都還展現活力。而且，各自擁有固有的技法與體系。這是有交流的可能的。話雖如此，如果要在日本上演的話，由於日本的觀眾關於藝術的表演相當挑剔，想要登上日本的舞台，特別費心的設計與精巧的演出內容是必要的。

印尼的甘美朗舞蹈團來到日本演出，令人非常感銘於心，那已是去年的事情。日前，我到仰光時，來自中國的芭蕾舞團大舉而來，受到市民熱情地歡迎。舞蹈已經逐漸有效地發揮連結亞洲之間繫繩的作用。

三

亞洲有各式各樣的宗教。泰國以及緬甸是小乘佛教，也就是上座部佛教。一進入東巴基斯坦就幾乎是伊斯蘭教徒了。印度當然是印度教徒比較多；尼泊爾則是信仰印度教與大乘佛教（喇嘛教）。

人類歷史之中，過去一千年左右，可以說是全人類對宗教最狂熱的時代。在這之間，人類建造了為數眾多的宗教設施遺留至今。我這次的旅行，盡可能努力地尋訪歷史遺跡，但是結果上，看到的大部分是這段時間裡建造完成的種種宗教的寺廟。其中，也有年代更久遠的建築。

在尼泊爾的加德滿都盆地，有很多印度教的寺廟，我也特別參觀了好幾間。其中甚至有一些應該可以追溯到十五世紀馬拉王朝時代的寺廟，不可思議的是，外觀看起來都是很新的建築。完全像是最近才剛剛蓋好，而且著色極為鮮艷。在詢問之後，聽說原來的建築物舊了，變髒了，所以最近重新粉刷。然而，在旁邊就有保持原狀未重新粉刷的古塔。在我們看來，那個保持原狀未重新粉刷的建築物看起來更崇高。只是，這個塔聽說在不久的將來也有計劃要重新粉刷。這是好不容易在歷經歲月之後才留下的時代色彩，我真的覺得非常可惜。

不是只有尼泊爾。雖然宗教種類很多，但是相同的事情，別的地方也可以看到。在緬甸的古都蒲甘（Bagan），超過數千座十三世紀以前的佛塔遺留下來，是一大史跡，而這其中相當多的地方，全面被修復，外牆被塗成一片雪白，看起來好像才剛興建完畢的外觀。當然，佛寺相當有人氣，很多人來這裡參拜。

同樣是發生在緬甸的事件，十九世紀末勃固省（Bago）附近的原始森林之中，在進行鐵路工程時，發現了一座奇形怪狀的小山，挖掘之後，發現竟然是十世紀時所建造的巨大釋迦牟尼的臥佛。這一臥佛現在已經完全被修復，是一座擁有光滑臉龐且非常俊美的釋迦牟尼雕像，在鋼骨架成的屋頂之下側臥著。就我們的宗教感而言，這實在是太人性化，覺得有些無法適應。

在日本的宗教設施如果是佈滿青苔般陳舊的話，更增添其珍貴的價值。相反的在亞洲的各國如果佈滿青苔就不行了。把青苔除去，塗上顏色。重新粉刷後變得光彩亮麗，深藏於內部的光芒反而無法展現。

這到底是怎麼一回事呢？我們不能夠嘲笑這些國家的人在宗教情操上面的低下。對我們來說，宗教同樣也是一種歷史的存在。所以，寺廟也是會經歷變遷、衰敗、毀滅的過程。但是，對這些國家的人，宗教是超越歷史的存在。所以，寺廟、神、佛是永遠不滅的。它們反覆再生，必須經常保持嶄新的存在。

這樣思考的話，在這些國家，宗教才真正是活生生的存在著。在崩壞的佛塔中找到美的感受而充滿欣喜的我們，才是把宗教的感動與美的享樂混為一談的低級人類。

就日本的情況來說，我認為伊勢神宮每二十年重新改建的這一慣例，是否與此有關。伊勢的神是活著的，而活著的神所住的地方，必須經常是煥然一新的。這裡是不能任其佈滿青苔的。

再一次回到「從泰國到尼泊爾」的話題，在這些國家中，還有一件值得注意的事情，那就是公共設施以及機械類的破舊。因為這些東西修補工作做得不好，壽命短到幾乎令人吃驚的程度。因為不維修，機械馬上會生鏽停止運轉；建築物會有漏雨的情況，確實會長滿青苔。在日本雖然宗教設施佈滿青苔，機械類則是無論何時都得擦得閃閃發亮。

我們必須知道，生氣勃勃的種類，歸根究底，還是因「國」而異。

（一九六二年二月）

往比較宗教學前進的方法論備忘錄

解說

發表了〈文明的生態史觀〉以及〈新文明世界地圖〉之後，我自己就認為以這些構想為基礎展開比較宗教論、比較溝通論、比較商業論等比較文明論的具體研究，已經成了我的義務。為了這樣的想法，讀了很多書、搜集了很多資料，也寫了很多的草稿，但是，因為種種理由，沒有完成任何成果時間就過去了。

在這之間，我以京都大學非洲學術調查隊的一員，前往非洲從事調查工作。一九六三年的夏天抵達了坦干伊加（Tanganyika）。在那裡，一直待到隔年的春天，主要從事熱帶草原畜牧民的研究。我在當時，甚至把關於比較宗教論的筆記帶到了非洲。然後，在調查的空檔找時間閱讀，完成了原稿。在非洲的帳篷裡完成的就是這一篇〈從比較宗教學前進的方法論備忘錄〉。前半部是在坦干伊加湖畔的科博果基地的小屋裡完成的，後半部則是在埃亞西湖畔的帳篷裡完成的。都是按照此一方法論，希望能夠發表具體的比較宗教論。

此一方法論的部分成果，刊載於《人文學報》第二一號。[1]因為是作為學術論文而撰寫的，所以，與本書其他的隨筆在風格上稍微有些不同，但是，為了顯現從〈文明的生態史觀〉發表以來，我所持續關心的課題，決定原封不動地收錄於此。

I 宗教的生態學研究途徑

生態史觀的延長

研究人類的文明史，在論述其起源及發生時，幾乎沒有例外地，必須對於其發生地

1 梅棹忠夫（著），〈往比較宗教學前進的方法論備忘錄〉，《人文學報》，第二一號，一－一八頁，一九六五年一二月，京都大學人文科學研究所。

的環境條件，加以仔細考慮。換言之，一般都以所謂生態學的手法加以研究。然而，關於後來的文明的發展，並不一定採用此一方法，原因是什麼呢？

想要從科學的立場來理解人類歷史時，我認為生態學可以提供一種有效的方法。嘗試運用生態學的成果與方法來理解歷史的現象，從前面就有一部分的研究使用過這樣的方法，但是，如果進一步多方面運用此一成果與方法，或許可以得到更多新的視點與解決問題的機會。

之前，我寫了一篇名為〈文明的生態史觀序說〉的小論。對於這樣的生態學觀點，人類的歷史是否能夠全面的適用呢？也可以說所謂生態學的歷史觀是否能夠成立？那是我對於其可能性的探討所寫出的一篇論文。雖然只不過是用極其粗略的方式，闡述我自己想法的文章，但是，那一次的嘗試，我得到了來自許多人各式各樣包括贊成與反對的批評。

當時，作為理解的對象所提出的「歷史」，並不是遍及人類史全體，不管在空間上或時間上都有很多的限制。另外，對於複雜的人類文明的各個面向，也沒有足夠的探討。將這一歷史觀的適用範圍在時間上、空間上加以擴大，使內容多面化，可以說是在此第二階段有待討論的問題。作為上述「文明的生態史觀」的延長工作之一，在此將以人類史的宗教問題為主題，進行兩三個方法論上的考察。

宗教的生態學

在簡稱「生態史觀」的生態學歷史觀建立之時，我們可以如何來理解歷史上的宗教呢？

不過，這是以「文明的生態史觀」為前提，在其延長線上設定問題。不過，實際上，所謂生態學的觀點不應該只限定於歷史觀，宗教並不是只局限於歷史而已。想要更進一步以一般的形式說明問題，就會變這樣。我們如何從生態學的觀點來理解宗教現象呢？那樣說來，現在提出的問題即是生態學的比較宗教論，或者如果這種說法允許的話，它是對「宗教生態學」的一大嘗試。歷史上的宗教問題，可以作為其中的一部分來理解。

我，現在，在這裡，並沒有想要建立「宗教生態學」的野心。而且，也並不打算對以生態史觀為基礎的世界宗教史論展開全面的研究。這樣的研究，必須在累積許多具體的個別研究成果之後才可能完成。在此，只是在做這些個別研究之前，我試著提出的一些方法論問題。

到目前為止的比較宗教學研究中，是將各個宗教的神觀、世界觀、救濟觀等教義內容與個別的儀禮、宗教習慣等，放在一起當成主要研究對象。但是，在此，除了處理這些問題以外，同時更廣泛地把宗教看成是人類生活現象的一部分。試著思考宗教與環境，或者是宗教與土地之間關係的研究方法。更具體的說，讓我們把與宗教的發生、成立、傳播、消滅等現象有關的各種條件，和其他生活現象的關係試著一起進行探討。

宗教人類進化史的意義

把作為人類生活現象一部分的宗教用生態學來研究，事實上是很困難的工作。人類透過進化的歷史，例如，狩獵、採集、農耕、畜牧等生產及消費的樣式；或者是多樣的社會制度，以及其他各式各樣的文化得到發展。但是，其中大多的事物可以很容易地找到互相的關聯性；與環境相互規制的推論也並不是困難的事。與此相反，就像宗教被認為是人類最為精神面的現象，很難尋求與人類外部生活中所發生的各種現象的相互關聯。

關於宗教，我實在不知道它的根本是什麼。但是，把宗教作為人類的生活現象之一來看的話，對人類而言，宗教到底具有什麼樣的意義呢？

在這裡，完全不打算對於一般宗教展開其哲學性本質的討論。這裡要討論的是，宗教在人類史上的意義，或者是在人類進化史上的意義。在人類誕生以來的進化歷史中，所謂的宗教，到底是怎樣產生的呢？又是如何發揮其功能呢？

一般來說，所謂的起源論是非常難說明的，特別是對宗教來說，到底是什麼樣的情況下，促使宗教出現呢？

關於宗教的起源，雖然從有名的泰勒的萬物有靈論開始，有很多的學說被提出，但是這些學說，只是嘗試著對於宗教的相對原始形態進行推論，然而，對於其絕對的起源，現今的階段，還沒有任何一種說法可以得到確認。因此，例如：「猴子有宗教嗎？」這種一看就覺得是很愚蠢的提問，也並不是完全不具有意義。近年來關於靈長類的社會生活研究，已經讓人看到驚人的發展成果，然而，至今還沒有猴子有宗教存在的觀察實例被提出。這個問題，伴隨著靈長類研究的發展，今後會如何發展呢？完全無法預料。

說到起源論，「語言」這種現象，也一樣是讓人未能解明起源的現象之一。但是，「語言」還算是容易理解的一面。符號（象徵）作用本身，在動物研究中也是被承認的，這當然也是來自於最近關於靈長類社會生活的研究成果，這對於聲音語言的發達，多少提供了一些曙光。而且，關於語言問題，以聲帶的發達與否？大腦語言中樞的發達與否？等具有實體性質的各種現象為根據，總之，將這些現象納入進化史的文脈中就可以理解。例如，比起無法用語言溝通的狀態，可以用語言溝通的狀態明顯是進化的。其發生的經過，雖然無法得到實證，但是，語言在人類進化史上的意義，很明顯是不用懷疑的。

即使從這一觀點出發，所謂的宗教，還是意義不明。未來想在大腦中發現所謂的「宗教中樞」的可能性也不會有。總之，能不能說比起沒有宗教信仰的狀態，有宗教信仰的狀態是一種進化，也確實令人懷疑。或者說，宗教對於人類來說是不是真的必要呢？雖然，沒有語言的社會我們無法想像，但是，沒有宗教的社會我們是不是也無法想像呢？

或者，也可以試著思考以下的問題。宗教是在人類史的某個階段裡發生的現象，發揮了一定的功能之後，最後走向消滅之路呢？或者是經過種種的變遷之後，宗教與人類的存續一樣，一起存活下去呢？

像這樣的宗教本質性問題，向來難以解明。不過，對於這些問題的正確解答暫且保留，我們應該依然可以相當程度探求宗教與其他生活現象的關聯。

薩滿教與上天神信仰

說不定可以有這樣的說法，因為宗教是社會性之物，所以宗教的發生與發展必然也與社會的各個條件有關。如果是這樣的話，看待宗教與社會之間的相互規制關係的即是宗教社會學，然後也可以說生態學是沒有必要的。但是，實際上宗教的發生、展開、傳播、衰滅等的種種條件，我認為未必只是社會性的問題。一般而言，人類史上的種種現象，不一定只是文化現象而已，也有不少是由於人類身體對於環境的適應所產生的現象。宗教的情況，也不是沒有相似的地方。例如，北方森林地帶廣泛存在的薩滿教（shamanism），它的起源，有人想要以極北歇斯底里來說明。極北地區的歇斯底里，這一現象產生的結構我們無從了解，雖然可以從文化的、社會的側面來觀察，但仍然還是從在特定的環境裡，人類的腦神經生理學的適應或者是不適應的這一觀點來說明最為適切。在這裡，與心理學的側面並行，有必要對於所謂「極北」這一特定環境有更深刻的理解。

另外，從施密特（William Schmidt, 1868-1954）以來就常常被提到的事情，認為畜牧民的原始信仰是非人格性的「上天神信仰」。如果這種說法可信的話，那為什麼會如此呢？此一情況也很容易想像，那便是比起遊牧民社會的各種社會學上的事實，各種生態學上的事實更加限制著遊牧民生活，同時也具有更密切的關係。也就是說，遊牧民在乾燥地帶環境下的各種生活條件與上天神信仰之間，具體上產生關係的型態為何？雖然我們完全不清楚，但是，可以確知的是，至少在這裡面確實潛藏著重要的問題。

所以我要說的是，像這樣將與環境的關聯也充分考慮進去，把人類整個生活體系視為一體之後，再來思考宗教問題絕對是有必要的。

全面地掌握人類的身體、文化上的種種特性是人類學的立場。作為宗教的科學性研究，除了宗教心理學、宗教社會學以外，還有宗教民族學，或者是人類學式的宗教學存在，這些都已經產出許多的成果。例如，前面舉出的薩滿教與上天神信仰的問題，早已作為人類學的問題被提出來討論過。在這個意義上，我在這裡所說的宗教的生態學研究的必要性，事實上與宗教的人類學的研究是一樣的。理論上我認為就是如此。或者說，由於宗教的人類學性的研究是採取這種綜合的立場，因而可以發揮其特色。只是，在人類學中，傳統上作為其主要的研究對象是未開化民族。在宗教問題上，被討論過的也是各種的精靈信仰、圖騰信仰（totemism）、超自然信仰（manaism）等，主要限於未開化民族的信仰，也就是說認為所謂的高等宗教都不在考慮之列。現在，為了在人類史整個過程之中，正確地掌握宗教現象，不用說當然必須把所謂高等宗教當成課題，有必要超越傳統人類學的框架進行研究。

II 流行病學的類比

與傳染病的對比

暫且不論宗教的本質，而將宗教看作人類生活一部分，被認為有用的方法論之一，可以被運用的就是類比。這對我們往後在議論的推進上，我認為經常可以得到有用的啟發。

作為宗教的類比（analogical）現象，這裡想要舉出是疾病，特別是傳染病。宗教當然不是疾病。但是，僅從外在方面來看，宗教與傳染病之間，有相當多的類似點。傳染病的發生有幾個要因存在，而宗教也是，大致上可以找到與傳染病相當的要因。以下試著列舉看看。

第一、病原體的存在。不管是細菌，還是病毒，如果不是存在著某些病原體的話，傳染病就不會出現。一樣的，不管是高級的還是低級的宗教，如果沒有傳達某些宗教性的觀念或是行為的話，宗教就無法成立。

第二、就流行病的情況來說，如果病原體沒有大範圍散布的話，流行病是無法成立的。宗教的現象也是由於特定的宗教觀念傳播者的存在而散布。這之中可以是先知或者是教祖，也可以是追隨他們的眾多使徒們，也可以是司祭者、神職工作者等的傳播專家，或者單單只是該宗教的觀念保持者（所謂的帶原者）也可以。

第三、傳染病雖然是因為疾病所引發的，但是，病原體侵入體內卻並不一定發病。因個人健康條件的不同，會有很大的差異。宗教的情況也是，即使受到特定宗教觀念的感染，這個人也未必會受影響而信仰此一宗教。

第四、傳染病的蔓延，很大的要因在於社會。社會構造、居住的方式、衛生狀況及組織，扮演著決定性的角色。宗教的情況也完全相同。

第五、就傳染病的情況來說，社會的重要原因也要包括進來，作為其更基本的條件，必須考慮一般的環境條件。例如，氣候、水利等的問題。宗教的情況也一樣，必須考慮廣泛的環境條件所產生的作用。

精神的流行病學

疾病的基礎研究，也有種種的途徑。檢查病原體性質的是細菌學或者是病毒學，亦或是寄生蟲學。如果在宗教研究的場域裡，尋求比較的對照物的話，大約相當於教義、儀禮等宗教的各種觀念的研究。其次，研究因為疾病而使體內發生什麼樣的變化的是病理學。這是一種身體內部體驗的客觀研究，在這個意義上，對應的是宗教研究中的宗教心理學。

作為醫學的基礎研究方向，還有一種必須舉出的就是流行病學（epidemiology）的存在。這是疾病，特別是研究與流行病、寄生蟲病的發生、傳播、消滅有關的各種條件的學問。流行病、寄生蟲病等的傳播當然與社會的條件有很大的關係，此外，除了社會條件以外，我們也不能忽視一般的環境條件。並且，除了這些可以說是外在的條件以外，另外還有每個人的內在條件也存在。也就是說，流行病學是試圖從各種因素的綜合角度來探討疾病。

前面談論到，所謂宗教生態學的研究，必須將宗教的發生、傳播、消滅有關的外在與內在的各個條件進行綜合的研究。這個正好在疾病的研究中，與流行病學所扮演的角色相對應。在這個意義上，宗教生態學也可以說是宗教的流行病學的研究；或者也可以說是精神的流行病學。反過來說，流行病學也可以說是疾病的生態學的研究。實際上，流行病學已經普遍被稱為醫學生態學（medical ecology）。雖然不能說這是生物生態學理論的直接應用，但是，確實可以看到共同的生態學手法貫穿在其觀點與研究方法之中。

流行病（Epidemic）與地方病（Endemic）

流行病學（epidemiology）本來是以研究「流行性（epidemic）的」疾病為對象。所謂的流行病，是相對於風土病，亦即地方性疾病的概念。相對於後者是局限在某一個地方且出現長期持續的疾病，前者則是以短期間急速傳播為特徵。所謂的流行病與風土、民族不太有關係，任誰都有得病的可能。霍亂、黑死病等是很好的例子。環境的不同，影響傳染力的差別不大，不過，是屬於需要有嚴格防疫對策的疾病。流行病的類型中最猛烈的是被稱為全球性瘟疫（pandemic）的疾病。一九一九年的「西班牙流感」等就是例子，造成全世界的流行。

相反的，地方病（endemic）與特定的地區或環境深深地結合在一起。雖然在某一地區，持續地發現，但是，它不會急速地蔓延到其他地方。例如廣島縣的部分地區出現片山病、熱帶性瘧疾等就是例子。

但是，流行病與地方病的差別，事實上，不過是相對的問題。另外，兩者之間根據條件的改變，互相轉換的情況很多。某一地方從前就經歷過的地方病，會突然之間蔓延到廣大的地區，也有某一時期世界流行的流行病或瘟疫，又變成一個地方的「土著」地方病的例子也有。

這種流行病、地方病的概念，毫無疑問在宗教研究上也是有用的。在宗教上，很明顯地，存在著與一個地方的特殊環境條件有很深連結的地方病型的宗教。同時，世界上也有將很多地方捲入的流行病型的宗教。而兩者之間的區別，宗教的情況也當然是相對的，兩者根據條件的不同得以互相轉換。我們常常可以在宗教的歷史中看到幾個這樣的例子。一個地方的特殊宗教，突然在廣大地區的人們之間蔓延的例子，以及曾經在廣大的地區盛行的宗教，今天只不過是在一個極小地區像廢棄物般地殘存。

流行病學，在今天當然不是只有限定於流行病的研究。對地方病也進行研究。另外，也進行探求流行病與地方病之間互相轉換的條件。宗教生態學應該也是以此為目標。

不管是流行病還是風土病，很容易想到的是由細菌、病毒、寄生蟲等傳染的傳染性疾病，但是，今天的流行病學的對象，更廣泛地也包括了非傳染性的疾病。在某些情況下，接二連三發生的災害、事故等，也可以適用於流行學的方法。這些頻發事件，有其相應的原因或條件存在著，將這些條件解明就是流行病學的工作。或者也有存在一些對於是傳染性還是非傳染性未能解明的疾病，適用流行病學的研究方法之後，成功解明該疾病真實情況的例子，也所在多有。

宗教的情況也一樣，我們並不能夠斷言宗教永遠都是具有傳染性的。它在一定條件的組合之下，獨立且同種類地頻繁發生的可能性很高。例如，以前所提到的流行於北方諸民族的薩滿教，作為其核心的「薩滿」人格的發生，或許與極北地帶常見的痀瘻病有意想不到的相似現象。眾所週知，痀瘻病的主要原因是紫外線的不足，再加上其他條件的配合而引起的。「薩滿」人格，或許也是某些北方條件的配合所形成的。在這樣的情況下，當然是在探討「薩滿」人格發生的原因，並不是在說明作為文化現象的「薩滿教」的起源。「薩滿教」此一宗教，是以「薩滿」人格的存在為前提，並且以舞蹈、通靈、附加上其他種種的文化現象所形成的宗教。這個正好與痀瘻病的患者以疾病本身的存在為前提，又添加上因民族的差異而不盡相同的文化附加物，如行為方式、社會地位等非常相似。

疾病與宗教

以上，雖然將宗教與疾病的對比進行了討論，這並不是意味著把宗教當作一種疾病來思考。在宗教的信仰者中，當然絲毫也看不到器官性的精神障礙，而且，就算是被看作是流行性精神病的一種，以今日的醫學常識來說，也是對疾病概念過於擴大解釋。宗教對於人類的生存，在某些意義來說是否是不正常的、病態的，宗教在人類史的意義，在還不是很明確以前是很難說明的。所以，就像剛才所說的，在人類史的現階段，還沒有辦法得到結論。

宗教在現階段不被認為是一種疾病。但是，宗教與疾病，也許具有超過類比程度的關係。以我們現在的常識，宗教與精神是相關的，對於疾病的理解，包括精神病在內，都是與身體有關的。只是，過去並非如此。疾病，未必看作是身體的現象。在日本，也可以看到九、十世紀時怨靈思想橫行，精神性的問題被認為是瘟疫流行的原因。即使在今天，非洲各民族之間可以普遍看到的那樣，認為疾病是因為他人的詛咒才發生。相對而言，治療的方法也不只有治療肉體的醫術，還有透過咒術執行的精神醫術。

舉出了這樣例子，或許會被批評是將宗教與咒術混為一談。確實，相對於咒術是實用性的、手段性的，宗教則是具有非實用的、自我目的性的性格。而且，還有像弗雷澤（James George Frazer, 1854-1941）那樣，用咒術的挫折來說明宗教的起源的學說。儘管如此，在現實中，要區別咒術與宗教常常是極為困難的，甚至在所謂的高等宗教之中，一般也包括若干咒術的要素存在。而且，這種所謂的咒術，也可以看作是疾病的原因或者是疾病的治療法、預防法。在此，可以看到疾病與宗教關係密切的一面。

疾病史與宗教史

事實上，不用說咒術，大部份的宗教發生的開端，就大都已經與疾病有關。這情形即使是佛教以及基督教般的世界大宗教也不例外。迦毗羅衛國的王子釋迦牟尼，捨棄了王宮的生活，進入山林，以至於創立了佛教的直接動機之一，便是因為在外出時看到了病痛的人。基督教的情況則是耶穌基督以其神蹟治癒了許多病人。

維持宗教現象的內在條件之一，毫無疑問是疾病的存在這一事實。在生病的情況下，與其說身體的痛楚難受，不如說內在的以及精神的折磨更令人無助，在這種情況下，與作為內在的、精神的體驗的宗教，可以說是並列的。著眼在這一點的話，所謂的宗教現象，在人類的精神構造中與疾病是表裡兩面的看法是可以成立的。

這件事可以再嘗試從其他的角度來進行考察。這不過完全是論點假設，疾病史與宗教史之間，是否存在著一些關係呢？在人類的歷史之中，疾病史還是完全未開拓的領域，為人所知的不過只是斷片式的歷史事實，如果建立系統進行研究的話，瘟疫，特別是流行病的蔓延與宗教的急速普及、興隆之間，也許可以找到某種關係。

以日本的例子來說，京都的祇園祭，顯然就是祈求瘟疫退散的祭典。京都的祇園會以及今宮會等，都是所謂的御靈會，姑且不論它的起源，這種在京都市內從中世紀以來盛行的現象的背後，伴隨著的是都市生活中瘟疫的流行與市民對此的恐懼。雖然現在無法舉出其他國家的事例，但是在歐洲，各地的鼠疫以及其他瘟疫的流行、消滅，與基督教的盛衰之間，或許可以找到一些關聯性。

綜合考慮這些問題之後，首先，我進行宗教與疾病的類比研究，思考到了宗教生態學與流行病學並行的可能，但是，這或許不是表面的類比就可以終結的問題。其實，將宗教生態學加以擴張，我認為甚至可以成為流行病學的一個領域。關於這部分的詳細研究，只能留待其他的機會再說。

III 瓦拉納西（Varanasi）與耶路撒冷（Jerusalem）

最初的說法地

以下，為了進行土地與宗教關係的考察，將以古代的兩大宗教發生地恆河流域與以色列作為具體事例，嘗試從事若干的比較。

先談恆河。位於恆河畔的北方邦瓦拉納西市的郊外，有一個名為薩爾納特（Sarnath）的地方。在那裡，除了有阿育王的石柱，還有巨大的佛塔以及寺院的遺跡等，顯示這裡以前是佛教的一大中心地。

鹿野苑是佛教的起源之地。佛陀最早悟道的地點並不在這裡。相傳是在佛陀伽耶的菩提樹下。佛陀伽耶，現在被稱作菩提伽耶，位在更東邊的比哈爾邦伽耶的郊外。在這裡也有包括著名大塔在內的寺院遺跡，傳說佛陀曾經坐在其下的菩提樹也還被持續栽種，雖然已經不知是第幾代的子孫，但是現在依然茂盛地挺立。

佛陀在菩提伽耶悟道以後，往西來到了米迦達（Migadāya），也就是鹿野苑，進行爾納特。

最初的講道。也就是所謂的瓦拉納西的最初說法，初轉法輪。這個鹿野苑就是現在的薩爾納特。

佛教自古以來就有四大聖地。第一是佛陀的誕生之地藍毘尼（Lumbinī）。第二是成道之地菩提伽耶（Buddhagayā）。第三是初轉法輪之地薩爾納特（鹿野苑）。第四是圓寂之地拘屍那揭羅（Kuśinagara）。對這些聖地，很早就有佛教徒到此參拜。薩爾納特也是參拜聖地之一，成為古代佛教的一大中心，非常繁榮興盛。七世紀前半葉的唐僧玄奘當然也曾經造訪此地，將其繁榮興盛的情況留下紀錄。

印度佛教的命運

在此，我的目的是要記錄下薩爾納特的現況。本世紀初，遺跡的發掘有很大的進展，對僧院遺跡等也進行了妥善的保存與維護作業。例如，阿育王石柱的獅子柱頭等，包含種種精湛的藝術作品在內的出土文物，被收藏在當地所附設的博物館裡。

在薩爾納特，有印度佛教徒的組織摩訶菩提會（大菩提協會）的美麗寺院。在其內部，有描繪佛陀生涯的壁畫，是由日本人佛畫師所繪製。另外，這座寺院附近，有一座完全中國風的寺廟，這是由中國人佛教徒參與興建的。還有，寺前有僧侶的禪房，在附近也遇見了穿著黃衣的緬甸僧侶們。

薩爾納特的現狀，似乎象徵著今日印度佛教的命運。在這裡，雖然標示古代光榮的遺跡還存在，但是，我們可以看到的當地現代的活動內容卻是過於貧弱。存在的只有日本的壁畫，中國的寺廟和緬甸的僧侶。在創建佛教的印度，而且在這一個著名的聖地，看得見的大多是外國的東西。這說明什麼呢？印度的佛教到底到那裡去了呢？

實際上，印度是創建佛教的國家。在現代的印度，佛教的地位實在是非常渺小。關於印度佛教的現狀，日本屬於知識階層的人，很多時候，往往也缺乏正確的認識。例如，印度的總人口中，佛教徒大約佔了多少百分比呢？對於這一個問題，能夠回答出正確的答案的人是極少數的。根據試著詢問幾個人之後，所得到一般的回答，多則百分之三十，少的也有百分之五左右。但是，事實上，印度佛教徒的實際數字充其量不過十幾萬人，換算成百分比的話，還不到全印度人口的百分之零點一。在印度，佛教幾乎是已經形同消失。

印度教的聖地

薩爾納特位於貝拿勒斯市的郊外。習慣上以英語風的貝拿勒斯為名，可是，例如今天機場的大門就寫著瓦拉納西 Varanasi，這是古梵語的復活。這一城市，是從紀元前就存在的古老印度城市。

瓦拉納西是印度教的七個聖地之一。與佛教不同，在這裡印度教是充滿生氣的。市內有數不清的印度教寺院，從全印度各地湧入的虔誠印度教徒聚集在這裡。恆河的岸邊，排列著等待焚燒的屍體。在聖河中水浴的廣大印度教徒群眾熙熙攘攘，與郊外的薩爾納特的閒散，形成難以言喻的強烈對照。

所謂的瓦拉納西是這樣的城市。我們不能遺忘的是薩爾納特也正好在這個城市當中。雖然稱為佛教聖地，但在現實裡，卻是一個快要被印度教的洪水吞噬掉、好不容易才殘存於城市的一角。現代的佛教徒，想要到聖地朝拜，即使來到薩爾納特，實際看到的不是佛教，而是瓦拉納西的印度教。這對於現在依然深信誕生佛教的印度是佛教國家的純真外國人佛教徒而言，絕對是一大打擊。

薩爾納特的佛教，實際上已經被印度教的浪潮所吞噬。總之，薩爾納特的佛教遺跡的現況，是憑藉進入本世紀以來的遺跡發掘，並且是在摩訶菩提會的活動以後的事。十二世紀末，印度佛教滅亡以來，薩爾納特、菩提伽耶最終都被印度教徒所占領。

占領耶路撒冷

換個完全不同的話題，十字軍為何東征呢？其目的當然是為了收復聖地。耶路撒冷，對基督教徒來說是聖地。耶路撒冷不只是耶穌最後活動的舞台而已，也是耶穌生涯中最為戲劇性的復活事件所發生的場所，對基督教徒而言，這是無法忘懷的一塊土地。聖地朝拜的風氣很早就在基督教徒之間盛行。眾多的基督教徒們，年年都到耶路撒冷朝聖。

在七世紀前半葉，耶路撒冷被伊斯蘭教徒所占領。然而，在那之後，基督教徒的聖地朝拜似乎繼續進行也並未受到阻擾。對基督教徒來說，具有決定性意義的事件，是一〇七一年土耳其塞爾柱王朝占領了耶路撒冷。拜占庭帝國陷入危機，聖地朝拜團面臨嚴重的迫害。

為回應教宗「奪回聖地」的呼籲，第一次十字軍東征在一〇九六年出發。一〇九九年順利的占領了耶路撒冷，目的達成。於是，在此之後，十字軍諸侯在「東方」（Orient）一帶建立了若干的基督教王國。

不過，這種情形並沒有持續太久。一二四四年，埃及的埃宥比王朝占領了耶路撒冷，此後一直到二十世紀為止，此一「聖地」都未重回基督教教徒手裡。

猶太教徒與伊斯蘭教徒

耶路撒冷即使在今天對基督教徒而言依然是聖地，沒有改變。但是，為了朝拜聖地而來到耶路撒冷的基督教徒，在這裡看到什麼呢？這裡有的只是遙遠的基督教時代的遺跡。而環繞其周圍的全部都是其他的宗教。在基督教的誕生地，今天存在的已經不是基督教了。

現在的耶路撒冷已經分割成兩個國家。一個是新成立的猶太教徒的國家以色列。還有一個是伊斯蘭教徒的國家約旦。兩個都不是基督教國家。國境穿過市中心，城市被兩個宗教一分為二。

耶路撒冷這個城市，在耶穌基督出現之前，就已經是以色列的首都了。這裡有耶和華的神殿，這個城市是猶太教徒的聖地。但是，在一世紀後半葉對羅馬帝國反叛的結果，猶太人被趕出這個城市，猶太人的神殿被破壞殆盡。一直到二十世紀猶太人的故國重建為止，一直持續著這種狀態。

結果，保有「聖地」耶路撒冷長達一千年的，既不是猶太教徒，也不是基督教徒，而是第三宗教的伊斯蘭教徒。

話雖如此，伊斯蘭教徒們也把耶路撒冷當作另外一種意義的「聖地」。那是根據伊斯蘭教的教祖穆罕默德曾經到過耶路撒冷的傳說而來的，但是不是史實令人懷疑。即使真是史實，但是作為是「聖地」的根據，不得不說極其薄弱。這當然是由於伊斯蘭教是以猶太教以及基督教為「基礎」，這種特殊情況才會產生。

IV　方法與假說

宗教的交替與傳播

瓦拉納西（Varanasi）與耶路撒冷（Jerusalem）。一個在印度，一個在「東方」（Orient）。兩者之間的地理位置相距極遠。然而，比較這兩個宗教聖地的歷史和現狀，可以看到難以理解的相近的命運。這兩塊土地，都是世界性大宗教的起源之地。在瓦拉納西出現了佛教，在耶路撒冷則誕生了基督教。在今天，這些宗教在其起源地卻都已經幾乎消失殆盡。取而代之的則是完全不一樣的其他宗教。

我們在此討論的主題是土地與宗教的關係。對於此一議題，瓦拉納西和耶路撒冷的比較，會提供我們什麼樣的啟示呢？

問題可以從兩個方向分開來分析。第一，是以土地為主軸的思考方向；第二，是以宗教為主軸的思考方向。

以土地為主軸進行分析時，透過瓦拉納西和耶路撒冷的比較，可以發現什麼樣的問題點呢？就如前文所述，這兩個都市都是綿延兩千年的「聖地」。並且，奇妙的是，令其成為聖地的宗教本身，無論在那一邊，都歷經了數次的更替。因此，我們在此必須注意同一地區的宗教更替現象。

第二，以宗教為主軸進行分析時，問題將是如何呢？本來，拿瓦拉納西和耶路撒冷作比較，就是將佛教與基督教作比較。佛教與基督教，就宗教的內容而言，兩者完全異質。即使如此，但是兩者在土地的關係上卻具有某種共通性。亦即，都是離開自己的起源地往其他的地區移動，卻又在其他地區繁榮昌盛。在這一點上，我們必須關注宗教的移動乃至傳播的現象。

一個地區的歷史，歷經幾個宗教的興衰更替。一種宗教的歷史，可以看到往幾個地區的移動。在這兩種現象當中，瓦拉納西和耶路撒冷都顯示出相同的類型。以此種類似性為線索，不是可以歸納出人類史上宗教交替與傳播的法則嗎？

階段對應假說

在瓦拉納西和耶路撒冷，乃至於北印度與「東方」（Orient）這兩塊土地，儘管可以看到相近的現象，然而顯然不能把此一現象直接當作普遍的法則。不過，作為探索普遍法則的手段，以下的想法是十分具有邏輯性的。首先，根據瓦拉納西和耶路撒冷的比較所得出的結論，可以概略構成一種假說。接下來，則將此一假說當成實驗假設，推及世界各地，檢討其是否適用。如果適用，則此一假說可以視為法則。如果不適用，就在應該修正的地方加以修正即可。

為何這樣的法則可以成立，探索其原因，本來就是必要的。法則如果確實可以成立，那麼接下來就應進行以下的工作。

首先，關於一個地區的宗教交替，我們可以提出怎樣的假說呢？前面已經提過，北印度及「東方」都曾經出現宗教的更迭。在北印度，婆羅門教、佛教、印度教三個階段的變遷。在「東方」，也一樣經驗過猶太教、基督教及伊斯蘭教三個階段的推移。由此出發，可以提出以下兩種假說。

一、北印度宗教的三階段，分別與「東方」宗教的三階段相對應。也就是說，婆羅門教與猶太教、佛教與基督教、印度教與伊斯蘭教相對應。

二、在北印度以及「東方」以外的地區也存在與上述三階段相對應的宗教變遷。

歸納這兩種假說，現在稱其為「階段對應的假說」。至於具體的對應內容，我們找其他機會再說。

在此，必須再把「階段」以及「對應」兩個詞，定義清楚。

首先，所謂的「階段」，並非宗教的發展階段之意。也就是說，在北印度，佛教代表第二階段，印度教代表第三階段的說法，指的並非印度教作為宗教的發展階段比佛教要高。事實上，如果要取代「階段」這樣的用語的話，用「類型」也可以。只是著眼於歷史在時間上的繼起關係，因此使用了「階段」這個語詞。

其次，所謂的「對應」又是什麼樣的意思呢？前面說到，我們討論的主題是土地與宗教的關係。這裡所說的土地，指的當然就是立基於特定土地上的特定社會。因此，不同地區的兩種宗教相互對應的情形，意味著在不同地區建立的兩個社會中個別的宗教所發揮的社會史機能是類似的。但，這並不意味在教義或宗教儀式也是相似的。

層次學的方法

在地質學上，對各地出現的地層的重疊進行比較，來決定各地層的對應關係。並且藉此來分析各地地史的對應關係。現在，我們分析各地區的宗教變遷的階段性對應，正好和分析地層的對應關係極為類似。就像A地的第一層可以說和B地的第一層對應一樣，關於宗教的歷史，也可以說是A地區的第一階段和B地的第一階段對應。

在北印度以及「東方」，我們先確認了三大階段。這可以說與以某一地區的地層為標準，並藉由與此對比來分析其他地區的地層的手法是相似的。北印度與「東方」的宗教更迭，就像是發揮了指標性的地層斷面的作用。

這與為了確定各地冰河期的對應關係，大致以北歐的四次冰河期為標準來分析的手法也是相似的。依照地區的不同，沒辦法和標準的四次冰河期相契合的情形也不在少數。這當然也沒有關係，只要能夠顯示各各地區的特性跟標準地區的差異即可。

一樣的道理，宗教各階段的對應問題，也是依地區的不同，當然可以預測一定會有無法和前述三大階段相對應的情形出現。這種情形也一樣，只要可以透過對照而顯現出各地區的特性即可。

免疫現象

關於「階段對應假說」為何能夠成立的問題，從前述的精神流行病學的立場上來進行考察的話，或許可以得到若干啟示。

就以單一地帶，單一社會來說，在該處像流行病一樣發生大流行的宗教，從歷史上來看最多不過三個，這在某個意義上，令人驚奇。在同一塊土地，各種各樣的大宗教並不會重複地來襲。因此，比較各地的宗教史之後，階段對應的法則才會具有成立的可能性。

就精神流行病學的觀點來看，如果從流行病的類推延長的話，上述的事實，很快就可以想像成一種宗教免疫現象的存在。亦即，經歷過一次流行宗教風潮的社會，就會獲得某種免疫性。然後，只要獲得了一次免疫性，對於同種之物，或者類似之物產生免疫力，這使得流行病型的宗教巨浪就算再度襲來，同一社會也不會再度感染。只是，如果時間一久，免疫性衰退之時，在新的宗教浪潮又再來襲之時，這個社會就會感染該宗教。考慮到免疫效果可以維持相當長的時間，在人類史三千年左右的時間帶內，實際上流行病型的宗教只會在同一地區出現三次左右，是簡單即可理解的事。

具體來說，所謂的宗教性免疫現象，到底是藉由什麼樣的社會、心理機構所發現的呢？這件事非得好好思考不可，雖然在現象論的研究前進之餘，此類的類比研究，依然具有相當程度的有效性。

地區對應的假說

「階段對應假說」，是要對不同地區宗教的變遷加以比較。也是要將土地與宗教的關係，以土地為軸心進行研究發展的思考。相對地，如果是以宗教為軸心進行思考，又會如何呢？

根據「階段對應假說」，如果北印度第二階段的宗教，和「東方」（Orient）第二階段對應的話，佛教就是和基督教相互對應。雖然佛教和基督教在宗教的內容上明顯不同，但是在與土地的相互關聯上面，具有非常相似的部分。不管何者，都在本身的發源地消失，但是卻在其他土地廣泛傳播。然後，檢視其傳播的方向，如果可以允許我用非常粗略的說法來區別的話，佛教大體上往東發展，基督教則是往西。將問題只適用於舊世界的話，佛教擴展到了東的極點，直至日本群島；基督教則是擴張到了西的極點，也就是西歐諸國。在其傳播的途中，這兩大宗教，路經各式各樣的土地上，並且發生種種的變化，或者是分裂為好幾個支派。整體而言，雖然兩者移動的方向剛好相反，但是這兩個宗教經歷的歷史、地理的命運，卻存在著很多的平行現象。

於是，在此我們可以提出如下的假說。也就是說，相互比較佛教以及基督教的傳播地區之後，可以發現具備相同特性的兩個區域，同時存在於舊世界的東西兩端。現在，我們就把這個假說稱為「地域對應假說」。

至少，兩大宗教的出發點北印度和「東方」的對應，以及終結點日本和西歐諸國的對應，輕易地可以推測。然而，具體的對應內容，我們另作討論。

文明史的比較宗教論

通過以上的考察，本研究的意圖和方法，已經非常清楚了。在此，再追加一些補充的考察。

現在在這裡，想要嘗試的是一種比較宗教論。一般而言，在宗教上，教義與儀式是兩個重要的要素。在宗教的比較研究當中，這兩個要素的比較極為要緊。據此，個別的宗教在系譜論上的相互關係就可以清楚起來。然而，在宗教現象上，除了教義和儀式之外，還有社會功能的一面。如果將教義和宗教儀式看作宗教的內容，稱之為宗教的「內的側面」的話，那麼宗教的社會功能就是其「外的側面」。而在這邊，我們考察的重點是後者。亦即，宗教的「外的側面」的比較。這麼一來，也就是比起對於宗教本身的研究，主要的關注對象在於宗教與圍繞在宗教周邊的外部關係。

在歷史研究上，思想史是一個獨自的領域。也就是說，思想可以將因果關係回歸於歷史之內，同時可從其他的社會諸現象分離出來。

然而，宗教的歷史又是如何呢？宗教具有思想的一面，單純只著眼於此的話，宗教的歷史就是思想的歷史。因此，思想史可以獨自成為一個領域。但是，如果只限於「外的側面」的考察的話，就終究沒辦法成為獨自的領域。以和社會的相互關聯作為問題設定的話，將和社會史重疊；以和文化的相互關聯作為問題設定的話，則會跟文化史重疊。如果包含社會領域也包含文化領域，因而提出將現象更具整體性表達的「文明」一詞的話，那麼我們在此所作的嘗試就是宗教的文明史的考察。或者是命名為「文明史的比較宗教論」也無傷大雅。

站在「文明史的比較宗教論」的立場，現在在此，我們準備好了幾個分析的方法。都是假說，或者是從其他現象進行類推所得到的方法。運用這些方法，嘗試著分析世界宗教的分布與歷史，實際上，是否能獲得成果，就是下一階段的問題了。事實上，試用這些武器之後的結果，我們已經獲得了若干的成果。這些成果，將再另外書寫論文。在此，僅止於提出兩三個方法論上的備忘錄。

（一九六五年十二月）

後記

我對於地球上各種文明的比較研究，開始認真付出心力是一九五五年以後的事。之後的十年餘之間斷斷續續寫了各式各樣的論說類文章，從那些文章當中循此研究方向選擇了其中幾篇，集結成這一本書。

以「文明的生態史觀」為中心，集結成一本書的邀請，其實早在一九五七年左右就有了。由於我也有這樣的打算，因此搜集了一些資料，但是，因為種種原因，一直延宕沒有實現。之後，時間過得很快，雖然出版的討論沒有停過，但是也曾經有已經過這麼久了，就算了吧的想法。只是，很多人問起此書是否已經出版，也有熟識的友人抱怨沒有成書而無法引用。連我自己也覺得無論如何一路走到這裡，總得留下一個里程碑。為此，擱置了十年的懸案，直至今天終於得以解決。

重讀這些寫過的文章，相較於論述對象的規模，幾乎都還只是停留在素描的階段，加上血肉充實內容的工作尚未完成。由於種種的原因，以至於使我無法努力集中處理這一問題，但不知是幸運還是不幸，來自於許多友人的刺激，讓我對這類問題的關心，即使在從事其他工作的期間，也一點都未削弱我對其持續研究的決心。就如同本書中也使用的那樣，我認為，這樣的研究，應該容許將其命名為「比較文明論」。可以的話，與更多的研究者們一起，站在更準確的基礎上，運用精密的材料，竭盡可能去構築我所說的「比較文明學」研究，這是現在我最企盼的事。

本書前半部分所收的一些論說，在最初發表時，被認為是悖離了論壇正統思潮的新穎見解，因而招來不少批判，也引發了許多討論。但是，現在來看，覺得也不是什麼過於異端的看法，為什麼會這樣呢？也許是這十年間世界變化不少，終究也能將這樣的看法，放進常識的框架中了。

經過了十年，由於是在種種因緣際會之下寫成的文章，為了更清楚說明書寫每一篇文章時的情況與背景，我在各章節的開頭加上解說，另外，關於文獻的引用等相關的資料，也在本文之後加上註解。由於本文幾乎都以發表時的形式收錄，現在來看，當時的記述多少有些與時代悖離之感，對此還請讀者見諒。

正值本書出版之際，對於對我的思想給予批判與建議的諸位先生由衷地致上感謝之意，特別是京都大學人文科學研究所社會人類學共同研究班的學者諸兄。同時，也對給予這些論文發表機會的各雜誌、各報紙的編輯諸兄表達感謝。這本書能夠順利完成，要歸功於中央公論社出版部歷任責任編輯的忍耐與激勵。在此特別一併表達謝意。

一九六六年十月

梅棹忠夫

追記一 《文明的生態史觀》的出版

《文明的生態史觀》在一九六七年一月以中公叢書當中的一冊出版。[1]本書被廣泛閱讀，不斷再刷。一九八五年八月已經達到三十一刷。從第一刷以來，小松左京先生就為我寫了以下的推薦文。

《文明的生態史觀》是戰後所提出的最重要的「世界史模型」之一。對於到目前為止，我們習慣以東方與西方、亞洲對歐洲，這種座標軸來掌握世界史而言，《文明的生態史觀》帶來了革命性的新視野。由於這一視野的擴展，對於複雜對立、互相糾纏的世界各文明，第一次以保持其「存在現實」的多樣性，提供了一致的、梳理過的線索。《文明的生態史觀》發表後經過數年，依然毫不褪色，期待將來從此一視野帶來結實纍纍的果實。

從一九八七年九月的第三十二刷開始加上書衣，一直到現在。

追記二　文庫版的出版

一九七四年九月《文明的生態史觀》的文庫版出版。[2]

在文庫版的卷末，加上了谷泰先生（京都大學教授、京都大學人文科學研究所所長）長達八頁的解說。

文庫版也持續再版，在一九八八年五月已經是第十六刷。封底與精裝本一樣刊登了小松左京先生的推薦文。本書就是使用文庫版最新的第十六刷為底本。

1　梅棹忠夫（著），《文明的生態史觀》（中公叢書），一九六七年一月，中央公論社。

2　梅棹忠夫（著），《文明的生態史觀》（中公文庫），一九七四年九月，中央公論社。

追記三　法文版的出版

這本書已被翻譯成法文。[3]不過，法文版一半譯自本書，另外一半則是譯自我另一本著作《地球時代的日本人》。[4]這本法文版的書名直譯的話，叫作《行星時代的日本人》。譯者是巴黎大學的魯內．席非盧教授。出版社是P.O.F（Publications Orientalistes de France）。關於這本法語版的出版，在其他的文章有過詳細的介紹。[5]

追記四　義大利文版的出版

以上述的法文版為底本，將其全部譯成義大利語，在翌年出版。[6]出版社是米蘭的史必拉里出版社。這本義大利文版出版時，在米蘭舉行了新書發表會，我因為碰巧人在巴黎，便順道去了米蘭幾天，參加了這場新書發表會。

追記五　簡體中文版的出版

一九八七年七月，住在中華人民共和國北京一位名叫王子今的人，突然寫信給我，信中提到想要將《文明的生態史觀》翻譯成簡體中文。接著，一九八八年六月，我就收到了一冊郵寄過來的中文版譯書。出版社是位於上海的三聯書店上海分社。[7]

3　Umesao Tadao, Le Japon à L'ère planétaire, traduit et présénté par René Sieffert, 1983, Publications Orientalistes de France, Paris.

4　梅棹忠夫（著），《地球時代的日本人》，一九七四年九月，中央公論社。本書也有文庫版。梅棹忠夫（著），《地球時代的日本人》（中公文庫），一九八〇年六月，中央公論社，（收錄於，「著作集」第十三卷，《活在地球時代》。）

5　梅棹忠夫（著），「法蘭西公學院客座記」，《千里眼》第六號，二三六-二六七頁，一九八四年六月，千里文化財團。此文也收錄在以下書籍。梅棹忠夫（著），《何謂日本》（NHK Books 五〇〇），一九八六年五月，日本放送出版協會。（收錄於，「著作集」第七卷，《日本研究》。）

6　Umesao Tadao, Il Giappone nell'era planetaria, 1984, Spirali Edizioni, Milano.

7　梅棹忠夫（著），王子今（譯），《文明的生態史觀—梅棹忠夫集》，「世界賢哲名著選譯　貓頭鷹文庫」第一輯，一九八八年，三聯書店上海書店出版。

目前，因為中華人民共和國關於著作權的條約尚未通過。現在的情況是不管原作者或者是原書的出版社，都沒有辦法給予其翻譯的許可或者是出版的許可[8]。當然，也沒有商業上的交涉。之後，我想辦法取得了一定的冊數，用來致贈給從中國來的訪客。

中文譯本好像是日文版的全譯本。我沒辦法知道譯得好不好。貓頭鷹（maotouying）就是鴟鵂。貓頭鷹文庫大概就相當於日本的密涅瓦（minerva）文庫吧！

追記六　英文譯稿與德文譯稿

本書的其中一個章節〈從生態史觀看到的日本〉有以下的英文譯文。[9]

另外，〈文明的生態史觀〉，則有以下的德文譯文。[10]

8 本段譯自二〇〇二年中央公論社出版之《文明の生態史　ほか》。

9 Umesao, Tadao,"Japan as viewed from an eco-historical perspective" , *Review of Japanese culture and society*, vol.1 no.1, pp. 25-31, 1986, Center for Inter-cultural Studies and Education, Josai University.

10 Umesao, Tadao,"Prolegomena zu einer historischen betrachtung zivilisierter lebensformen"Japan ohne Mythos —Zehn kritische Essays aus japanischer Feder 1946-1963, herausgegeben und übersetzt Karl Friedrich Zahl, pp.206-238, 1988, Iudicium Verlag, München.

年譜

*本年譜參照《梅棹忠夫著作集》別卷之資料，由中央公論新社編輯部作成。

一九二〇年　大正九年

六月十三日，出生於京都上京區千本通中立賣北上東石橋町三十三番地。梅棹菊次郎（父）與梅棹榮（母）的長男。

一九二七年　昭和二年（七歲）

四月，京都市立正親尋常小學入學。

一九三二年　昭和七年（十三歲）

四月，京都府立京都第一中學入學。一開始加入博物同好會，後來也加入山岳社。

一九三四年　昭和九年（十四歲）

十二月，完成「山城三十山」的修訂工作，山岳誌《山城三十山記 上篇》（大橋秀一郎編）出版。

一九三五年　昭和十年（十五歲）

七月，編輯、出版《山城三十山記 下篇》

一九三六年　昭和十一年（十六歲）

四月，第三高等學校理科甲類入學。山岳社入社。

一九三九年　昭和十四年（十九歲）

一月，京都探檢地理學會入會。

一九四〇年　昭和十五年（二十歲）

七月十五日，與第三高等學校山岳社社員伴豐、藤田和夫一起攀登朝鮮半島咸鏡北道及咸鏡南道諸山。翻越冠帽峰連山、摩天嶺山脈，登上長白山頂。從長白山北面下山，發現西流松花江的源頭。經過安圖縣（當時是滿洲國間島省，現為中國吉林省）到達新京（現在的中國吉林省長春市）。九月四日回到京都。十二月，參加京都探檢地理學會樺太調查隊（隊長藤本武）進行狗雪橇性能的調查。

一九四一年　昭和十六年（二十一歲）

三月，第三高等學校畢業（理科甲類）。四月，京都帝國大學理學部入學。主修動物學。七月，參加京都探險地理學會波那佩（Pohnpei）島調查隊（隊長今西錦司）。遍訪帛琉（Palau）、楚克（Chuuk）、波納佩（Pohnpei）、科斯雷（Kosrae）、雅浦（Yap）、塞班（Saipan）諸島。

一九四二年　昭和十七年（二十二歲）

五月，參加北部大興安嶺探檢隊（隊長今西錦司）。

一九四三年　昭和十八年（二十三歲）

春，徵兵體檢，第一乙種合格，被徵招入伍。但是，那一年新設的研究所特別研究生制度開始施行，由於被選為第一期生，因此入伍時間延後。九月，京都帝國大學理學部畢業。畢業論文為「黑龍江上游的魚類群聚」。十月，京都帝國大學理學部研究所入學，成為特別研究生。隸屬於動物學教室第二講座，接受宮地傳三郎副教授的指導，主修動物生態學。秋，AACK（後來的社團法人京都大學學士山岳會）入會。年末，日本民族學協會（後來的日本民族學會）入會。

一九四四年　昭和十九年（二十四歲）

一月，透過今西錦司夫婦的介紹，與田中幸次郎、田中福夫婦的長女淳子結婚。五月上旬，與今西錦司、藤枝晃一起前往中國大陸，抵達位於當時蒙古自治聯合政府所在地張家口市的財團法人蒙古善鄰協會西北研究所。擔任該研究所的兼職人員，六月，與愛新覺羅連紘一起從張家口出發，到達察哈爾盟肅親王府牧場，停留約一個月。在該牧場學會蒙古語及騎馬術。九月，參加在察哈爾盟及錫林郭勒盟的蒙古畜牧調查（隊長今西錦司）。

一九四五年　昭和二十年（二十五歲）

八月二十一日，搭無蓋貨車離開張家口，於二十三日抵達天津。入住日本租界的難民收容所。十二月，往北京移動。與今西錦司一起寄住在「重要物資管理公會」理事長齋藤茂一郎宅邸中的一室。

一九四六年　昭和二十一年（二十六歲）

五月，與住在北京等待歸國的日本人在塘沽集合。搭乘美軍的登陸艇歸國。京都帝國大學理學部動物學教室復籍。隨東海大學高等學校預科的設立，擔任該校兼任講師，教授一般生物學。加入日本羅馬字協會。

一九四七年　昭和二十二年（二十七歲）

與當時剛成立的京都生態學研究會以及東京的日本農業研究所成員一起進行奈良縣磯城郡平野村的農村調查。加入日本世界語學會。加入日本動物學會。

一九四八年　昭和二十三年（二十八歲）

加入甫成立的自然史學會，並成為常任委員。

一九四九年　昭和二十四年（二十九歲）

四月，獲聘為大阪市立大學副教授（理工學部生物學教室）。九月，參加京都山岳聯盟的屋久島調查隊。十月，以校外研究者的身份在京都大學理學部動物學研究室進行研究。

一九五〇年　昭和二十五年（三十歲）

夏，在熊本縣阿蘇地方進行農村調查。十月，日本動物學會在名古屋舉行大會，舉辦了生態學懇談會議。在會議中以〈生態學的前進路徑〉為題演講，並提議設立生態學會。十二月，擔任洛北高校山岳社和鴨沂高校山岳社合辦滑雪宿營的總領隊。在長野縣北安曇郡南小谷村蕨平跨年。

一九五一年　昭和二十六年（三十一歲）

春，至奈良縣磯城郡平野村進行農村調查（第二次）。八月，由京大經濟學部、醫學部、農學部等混合組成的團隊，至奈良縣吉野郡野迫川村進行調查，經濟學部豐崎稔教授擔任團長，理學部由今西錦司和梅棹忠夫參加。十二月，與去年一樣在信州蕨平跨年。

一九五二年　昭和二十七年（三十二歲）

這一年，加入日本社會學會、日本動物心理學會。這一年的夏天被診斷出肺結核，被迫在家療養兩年。

一九五三年　昭和二十八年（三十三歲）

日本生態學會設立，並同時入會。

一九五五年　昭和三十年（三十五歲）

三月，擔任京都大學人文科學研究所講師（兼任）。五月，參加喀喇崑崙／興都庫什山脈學術探檢隊（總隊長木原均）。配屬於興都庫什山分隊人類學班（班長岩村忍），進行蒙哥兒族的調查研究。搭車從喀布爾出發，穿過開伯爾隘口，橫越北印度回到加爾各答。十一月歸國。

一九五六年　昭和三十一年（三十六歲）

三月，決定用狗雪橇進行南極觀測工作，視察稚內的樺太犬訓練所。九月，出版《蒙哥兒族探險記》（岩波書店）。十月，出版《阿富汗之旅》（岩波寫真文庫）。

一九五七年　昭和三十二年（三十七歲）

在《中央公論》二月號發表〈文明的生態史觀序說〉。二月，出任財團法人日本猿猴中心評議員。十月，擔任第一次大阪市立大學東南亞學術調查隊隊長（泰國、柬埔寨、南越、寮國），隔年四月歸國。

一九六〇年　昭和三十五年（四十歲）

這一年，在京都北白川自宅開設金曜會（梅棹沙龍）。十一月，出版《日本探檢》（中央公論社）。

一九六一年　昭和三十六年（四十一歲）

九月，取得京都大學理學博士學位。博士論文為《關於動物社會干涉的實驗性及理論性研究》。十二月，參加第二次大阪市立大學東南亞學術調查隊（隊長四手井綱英），調查泰北地區。之後，單獨到緬甸、東巴基斯坦（現孟加拉）、印度、尼泊爾進行現地調查。隔年二月歸國。

一九六三年　昭和三十八年（四十三歲）

二月，擔任藝能史研究會的發起人。召開創立總會時入會。四月，參加京都大學非洲研究所「日美文化接觸的研究」之調查。在鹿兒島縣加世田地區針對曾經到美國從事農業短期移民的農民進行面訪。六月，參加京都大學非洲學術調查隊（隊長今西錦司），進行坦尚尼亞畜牧民族達通加族（Datoga Tribe）的人類學調查。隔年三月歸國。

一九六四年　昭和三十九年（四十四歲）

春，與林雄二郎、川添登、加藤秀俊、小松左京等發起「萬國博覽思考會」，此會後來改稱未來學研究會，是一九六八年設立的日本未來學會的母體。五月，日本民族學協會改名為日本民族學會，被選為理事。七月，出席在莫斯科舉辦的第七屆國際人類學暨民族學會議。從莫斯科經由芬蘭赫爾辛基，八月歸國。九月，京都大學人類學研究會（近衛會合，每週三於京都大學樂友會館集會）啟動。十二月，加入甫成立的尼泊爾文化協會（之後的日本尼泊爾協會）。

一九六五年　昭和四十年（四十五歲）

三月，在愛媛大學文理學部講授文化人類學短期集中課程。四月，加入日本非洲學會。七月，從大阪市立大學離職。八月，獲聘為京都大學副教授（人文科學研究所）。接替今西錦司教授負責社會人類學部門，繼續籌組共同研究班。從接續今西錦司的「人類的比較社會學研究」開始，陸續主持「多層社會的人類學研究」、「文明的比較社會人類學研究」、「非洲社會的研究」、「理論人類學研究」等研究計劃。

一九六六年　昭和四十一年（四十六歲）

三月，擔任日本萬國博覽會副主題專門調查委員會委員，五月，接任宣傳專門調查委員會委員。六月，加入美國學會。七月，為研究萬國博覽會，與「萬國博覽思考會」的加藤秀俊、小松左京一起前往考察加拿大蒙特婁博覽會的準備狀況，並視察美國紐約世界博覽會的舊址。

一九六七年　昭和四十二年（四十七歲）

一月，出版《文明的生態史觀》（中央公論社）。六月，參加第一次京都大學歐洲學術調查隊（隊長桑原武夫）。主要在西班牙的巴斯克（Basque）地方進行農業調查，之後，乘車旅行了西班牙、葡萄牙、安道爾（Andorra）、法國等地。十月歸國。十一月，出任文部省大學設置審議會專門委員。協助設立九州藝術工科大學。

一九六八年　昭和四十三年（四十八歲）

三月，參加京都大學大撒哈拉學術探檢隊（隊長山下孝介）。在利比亞進行畜牧民的調查研究。五月，九州藝術工科大學創校。之後，持續數年在該校以兼任講師的身份講授短期集中課程。同年，出任日本民族學會的國立民族學研究博物館設立促進委員會委員。之後，擔任負責博物館問題的理事。六月，組織日本萬國博覽會世界民族資料調查搜集團，指揮萬國博覽會主題館所需用之民族資料的搜集。十月，費時兩年編輯完成的京都大學非洲學術調查隊日文報告書《非洲社會的研究》出版。與今西錦司共同編輯。

一九六九年　昭和四十四年（四十九歲）

加入日本人類學會。四月，昇任京都大學教授（人文科學研究所）。負責社會人類學部門。六月，參加第二次京都大學歐洲學術調查隊（隊長會田雄次）。調查義大利中部的山村。之後，調查貝爾格勒（Beograd）、南斯拉夫（Yugoslavia）出爾那・哥拉（Crna Gora）地方的都爾米特山群（Durmitor-massivs）山群（現蒙特內哥羅境內），九月歸國。

七月，出版《知的生產的技術》（岩波書店）。

一九七〇年　昭和四十五年（五十歲）

一月，京都大學人類學研究會的全國性專門期刊《季刊人類學》創刊，擔任該期刊的編輯委員。七月，出席在維也納召開的第五十五屆世界語（Esperanto）大會。大會結束後遍遊歐洲。十月，受聘為大藏大臣福田赳夫私人諮詢機構「萬國博覽會會址利用懇談會」委員。在懇談會的報告書中提及萬國博覽會會址將設置民族學博物館的構想。

一九七一年　昭和四十六年（五十一歲）

四月，為了出席第五屆日韓世界語交流會議，出發前往韓國旅行。在大邱舉辦的韓日文化交流學術演講會中，以「從文化人類學看到的韓國和日本」為題，用世界語進行演講。經慶州、首爾，五月歸國。同月，文部省內設置了關於國立民族學研究博物館（暫名）的調查會議（召集人桑原武夫），受聘為該會議的調查協助者。六月，外務省設立國際問題懇談會，受聘為委員。九月，加入日本風俗史學會。同月，受聘為日本萬國博覽會紀念協會評議員。秋，滋賀縣設立關於琵琶湖未來的調查委員會，受聘為委員。十月，為了實際調查各國的民族學博物館，到歐洲各國視察。

一九七二年　昭和四十七年（五十二歲）

十月，受聘為沖繩國際海洋博覽會政府出展懇談會委員。十一月，國際交流基金成立之後即就任其運營審議會委員。一九八三年四月，擔任該審議會會長。

一九七三年　昭和四十八年（五十三歲）

四月，加入日本攝影家協會。同月，合聘為國立民族學研究博物館（暫名）創設準備室長。十月，受聘為日美歐委員會日本委員會委員。同月，在國立京都國際會館舉辦的世界工業設計會議（ICSID）（industrial design）中以「人的心與物的世界」為題發表主題演講。

一九七四年　昭和四十九年（五十四歲）

一月，受聘為教育部學術審議會委員。六月，國立民族學博物館創設，就任創館館長。同月，受聘為綜合研究開發機構兼任理事。十月，因日美知的交流計劃，訪問美利堅合眾國。在紐約的日本文化協會以「日本文明的座標」為題發表演講，之後，視察各地的博物館。十月歸國。同月，出版《地球時代的日本人》（中央公論社）。同月，合聘為文部省學術國際局科學官。十二月，參與日本生活協會的創立且成為其會員。

一九七五年　昭和五十年（五十五歲）

三月一日，受聘為文部大臣永井道雄私人諮詢機關「文明問題懇談會」委員。四月，在日本夏威夷經濟協議會第四屆總會中以「海與文明」為題進行演講。夏，為了進行關西經濟連合會在中之島建設藝能中心構想之調查研究，設立了專門委員會，受聘為召集人。

一九七六年　昭和五十一年（五十六歲）

六月，受聘為財團法人民族學振興會理事及評議員。同月，出版《狩獵與遊牧的世界》（講談社）。

一九七七年　昭和五十二年（五十七歲）

二月，為了巴西日本移民史料館的建設提供建議而前往巴西。前往時順道訪問秘魯利馬（Lima）市的天野博物館並互相交換意見。抵達巴西聖保羅市，協商日巴文化協會的移民史料館建設計劃。五月，地中海協會設立，入會。六月，就任生物科學綜合研究機構基礎生物學研究所評議員。十月，國立民族學博物館的宣傳普及刊物《月刊民博》創刊。〈館長對談〉開始連載。十一月，舉行國立民族學博物館開館紀念典禮。開館日是十一月十七日。

一九七八年　昭和五十三年（五十八歲）

六月，為了出席巴西日本移民七十年紀念典禮前往巴西訪問。典禮舉行前與明仁皇太子殿下（現天皇）夫婦一起前往巴拉圭日裔開墾地訪問。在配合紀念典禮所舉辦的國際專題研討會「我們參加新世界」中，以同名講題進行主題演講。出席紀念典禮之後，遍訪巴西各地。七月，出席在保加利亞的瓦爾納市所舉行的第六十三屆世界世界語大會。接著遍訪東歐各國（南斯拉夫、保加利亞、羅馬尼亞、匈牙利、捷克）。夏，成為關西學術研究都市懇談會（奧田委員會）委員。十月，組織政府派遣的中東文化使節團，以團長的身份，遍訪沙烏地阿拉伯、伊朗、土耳其、埃及、摩洛哥。

一九七九年　昭和五十四年（五十九歲）

一月，出任大平正芳內閣的政策研究會「田園都市國家構想」組的召集人。同月，出任綜合研究開發機構研究顧問。九月，加拿大旅行。十一月，以日本民族學者訪中代表團團長的身份到雲南省、貴州省、四川省旅行。

一九八〇年　昭和五十五年（六十歲）

二月，由國際協力事業團派遣到澳洲。主要視察來自各國移民的實際狀況及可能性。三月，國際交流基金會主辦的國際研討會「伊斯蘭文明與日本」，以同名的題目進行主題演講。六月，為日本學術振興會與中國社會科學院之間學術交流備忘錄的簽署，組成訪中團（團長天城勳），以副團長的身份參加。在北京簽署備忘錄後，周遊遼寧省、陝西省、廣東省、上海。十月，擔任「國立民族學博物館之友會」第五次「民族學研修之旅」的團長，至中國的新疆維吾爾自治區、甘肅省旅行。

一九八一年　昭和五十六年（六十一歲）

六月，出任岡崎國立共同研究機構評議員。同月，出任國立歷史民俗博物館評議員。九月，接受紐西蘭政府的邀請到紐西蘭旅行。遍訪奧克蘭等數個城市。視察各地的博物館及毛利族的生活。十月，得到澳日交流基金的邀請往西繞行澳洲大陸一周。十一月，獲得大阪府的大阪文化獎。同月，出版《美意識與神》（中央公論社）。同月，接受蘇維埃科學院民族學研究所的邀請到蘇聯旅行。十二月，《美意識與神》一書獲得日本生活協會第七回今和次郎獎。

一九八二年　昭和五十七年（六十二歲）

二月，獲聘財團法人日本世界語學會顧問。同月，獲聘文部省學術審議會委員。三月，為與韓國濟州島民族學研究進行資訊交流，至濟州島旅行。四月，財團法人大阪二十一世紀協會成立，就任常任理事。同時成為企劃委員會委員並擔任召集人。六月，到蒙古共和國旅行。從伊爾庫次克（Irkutsk）進入烏蘭巴托。回程坐火車南下。進入中國境內，經過內蒙古自治區到達北京。十月，在銀座 Nikon 沙龍舉辦首次攝影展「民族學者 梅棹忠夫之眼」。之後，在大阪 Nikon 沙龍、千里新市鎮開發紀念室、神戶市立博物館、長野縣白馬村多目的展覽廳等舉辦同名攝影展。

一九八三年　昭和五十八年（六十三歲）

五月，出任關西文化學術研究都市建設推進協議會委員。六月，獲法國外交部招聘前往巴黎的國際外交學院以「日本文明的位置」為題進行演講。八月，擔任「國立民族學博物館之友會」第十九屆「民族學研修之旅」的團長，到中國的四川省、西藏自治區旅行。九月，由國際交流基金會主辦，在輕井澤召開的國際研討會「二十世紀是怎樣的世紀」，以評論人的身份出席。十一月，為了接辦財團法人民族學振興會千里事務局的事業，新設立財團法人千里文化財團，就任會長。同月，以中國長江下流流域綜合考察團團長的身份到上海市、浙江省、江西省、湖南省、湖北省、江蘇省旅行。十二月，比較文明學會創立，就任為顧問。

一九八四年　昭和五十九年（六十四歲）

從四月到五月，在巴黎的法蘭西公學院，連續五次以「近代日本文明的形成與發展」為題，進行講學。

一九八五年　昭和六十年（六十五歲）

二月，厚生省成立人生八十年型社會懇談會，就任委員。四月，國際交流基金會日本語普及綜合推進調查會委員。依據調查結果，在一九八九年七月，國際交流基金會的日本語國際中心成立。同月，日本中東協會設立，擔任會長。五月，前往巴黎，為紀念駐法國日本大使館的宣傳文化中心開設，以「探索日本文明的連續性－從傳統社會到高科技社會」為題，進行演講。七月，出任財團法人平安建都一千二百年記念協會理事。八月，出席中國西南民族研究協會彝族學術討論會。到雲南省、四川省旅行。九月，為了出席日本綜合介紹週與民族學相關的意見交流及視察設施等，前往美國奧勒岡州波特蘭，以及加拿大的溫哥華。十月，歸國。

一九八六年　昭和六十一年（六十六歲）

二月，以「國立民族學博物館之友會」第二十九次「民族學研修之旅」旅行團團長之身份，旅行中國山東省、河南省、陝西省。三月十二日上午，發現喪失視力，緊急送至大阪大學醫學部附屬醫院住院。被診斷出因病毒感染造成「球後視神經炎」，度過大約七個月的住院生活。五月，出版《何謂日本？》（日本放送出版協會）。同月，文化廳昭和六十一年度（第三十七屆）藝術獎評審委員。六月，獲得第一屆大同生命地域研究獎。

一九八七年　昭和六十二年（六十七歲）

三月，出任綜合研究開發機構研究評議會評議員。六月，出任綜合研究大學院（研究所）創設準備委員會委員。同月，日本蒙古學會入會。十月，國際日本文化研究中心評議員。十二月，出版《為了未來的日本語》（公文出版）。

一九八八年　昭和六十三年（六十八歲）

一月，昭和六二年度朝日獎獲獎。三月，京都大學人文科學研究所名譽所員。四月，法國 Crdre des Palmes Academiqu 勳章 Commandeur 章受勳。五月，出任竹下登內閣「關於國際文化交流懇談會」委員；同時也擔任報告書的起草委員。同月，紫綬褒章授勳。六月，出版《資訊的文明學》（中央公論社）。夏，成為關西文化學術研究都市推進機構「賢人會議」的一員。十一月，出版《女性與文明》（中央公論社）。這一年，獲頒滋賀文化獎。

一九八九年　平成元年（六十九歲）

三月，出版《資訊論筆記》（中央公論社）。四月，合聘為綜合研究大學院大學文化科學研究科教授。同月，出版《資訊的家政學》（家政出版）。五月，出版《研究經營論》（岩波書店）。六月，出版《探索二十一世紀的人類學》（講談社）。九月，出版《日本學周遊》（筑摩書店）。十月，「梅棹忠夫著作集」第一次配銷的《比較文明學研究》（「著

作集」第五卷）發行。十二月，出版《夜未央》（講談社）

一九九〇年　平成二年（七十歲）

一月，出版《資訊管理論》（岩波書店）。五月，日本沙漠學會設立，入會並擔任評議員。七月，日本熱帶生態學會設立，就任顧問。十月，獲得平成二年度國際交流基金賞。

一九九一年　平成三年（七十一歲）

三月，比較法史學會設立，擔任顧問。四月，擔任國際交流基金日美中心顧問。十一月，財團法人國際花與綠博覽會紀念協會評議員。同月，被表彰為文化貢獻者。

一九九二年　平成四年（七十二歲）

一月，出版《實戰・世界言語紀行》（岩波書店）。三月，日本尼羅河衣索比亞學會設立，擔任顧問。六月，出任關西科學論壇最高顧問。

一九九三年　平成五年（七十三歲）

三月，國立民族學博物館館長任期屆滿退任。四月，獲聘國立民族學博物館顧問及名譽教授。同月，獲聘綜合研究大學院大學名譽教授。同月，獲聘大阪府特別顧問。五月，擔任日本羅馬字會會長。同月，獲聘財團法人谷口工業獎勵會四十五周年紀念財團評議員。

一九九四年　平成六年（七十四歲）

六月，出版《梅棹忠夫年譜 總索引》（「著作集」別卷）。此書出版後，《梅棹忠夫著作集》全二十二卷別卷一冊，全數出版完成。十月，被表彰為關西文化學術研究都市建設推進貢獻者。十一月，獲頒文化勳章。

一九九五年　平成七年（七十五歲）

十月，日本山岳會名譽會員。日本人類學會名譽會員。同月，京都市名譽市民。

一九九六年　平成八年（七十六歲）

一月，獲頒京都大學名譽教授。同月，出任財團法人地圖資訊中心理事長。五月，成為日本非洲學會名譽會員。八月，關西科學技術研究班企劃會議開始活動，就任會長。

一九九七年　平成九年（七十七歲）

六月，出版《行為與妄想—我的履歷書》（日本經濟新聞社）。八月，被推薦為國際蒙古學會名譽會員，前往蒙古，這是失明後首度的海外旅行，授與典禮在同月的十二日於烏蘭巴托舉行。授與典禮結束後，由陸路往返喀喇崑崙山（Karakorum）。同月，出版《世界史與我—文明之旅》（日本放送出版協會）。

一九九八年　平成十年（七十八歲）

四月，大阪二十一世紀學校開辦，擔任名譽校長。七月，獲頒蒙古國文化功勞者。十月，日本生活學會名譽會員。

一九九九年　平成十一年（七十九歲）

十一月，獲頒勳章一等寶章。

二〇〇〇年　平成十二年（八十歲）

五月，成為日本攝影家協會名譽會員。七月，出版《近代世界的日本文明——比較文明學序說》（中央公論新社）。

二〇〇一年　平成十三年（八十一歲）

五月，獲頒日本展示協會功勞獎。十一月，擔任第三屆水世界論壇（二〇〇三年三月舉行）國內運營委員會委員。十二月，日本山岳會永久會員。

二〇〇二年　平成十四年（八十二歲）

五月，獲頒第一屆廣播人大獎特別功勞獎，十月，獲得C&C獎。

二〇〇三年　平成十五年（八十三歲）

三月，出版“An Ecological View of History :Japanese Civilization in the Word Context”（Trans Pacific Press, Melbourne）。五月，成為日本民族學會名譽會員。

二〇〇六年　平成十八年（八十六歲）

六月，成為日本熱帶生態學會名譽會員。

二〇〇八年　平成二十年（八十八歲）

六月，出席米壽記念專題研討會「梅棹忠夫的世界」，並發表談話。十一月，由財團法人日本博物館協會表彰為貢獻者。十二月，出版《挑戰梅棹忠夫》（中央公論新社）出版。

二〇〇九年　平成二十一年（八十九歲）

六月，出版《梅棹忠夫著作目錄（一九三四至二〇〇八）》（國立民族學博物館）。

七月，出版《享受山的樂趣》（山與溪谷社）

二〇一〇年　平成二十二年（九十歲）

三月，創設「梅棹忠夫・山與探檢文學獎」。五月，獲頒日本沙漠學會貢獻獎。七月，因衰老於自宅逝去。《談梅棹忠夫》（日本經濟新聞出版社）出版。

傳世 06

近代日本文明的發展與生態史觀

文明の生態史観ほか

作者 ——— 梅棹忠夫
譯者 ——— 陳永峰
編輯總監 ——— 陳蕙慧
總編輯 ——— 郭昕詠
編輯 ——— 徐昉驊、陳柔君
行銷總監 ——— 李逸文
資深行銷
企劃主任 ——— 張元慧
封面插畫 ——— 黃正文
封面設計 ——— 霧室
封面排版 ——— 簡單瑛設

社長 ——— 郭重興
發行人兼
出版總監 ——— 曾大福
出版者 ——— 遠足文化事業股份有限公司
地址 ——— 231 新北市新店區民權路 108-2 號 9 樓
電話 ——— (02)2218-1417
傳真 ——— (02)2218-0727
E-mail ——— service@bookrep.com.tw
郵撥帳號 ——— 19504465
客服專線 ——— 0800-221-029
網址 ——— http://www.bookrep.com.tw
Facebook ——— 日本文化觀察局 https://www.facebook.com/saikounippon/
法律顧問 ——— 華洋法律事務所 蘇文生律師
印製 ——— 呈靖彩藝有限公司

初版一刷 2019 年 5 月
初版二刷 2022 年 2 月
Printed in Taiwan

封面人物插圖根據 朝日新聞社 提供之照片

國家圖書館出版品預行編目 (CIP) 資料

近代日本文明的發展與生態史觀 / 梅棹忠夫作;陳永峰譯
. -- 初版. -- 新北市 : 遠足文化, 2019.05--(傳世 ; 6)
譯自 : 文明の生態史観ほか
ISBN 978-986-508-009-9(平裝)
1. 文化史 2. 文集 3. 日本

731.307 108006918